人民代表大会那些事

「十三五」国家重点出版物出版规划项目

阚珂 著

法律出版社
LAW PRESS·CHINA

总　序

“完善和发展中国特色社会主义制度，推进国家治理体系和治理能力现代化”是党的十八届三中全会确立的全面深化改革的总目标。在达致这一总目标的过程中，法治发挥着至关重要的作用。中共中央《关于全面推进依法治国若干重大问题的决定》进一步深刻指出，“依法治国，是坚持和发展中国特色社会主义的本质要求和重要保障，是实现国家治理体系和治理能力现代化的必然要求”。因此，如何将国家治理的现代化目标与全面推进依法治国的战略布局相结合，实现国家治理的法治化，不仅是党和政府需要全面推进的重大改革任务，而且是广大社会公众，特别是广大法律法学工作者必须积极参与的重大系统工程。正是在这样一个特定的时代背景下，河北大学国家治理法治化研究中心适时成立和运行，并成功获批为河北省高等学校人文社会科学重点研究基地。

河北大学国家治理法治化研究中心是依托河北大学人大制度与地方立法研究中心、河北省政府法治研究中心等学术机构，整合法学、政治学、经济学、社会学等多方面的科研力量创建的，与河北省人大常委会法制工作委员会、河北省人民政府法制办公室、河北省人民检察院和河北省高级人民法院等国家机关和法律实务部门之间已建立交流与合作长效机制。中心拥有一支政治素质高、业务能力强、富有团队协作和创新精神的专兼职相结合的学术队伍，主要围绕人大制度与地方立法、政府法治与政府执行力、社会治理与法治创新、京津冀协同发展与地方法治等方向开展科学研究、人才培养和社会服务等工作。迄今，中心在课题研究方面，承担国家社会科学基金项目近 10 项，其中，中心负责人孟庆瑜教授主持承担的国家社会科学基金重点项目《京津冀区域生态环境协同治理政策法律问题研究》填补了河北省在该领域的空白；在决策咨询与服务方面，接受省人大法制工作委员会、省政府法制办公室、省人民检察院等部门委托，承担委托起草、专家论证、立法后评估、检察公信力测评等工作 40 余项；在学术交流方面，承办或协办第三届海峡两岸能源经济与能源法学术交流会、第六届中国农村法治论坛、第九届中国财税法前沿高端论坛、中国经济法学研究会 2015 年年会等多次全国性学术会议。

《国家治理法治化研究文丛》是河北大学国家治理法治化研究中心创设的，由法律出版社负责的研究成果转化平台，着力对在国家治理及其法治化方面具有创新性、应用性的学术研究成果予以资助出版，以期能为推进国家治理体系和治理能力现代化这一总目标的实现做出应有的贡献。

河北大学国家治理法治化研究中心

《国家治理法治化研究文丛》编辑委员会

2015 年 12 月

本书作者在全国政协小组会议上

（《法制日报》记者王建军　摄）

阚珂：为人大激情燃烧30年

《法制日报》记者　李　想

人物简介

阚珂，吉林人，法学硕士，第十二届全国政协委员、全国人大常委会法制工作委员会原副主任。长期研究中国政治制度和立法制度，是人民代表大会制度研究专家。

时间都去哪儿了？对于全国政协委员阚珂来说，这个令很多人都困惑的问题，他能够给出一个清晰的答案：他的所有时间和精力都投入全国人大及其常委会的工作中，投入中国民主法治建设的事业里。至今，他参加了第六届至第十二届共7届全国人大的30次全国人大会议工作、174次全国人大常委会会议工作。人大承载着他30年奋斗的激情和梦想。

"人民代表大会制度研究专家、人大工作'活字典'，这两个评价我当仁不让。"阚珂说，"30年来，我有幸经历了国家重大发展阶段，是波澜壮阔改革进程的参与者和受益者。我脑袋里装的都是故事，我愿意把中国法治建设和中国人大的好故事分享给大家"。

知青岁月点燃家国梦

在媒体和大众的眼中，阚珂儒雅谦和，口才出众。他曾担任全国人大常委会办公厅的新闻发言人，对媒体“来势汹汹”的尖锐问题，他都能潇洒自如地应对。他还5次担任全国人大会议期间总理记者会的新闻官。

很少有人知道，其实阚珂小时候是一个非常内向的人。而性格的改变，始于他的中学时期。阚珂现在仍清楚地记得，自己1970年7月1日加入共青团，是当时学校里最早一批入团的学生。在中学，他担任班长、团支部书记，管理组织能力受到老师和同学的一致认可。正是这段当学生干部的经历，让阚珂得到了极大锻炼，性格也慢慢变得开朗外向，在任何场合都不会怯场。

中学毕业后，阚珂来到吉林敦化农村，成为一名“知青”。在村里，他和农民结下了深厚的情缘。春节时，他和老乡们一起扭大秧歌，还给农民写对联。

这段知青岁月给阚珂的人生记忆打下了深刻烙印，也点燃了他修身齐家治国平天下的家国梦想。回首那段岁月，阚珂动情地说：“我们是有理想、有信仰、有抱负的一代，我们曾经历激情燃烧的岁月，见证了共和国的挫折与辉煌。我们人生虽坎坷，但对祖国和人民的忠诚‘痴心’不改。”

后来，阚珂在敦化农村当中学教员，又到城里工厂做工人，还曾在吉林省延吉市轻工业局担任干部。用阚珂的话来说，这一时期他经历了“社会大课堂”的历练。恢复高考后，他以优异的成绩考入吉林大学哲学系，毕业后接着攻读政治学硕士学位，师从我国著名政治学家、法学家杜若君和王惠岩。1986年硕士研究生毕业后，阚珂如愿进入全国人大工作，这一干就是30年。

“我的女儿是‘90后’，她常常问我，爸爸你一件工作做了几十年，觉得有意思吗？”阚珂说，每次他面对女儿的疑惑，都会告诉她，自己选择了一个完美的职业。

“人民代表大会制度是综合的政治制度，而这个制度不是悬空的，是由一个个法律规范构成的。政治学和法学完美结合起来，和我学习的专业完全对口，我实在是太幸运了。”他说。

人生赛场“长跑运动员”

到全国人大后，阚珂先后在常委会研究室、秘书处秘书组、新闻局、法制工作委员会等多个岗位工作。在30年的全国人大会议期间，他担任过大会秘书处秘书组副组长、简报组副组长、新闻组副组长、法案组副组长和议案组组长，可以说他把全国人大的主要工作都经历遍了。回顾起全国人大30年的工作，阚珂用了一个很生动的词来形容自己：人生跑程的"长跑运动员"。

"长跑运动员要求有持久的耐力，始终保持一个节奏向前跑，没有耐力跑不到终点。而短跑运动员需要的是爆发力，一起跑就要达到很高的速度，很快也就到达了终点。"阚珂说，"很多人刚认识我时会对我没有太深刻的印象，但是经过时间检验，他们会发现我是一个很丰富的人，无论交给我什么工作，我都会踏踏实实做好"。

在与阚珂交谈的两个半小时里，记者一直在试图探寻他这本人大工作的"活字典"是如何炼成的。最终，记者找到了答案，那就是他对这份事业的热爱和专注。

刚进入阚珂办公室时，记者暗自吃了一惊，因为整个办公室仿佛一个书屋，不仅贴墙的一面书柜摆满了书，而且茶几上、沙发上、办公桌都堆满了大部头的书籍。在办公室一角的地上，摆放着好几摞用编织绳捆扎的笔记本，这些是阚珂到人大工作后的一部分工作笔记。至今，他都保存着每天记录工作笔记和日记的习惯。

在阚珂办公桌上，有两本被他称为人大工作必备的案头书。这是两本比英汉大字典还要厚的书。一本是《中华人民共和国人民代表大会文献资料汇编》；另一本是《中华人民共和国法律》。书页由于经常翻动已泛黄，里面贴满了五颜六色的便笺纸。第一本书的主要编纂人就是阚珂自己。

在当年的条件下，编纂这样一本书非常不容易。阚珂打开办公室的柜子，搬出了一摞八开泛黄的稿纸，这些都是当年没有被这本书收录进去的草稿。"书中的资料部分当时都是我自己手写的。"阚珂翻开书向记者展示，书中密密麻麻的小字是全国人大及其常委会历次会议的主要议程，而这个议程的来源就是阚珂摘录的历史档案和他自己的工作笔记。

从1986年开始搜集资料到最后成书，阚珂用了整整4年。"当时我爱人还没有调到北京来，我就一个人住在办公室里，白天工作，晚上都在编这本书。"阚珂说。多年来，他一直保持着极简的生活方式，每天工作十几个小时，家里、办公室、单位食堂三点一线。

"我对什么事情都非常用心，是一个生活中的有心人。虽然累，但是值得。”阚珂这样评价自己。他告诉记者，他从小就非常细心地观察周围事物，而且有很强的学习能力。阚珂举例说：“比如，我会做木匠活儿，是自己看别人做学会的。我姐姐结婚的时候我还亲手做了一个折叠饭桌和两把椅子送给她。我还会手工扦裤脚，这也是我看别人做学会的。”

阚珂细心的观察能力和思考力，让他在工作和研究中经常有意外收获。进入全国人大工作后，一个现象引起了他的注意，每届全国人大代表的名额并没有随全国人口数变化而有规律地变化，这说明每届全国人大代表名额的确定是不规范的。据此，他经过长时间深入研究，提出了全国人大代表名额分配“人人平等、地区平等、民族平等”的“三平等”原则，并撰写文章发表在1987年《政治学研究》第5期。

“2010年修改选举法，确定了全国人大代表名额分配的这三个原则。没有想到，这三个原则在23年后用上了！”阚珂欣慰地说。

立法领域“大龄新兵”

2011年年底，阚珂到全国人大常委会法制工作委员会任副主任，分管社会领域立法工作。那一年他57岁。阚珂笑称，自己是立法领域的一个“大龄新兵”。

“我虽然年龄大，但是没有直接搞过立法。于是我边工作边学习，力争把立法涉及的每一个具体问题都弄懂弄透。”他说。

在法制工作委员会工作4年零2个月的时间里，阚珂对立法有了不少心得：“法律本身是一个形式，每部法律的内容都是所调整的社会关系。所以制定每一部法律，最重要的是先搞清楚所要调整的社会关系，要在实践中进行充分的调查研究。”

阚珂把立法分为三种类型：第一种是“未雨绸缪式的立法”，立法具有前瞻性，最典型的例子就是制定《中外合资经营企业法》，体现了法律的预见性和包容性；第二种是“亡羊补牢式立法”，也就是，社会上出现问题了再加以调整规制；第三种是“无病呻吟式立法”，他解释道：“我到一些地方调研发现，有些不需要立法的事项，地方领导提出一定要立法，地方人大常委会法制工作委员会的一些同志把这个叫作‘领导工程’‘条子工程’，搞得他们非常苦恼。”

对于某些地方的“无病呻吟式立法”，阚珂深恶痛绝。“现在地方上非常重视法治建设，立法积极性很高，但是究竟哪些事项需要立法，还没有从理论上完全搞清楚。法律不是万能的，法律不能过度干预社会生活，不能扰民。”

哪些社会关系需要法律调整？阚珂认为，可以从三个方面考虑：第一，不立法不足以规范（规制）该领域的问题。也就是说，对那些社会生活中带有普遍性、反复出现、靠其他手段难以解决、最终需要靠国家强制力解决的问题需要立法。第二，立法一定能解决问题，如果某一社会关系必须用法律调整，但现实立法也不能解决问题，就不要急于立法。第三，立法后的综合效益超过立法、执法成本。

“在很多人看来，法律条文比较枯燥。而立法者需要对法律条文字斟句酌，您觉得立法人是不是需要一种坐得住冷板凳的精神？”记者问道。

面对记者的提问，阚珂笑着回答说：“立法其实一点都不枯燥，因为立法不是闭门造车，而是与实践密切相连。法律本身就是对火热生活的归纳、概括、总结和提炼，要把五彩缤纷的社会现象都装到脑袋里，然后提炼加工，遇到新问题再调研解决，这个过程其乐无穷。”

（原载2016年3月11日《法制日报》，第5版，题目为《一位委员的三十载痴心》）

Contents

目 录

综合制度篇

人民代表大会制度的内涵是什么 / 003

《宪法》规定:国家的一切权力属于人民。人民行使国家权力的机关是全国人大和地方各级人大。这个规定和宪法其他条文的一些规定,表明我们国家的政治制度是人民代表大会制度。

人民代表大会制度确立于何时 / 009

1949 年 9 月通过的《中国人民政治协商会议共同纲领》确立了人民代表大会制度,1954 年 9 月制定的宪法对这一政治制度作了更加完备的规定。

全国人民代表大会的雏形在哪里 / 021

1948 年 8 月在河北石家庄召开的华北临时人民代表大会是一个临时性的,是华北一个地区的,但它是全国人民代表大会的前奏和雏形。

"根本政治制度"话从何来 / 025

"人民代表大会制既规定为国家的根本政治制度,一切重大问题就都应当经过人民代表大会讨论,并作出决定。"

人大及其常委会“四权”表述由来 / 037

在人大工作中，一般把人大及其常委会的职权概括地表述为：立法权、决定权、任免权、监督权。

全国人大与地方人大是什么关系 / 045

法律上的监督关系，选举上的指导关系，工作上的联系关系。

在乡镇人大认识人民代表大会制度 / 049

四川省自贡市一位姓宋的镇人大主席，工作努力，也很有活力。但镇人大只有她一人专职，没有其他工作人员。她说自己总是“单打独斗”，感到工作很“孤独”。

1954 年制宪篇

毛泽东把全国人大比作“如来佛” / 053

“我们的主席、总理，都是由全国人民代表大会产生出来的，一定要服从全国人民代表大会，不能跳出如来佛的手掌。”

中央人民政府委员会“转身”为全国人大常委会 / 055

“中华人民共和国主席绝不是中央人民政府主席，中央人民政府委员会不相当于国务院，而相当于全国人大常委会。”

“委员长”名称是怎么来的 / 063

“为什么全国人大常委会的负责人称‘委员长’、县级以上地方人大常委会的负责人称‘主任’、乡镇人大设‘主席’？可否把这三个名称统一起来？”

推敲“质问”和“询问” / 067

“‘质问’和‘询问’为什么要分开？……‘质问’和‘询问’是不同的，但界限难分。”

民族自治地方建制的确定 / 071

“其实哪一个民族都是自治，比如，汉族，难道不是‘自治’，而是被别人治？”

不能不要被告人获得辩护的权利 / 079

“我们条件不够，没有律师。……困难是有的，但不能因有困难，这项权利就不要了。”

会议制度篇

“两会”的提法从何而来 / 085

1978年2月28日《人民日报》刊发《醉春风·庆祝人大政协两会同开》一文，比较早地把全国人大会议和全国政协会议合称为“两会”。

全国人大会议制度是这样形成的 / 091

1989 年 4 月，第七届全国人大第二次会议制定了《全国人民代表大会议事规则》，至此，全国人大会议制度实现了系统化、规范化、法制化。

全国人大会议程序的几个细节 / 101

万里说："我的任务已经完成。我预祝八届全国人大一次会议圆满成功！现在，请常务主席主持主席团会议。我就告退了。"

全国人大会议主席团的一天有多忙 / 105

一天中，召开了两次主席团常务主席会议、两次主席团会议……民主就不能怕麻烦，民主需要时间。

全国人大会议 3 月 5 日开幕的由来 / 107

在全国人大同一次会议上，既审查批准当年的预算，又审查批准上一年预算执行情况，这需要确定一个既有利于工作又能行得通的每年全国人大会议召开的合适时间。

全国人大常委会的三次表决 / 111

全国人大和全国人大常委会表决每一项议案，无论是通过还是没有通过，都是人民当家作主、人民管理国家的具体体现。

乡镇人代会如何由每月一次演变为每年一次 / 119

有的乡镇人大每年一次会议的会期只有短短的半天，没有深入审议报告，有人把这种情况戏称为"吃馒头、举拳头"。

我的30张全国人大会议工作证 / 125

我一直珍藏着我的30张全国人大会议工作证。这些证件见证了这几十年发生在全国人大会议上的国家重大事件，见证了国家的发展，见证了我国民主法治的进步。

“全国人大常委会0001”号证件 / 127

2015年我的全国人大会议列席证号为“全国人大常委会0001”。

立法监督篇

回望全国人大常委会的立法规划工作 / 137

实行计划立法，能够增强立法工作的主动性；有利于防止立法工作中的重复、分散现象；有助于提高立法质量和立法效率。

税法立法规划35年 / 149

在立法规划中，对单行税法立法项目，从作概括性、原则性的表述，到将具体的立法项目确定下来，经历了整整27年。

国家宪法日为何定在12月4日 / 157

设立国家宪法日，不仅是纪念《中华人民共和国宪法》的诞生，更重要的是为了增强全社会的宪法意识。

立法法修改的“税率之争” / 163

“谁立法？是代表立法！修改是太正常的，而且是应该的。”

监督法草案出台的前前后后 / 169

李鹏说:“监督法是一部非常重要的法律,起草的工作量很大,有一定难度,出台要有一个过程。但即使有难度,也必须努力去做。”

小平同志不当元帅 / 175

小平同志提出不当元帅,是从大局上,从根本性、稳定性、长期性上来考虑国家的军官军衔制度建设。

慈善法立法的139天 / 179

参加制定慈善法,是我职业生涯中负责的最后一项立法。

深圳“一市两法”困扰的终结 / 191

“特区是中国的特区,只是在广东办,如果没有经过全国人大通过,那我们就不肯办了。”

乘自动扶梯你“扶”了吗 / 197

在欧美国家,许多企业的安全生产规范有这样一个细节:规定员工上下楼时必须扶着楼梯的扶手,不扶就是违反操作规程。

反家庭暴力立法调研在女子监狱 / 211

反家庭暴力法应成为避免家庭发生极端不幸的法律制度——这是立法的初衷。

乡镇政府对村委会是“领导关系”还是“指导关系” / 221

1989 年年底在地方调研，村干部无奈地对我们说：“人搞生了，狗搞熟了”。

“常回家看看”规定的出台 / 225

在 2013 年第一个法定的老年节，内蒙古鄂尔多斯市的民政部门搞了慰问、演出等一系列服务老年人的活动，深受欢迎。

法律草案表决前的评估工作 / 229

张德江要求，出台的法律一定不能出现颠覆性错误。

天蓝水净问黄河 / 235

执法检查“肯定成绩，既不能贬低、否定，也不要哗众取宠；指出问题，既不能一味夸大，也不要文过饰非。”

代表制度篇

全国人大代表名额的变迁 / 243

2010 年修改选举法，全面实现了“人人平等、地区平等、民族平等”，这是我国民主制度的巨大进步。

代表资格审查制度的过去和现在 / 255

审查代表资格，从实质和程序两方面对当选代表的合法性进行审查。

代表“免捕权”制度的历史演进 / 261

受理提请许可的申请，应当审查是否存在对代表在人大各种会议上的发言和表决进行法律追究，或者对代表执行职务行为打击报复的情形。

人大代表应当代表谁的利益 / 267

人民的共同利益和统一意志，是人民代表大会和一切国家机关工作的出发点。

2005 年人大代表工作上大台阶 / 271

这一年，全国人大常委会在加强代表工作方面做了许多实事，使代表工作上了一个大台阶。

担任区委书记的代表向选民述职 / 275

北京市东城区竹竿选区的 40 位选民代表在现场听取他汇报履行人大代表职责的情况，并进行评议。

组织建设篇

把人大建成“三个机关”提法的由来 / 279

把人大及其常委会建设成为真正拥有宪法确定的地位、名副其实的国家权力机关，真正负有国家重要职责的工作机关，同人民群众保持密切联系的代表机关。

地方人大设立常委会漫漫长路 / 283

邓小平赞成县级以上地方各级人大设立常委会的方案。

地方各级人民代表大会和地方各级人民政府组织法修改增加“工作机构”4个字 / 289

“如果人大工作机构削弱了，那么，人大工作就失去了基础，人大就成了空中楼阁。”

四川乡镇人大建设的新思路 / 293

四川省自贡市沿滩区13个乡镇有6名乡镇人大主席转任乡镇长，转变了长期以来人大主席由年龄较大的乡镇党委书记或乡镇长转任直至离职的做法。

第六届全国人大常委会组成人员是怎么选出的 / 297

第六届全国人大第一次会议期间，一些代表提出，全国人大常委会中应有一位科技界的副委员长。

新闻故事篇

“抗议”的台湾记者问总理 / 303

温家宝说：“您用极大的勇气得到了一次提问机会，而且您问的问题十分重要。”

2007 年“三八”妇女节那天的大会 / 305

大会主席团向妇女祝贺节日；关于十一届全国人大代表名额和选举问题的决定草案规定，妇女代表比例不低于 22%；韩国女议员代表团观摩大会——我意识到这三件事具有新闻性。

不说“无可奉告” / 307

假话不能说，真话不全说，空话不总说，对媒体不说无可奉告。

反垄断法草案初审前的“节外生枝” / 315

报道委员长会议的新闻稿中没有关于建议审议反垄断法草案的内容，而是在新闻稿中特别写了一个“等”字。

我眼中的发言人姜恩柱与李肇星 / 319

姜恩柱严谨细致，李肇星机智、幽默、风趣。

与菲德尔·卡斯特罗握手 / 323

菲尔德·卡斯特罗身材高大，额头很宽，络腮胡须……虽然已年过 75 岁，但依然思维敏捷，精力充沛。

我与《法制日报》 / 327

我对《法制日报》的认识，是从接触《法制日报》的人开始的。

后　　记 / 333

综合制度篇

人 民 代 表 大 会 那 些 事

1954 年宪法文本封面

（影印件）

人民代表大会制度的内涵是什么

什么是人民代表大会制度

人民代表大会制度的内涵究竟是什么？换句话问：究竟什么是人民代表大会制度？

翻开中华人民共和国宪法起草委员会委员刘少奇在1954年9月15日第一届全国人民代表大会第一次会议上作的《关于中华人民共和国宪法草案的报告》，其中有这样一段话："宪法草案第二条规定：'中华人民共和国的一切权力属于人民。人民行使权力的机关是全国人民代表大会和地方各级人民代表大会。'这个规定和其他条文的一些规定表明我们国家的政治制度是人民代表大会制度。"在这里，刘少奇对什么是人民代表大会制度作了概括性回答。这是迄今为止，在党和国家的文件中，对什么是人民代表大会制度作出的正式解释。但刘少奇对宪法"其他条文的一些规定"究竟包括哪些、指的是什么，没有进一步说明。

20世纪80年代中期至整个90年代，我国政治学学者、宪法学学者对人民代表大会制度问题进行了集中研究。在这一时期，全国人大机关及地方人大机关的工作人员联系人大工作的实际，也开展了理论研究，形成了一批成果，出版不少专著。1991年，全国人大常委会办公厅研究室在讨论研究编写人大干部培训教材时，提出了两个思路：一是采用广义的"人民代表大会制度"概念，把国家行政制度、司法制度包括在内。第六届、第七届全国人大常委会副委员长彭冲于1991年1月11日在首都新闻界迎春茶话会上的讲话中提出，从广义上来讲，人民代表大会制度应包括国家元首制度、行政制度、军事制度、司法制度、民族区域自治制度以及人大工作受党领导制度等。二是采用狭义的“人民代表大会制度”概念，涉及行政、司法机关时只讲与人大机关的关系，不具体讲行政制度、司法制度。最后，培训教材采纳了后一种意见。

狭义的人民代表大会制度

现在，在人民代表大会制度内涵的认识上已经达成了基本共识，一般认为，狭义的人民代表大会制度主要包括以下内容：

第一，中华人民共和国的一切权力属于人民，人民行使国家权力的机关是全国人民代表大会和地方各级人民代表大会。这是刘少奇在《关于中华人民共和国宪法草案的报告》中明确指出的人民代表大会制度的内容。宪法还规定，全国人民代表大会是最高国家权力机关，地方各级人民代表大会都是地方国家权力机关。这一条具体有三层含义：一是“中华人民共和国的一切权力属于人民”，这讲的是人民在国家中的主人地位；二是说明人民代表大会制度是一种间接的民主制度，人民不直接行使国家权力，而是通过人民代表大会行使国家权力；三是说明人民代表大会的性质，即它是国家权力机关，不是单纯的立法机关。

第二，全国人民代表大会和地方各级人民代表大会都由民主选举产生，对人民负责，受人民监督。这一条讲的是人大与人民的关系。民主选举是人民代表大会的首要特征。如果不是民主选举产生，就不能称为人民代表大会。这种选举实质是一种委托，即人民把本来属于自己的权力委托给自己选出的代表，由这些代表代表他们去行使国家权力。它表明了人民代表大会权力的来源，即这种权力来自人民。人民代表大会必须代表人民的利益和意志行使权力，对人民负责，受人民的监督。选民或选举单位可以依照法定程序，罢免自己选出的代表。

第三，国家行政机关、审判机关、检察机关都由人民代表大会产生，对它负责，受它监督。这一条讲的是人民代表大会作为国家权力机关，与政府、法院、检察院的关系，讲的是横向关系。立法权、监督权、重大事项决定权、选举和任免权等具有决定性意义的权力由人民代表大会自己行使，以求真正集中和代表人民的意志和利益；在人民代表大会统一行使国家权力的前提下，全国人民代表大会通过制定宪法和法律，把人民委托给人民代表大会的一部分权力授予由它产生的政府、法院、检察院等国家机关，也就是对国家的行政权、审判权、检察权等进行了明确划分。这些国家机关绝不能脱离或者违背人民代表大会的意志而进行活动。

在政治学上，区分不同政体的一个标准，是看一个国家的中央政权设哪些国家机关，这些机关是怎样产生的，每个机关有什么职权，它们之间的相互关系是什么。西方国家的总统制、议会内阁制，是几个国家机关之间相互制约。在我国，县乡两级人大由选民直接选举产生，设区的市级人大、省级人大、全国人大由下级人大选举产生。人大在国家政权体系中处于核心地位。人大与政府、法院、检察院的关系是产生与被产生的关系，决定（人大制定法律法规、作出决定）与执行的关系，监督与被监督的关系。人大与政府、法院、检察院的关系不是平行的，是人大单向制约和监督政府、法院、检察院。这是作为我国政体的人民代表大会制度的内在规定性和显著特点。

第四，人民代表大会及其常务委员会依法、按程序、集体行使职权，按照少数服从多数的原则民主决定问题。为了正确、有效地行使宪法和有关法律赋予的职权，全国人大及其常委会制定了一系列会议规则、立法制度和其他工作制度，对各级人大的活动进行规范。人大决定问题是全体组成人员一人一票，任何成员都没有一票否决权。1949 年 9 月，《中国人民政治协商会议第一届全体会议议事规则》曾规定，全体会议通过议案赞成与反对人数相同时，由主席决定。现行宪法和有关法律关于人大及其常委会的表决没有这样的规定。

第五，中央和地方的国家机构职权的划分，遵循在中央的统一领导下，充分发挥地方的主动性、积极性的原则。这一条讲的是中央与地方的关系，即在中央统一领导下，实行适当分权，发挥中央和地方两个积极性，讲的是纵向关系。全国人大及其常委会、国务院决定的事情，地方必须遵照执行，同时给地方以充分的自主权。这样，既有利于中央的统一领导，又便于发挥地方的积极性，促进社会主义现代化建设。

第六，在少数民族聚居的地方实行区域自治，维护和发展平等团结互助和谐的社会主义民族关系。民族区域自治机关除了行使同级国家机关的权力外还行使自治权。宪法还对民族区域自治地方人大常委会的组成和政府首长任职的民族条件作了专门规定，目的是体现民族区域自治、保障民族区域自治地方行使好自治权。这是人民代表大会制度的一个重要内容。

新中国成立以来60多年的实践充分证明：人民代表大会制度是符合中国国情、体现社会主义国家性质、保障实现中华民族伟大复兴的好制度，是中国人民当家作主的重要途径和最高实现形式，是中国社会主义政治文明的重要制度载体，是坚持党的领导、人民当家作主、依法治国有机统一的根本制度安排，是中国特色社会主义制度的重要组成部分，是支撑中国国家治理体系和治理能力的根本政治制度。

得出的认识

从刘少奇关于人民代表大会制度内涵的表述中以及运用政治学的基本原理进行分析，对人民代表大会制度还可以得出以下的认识：

第一，把我国的政体表述为“民主集中制”与表述为“人民代表大会制度”是一个意思。毛泽东于1940年1月在《新民主主义论》中指出，政体是指政权构成的形式，新民主主义的政体是民主集中制。他在1945年4月《论联合政府》中进一步指出：“新民主主义的政权组织，应该采取民主集中制，由各级人民代表大会决定大政方针，选举政府。”“只有这个制度，才既能表现广泛的民主，使各级人民代表大会有高度的权力；又能集中处理国事，使各级政府能集中地处理被各级人民代表大会所委托的一切事务，并保障人民的一切必要的民主活动。”周恩来在《关于〈中国人民政治协商会议共同纲领〉草案的起草经过和特点的报告》中也指出，新民主主义的政权制度是民主集中制的人民代表大会的制度。从周恩来的这个报告以及1953年《人民日报》有关社论看，作为我国政体的民主集中制，或者说行使国家政权民主集中制的过程，指的是从人民选举人大代表、召开人民代表大会会议、产生“一府两院”直到由人大和“一府两院”依法行使国家政权的整个过程。我们前面讲的关于人民代表大会制度内涵的第二条、第三条、第五条内容，就是我国现行《宪法》第三条有关国家机构实行民主集中制原则的规定。

1954年宪法草案初稿在总纲第二条只写了国家权力机关实行民主集中制。讨论中认为，应把管理机关也实行民主集中制明确写上。宪法起草委员会副秘书长田家英说，民主集中制的根是一切权力属于人民。宪法起草委员会委员、秘书长李维汉说,民主集中制最基本的东西是一切权力属于人民。原来只写了权力机关实行民主集中制是一个缺点。我们的民主集中制是很广泛的,管理机关也实行民主集中制。民主集中制是政体,是制度,也是工作方法。最后通过的 1954 年《宪法》在第二条增加了其他机关也实行民主集中制的内容。

综上所述,我认为把我国的政体表述为"民主集中制"与表述为"人民代表大会制度"是一个意思。

第二,作为我国政权制度的人民代表大会制度是由宪法和全国人大及其常委会制定的相关法律规定的。行政法规、地方性法规规定不了人民代表大会制度的内容。完善人民代表大会制度,或者说实现人民代表大会制度的与时俱进,是全国人大及其常委会的重要职责。地方各级人大及其常委会应健全自己的工作制度,不断实现自身工作的实践创新,充分发挥地方国家权力机关的作用。

人民代表大会制度的内涵告诉我们,人民代表大会制度不仅仅是关于人大及其常委会的各项制度,还是关于整个国家政权的制度。坚持和完善人民代表大会制度,不仅是各级人大及其常委会的责任,而且是全党全社会的共同责任。全党同志、全体国家机关工作人员和全国各族人民都应增强坚持人民代表大会制度的自觉性和坚定性,切实把这一根本政治制度坚持好、完善好。

1949 年 9 月，中国人民政治协商会议第一届全体会议在北平中南海怀仁堂举行

（档案图片资料）

人民代表大会制度确立于何时

人民代表大会制度是什么时候确立的?

有一种看法认为:1954 年 9 月,第一届全国人大第一次会议召开,标志着人民代表大会制度正式确立。这种看法准确吗?人民代表大会制度是我国的政体,如果说人民代表大会制度是 1954 年才确立的,那么就有一个问题:从 1949 年到 1954 年这 5 年中,新中国的政体是什么呢?

我认为,人民代表大会制度是 1949 年 9 月,由中国人民政治协商会议第一届全体会议通过的《中国人民政治协商会议共同纲领》(以下简称《共同纲领》)和其他相关文件确立的。理由是:

其一,早在 1940 年 1 月,毛泽东在《新民主主义论》中就明确提出了中国可以采取从全国人民代表大会直到乡人民代表大会的系统。1948 年 4 月 30 日,中共中央发布《纪念"五一"劳动节口号》,根据毛泽东的提议,提出:"各民主党派、各人民团体、各社会贤达迅速召开政治协商会议,讨论并实现召集人民代表大会,成立民主联合政府。"1948 年 9 月,毛泽东在中央政治局会议上所作的报告中指出,我们的政权采取民主集中制的人民代表会议制度,而不采取资产阶级议会制。以上论述清晰表明,中国共产党人对人民代表大会制度的构想早已形成,它的主要内容:一是从中央到地方层层建立人民代表大会这一国家机关;二是政府由人民代表大会产生。但由于新中国还没有成立,这个设想还不能付诸实施。

其二,1949 年 10 月,新中国成立时,由于国内的军事行动还没有完全结束,各项基本的政治社会改革工作还没有在全国范围内进行,人民还没有充分组织起来,经济也需要一个恢复时期,由此,还不具备普选的条件,也就无法选举产生全国人民代表大会代表,进而无法召开全国人民代表大会会议。因此,在这年的 9 月,召开了中国人民政治协商会议第一届全体会议。这次会议通过的具有临时宪法地位的《共同纲领》明确规定,“中华人民共和国的国家政权属于人民。人民行使国家政权的机关为各级人民代表大会和各级人民政府。各级人民代表大会由人民用普选方法产生之。各级人民代表大会选举各级人民政府”。根据这些规定和这次会议作出的其他相关规定,我们可以判定,人民代表大会制度确立于 1949 年 9 月召开的中国人民政治协商会议第一届全体会议。1952 年 12 月 24 日,在全国政协常委会第一届第四十三次会议上,周恩来说过,根据《共同纲领》,我国的政治制度是人民代表大会制度。《共同纲领》还规定,在普选的全国人民代表大会召开以前,由中国人民政治协商会议的全体会议执行全国人民代表大会的职权。根据这个规定和从这个规定的执行看,从 1949 年到 1954 年,实行的是由中国人民政治协商会议全体会议代行全国人民代表大会职权、中央人民政府委员会依照中央人民政府组织法行使国家权力的人民代表大会制度的政体。

其三,1954 年 9 月 15 日,刘少奇在第一届全国人民代表大会第一次会议《关于中华人民共和国宪法草案的报告》中给出了权威性的答案:在 5 年前,也就是 1949 年 9 月,通过的《共同纲领》就确定了人民代表大会制度这种政治制度,1954 年宪法草案对我们国家的这种政治制度作出了更加完备的规定。

第一届全国人民代表大会第一次会议召开,标志人民代表大会制度在全国范围内由下至上系统建立起来。

延伸阅读

《共同纲领》——新中国的政治基石

在中国共产党的领导下，人民共和国的缔造者和奠基人精心制定的《中国人民政治协商会议共同纲领》（以下简称《共同纲领》），以相当于当时的国家根本大法的形式，解决了在中国人民夺取新民主主义革命胜利、永远结束半殖民地半封建社会状态的条件下建立一个什么样的新国家、怎样建设新国家的根本问题，给获得解放的中国人民指明了继续前进的社会主义方向。

《共同纲领》宣告了新中国的诞生

中国共产党自成立之日起，就为建立中国的人民民主政权进行长期的理论探索和不懈的实践努力。1927 年前的“罢工工人代表大会”和“农民协会”，第二次国内革命时期的“苏维埃代表大会”或“工农兵代表会议”，抗日战争时期的“参议会”，解放战争后期和新中国成立初期的“人民代表会议”等，都是中国共产党在不同的历史时期、不同的历史条件下建立人民民主政权的尝试，并且积累了宝贵经验。毛泽东等领导人关于人民政权建设的一系列论著和中国共产党的大量历史文献，表明党为建立全国性的人民民主政权，已经作出充分理论准备，具有一整套正确方案。那么，怎样使各民主党派、各人民团体、各界民主人士、国内各少数民族、海外华侨及其他爱国分子同我们党达成共识，将新中国建筑在合法的、坚实的基础之上呢？这是中国共产党必须解决的建立新中国的技术问题。

现代民主国家的合法性在于，其基本制度和国家机构必须经过人民同意，获得人民拥护，国家机构及其组成人员的权力由人民通过法定程序授予。合法国家诞立的典型程序是：事先建立一个由选举或协商产生的、具有广泛代表性的机构，遵循一定的议事决策规则决定国家的基本制度，国家机构的组成人员按照这个机构确定的民主方式产生。

早在 1940 年 12 月，刘少奇在《论抗日民主政权》一文中就指出：“共产党反对国民党的‘一党专政’，但并不要建立共产党的‘一党专政’。共产党和八路军、新四军作为民主的势力，愿意为大多数人民、为老百姓服务，为抗日各阶级联合的民主政权而奋斗。”为了履行共产党的诺言，尽快建立全国性的人民政权，实现人民当家作主，1948 年 4 月 30 日，中共中央发布《纪念“五一”劳动节口号》提出：“各民主党派、各人民团体、各社会贤达迅速召开政治协商会议，讨论并实现召集人民代表大会，成立民主联合政府。”这个倡议立即得到全国各民主党派、各人民团体、各界民主人士、国内少数民族和海外华侨的热烈响应。他们都认为，必须打倒帝国主义、封建主义、官僚资本主义和国民党反动派的统治，建立一个有广泛代表性的政治协商会议，宣告中华人民共和国成立，选举出民主联合政府，使我们伟大的祖国脱离半殖民地和半封建的命运，走上独立、自由、和平、统一和强盛的道路。这是中国共产党同各民主党派、各人民团体、各界民主人士、国内各少数民族和海外华侨团结奋斗的政治基础，是全国人民团结奋斗的政治基础，是解决中国一切问题的正确方向。

由于当时在普选的基础上召开全国人民代表大会的条件还不具备，因此通过召开由协商产生的各个方面代表组成的政治协商会议建立新中国，这是当时唯一可行的途径和方式。虽然中国人民政治协商会议全体会议不是国家机关，但它当时代行全国人民代表大会的职权，因而具有国家机关的性质，具有国家制宪会议的某些功能。这是中国共产党由战争条件下运用政党形式决定国家事务向和平条件下运用国家形式决定国家事务的重大转变，完全符合历史发展的客观规律。

1949 年 6 月 15 日至 19 日，新政治协商会议（该称谓是为了区别于 1946 年 1 月 10 日，在重庆举行的政治协商会议）筹备会第一次会议在北平召开。参加这次会议的有中国共产党和各民主党派、各人民团体、各界民主人士、国内少数民族、海外华侨等 23 个单位的 134 人。会议通过了《新政治协商会议筹备会组织条例》和《关于参加新政治协商会议的单位及其代表名额的规定》，选出了以毛泽东为主任的常委会。9 月 17 日，新政治协商会议筹备会召开第二次会议，宣布将“新政治协商会议”改名为“中国人民政治协商会议”。9 月 20 日，政协筹备会常委会第八次会议通过了《中国人民政治协商会议第一届全体会议议事规则》。1949 年 9 月 21 日至 30 日，中国人民政治协商会议第一届全体会议在北平举行。参加这次会议的组成单位有 45 个，代表 510 人，候补代表 77 人，特邀人士 75 人，共 662 人，包括中国共产党和全中国所有的民主党派、人民团体、人民解放军、各地区、各民族、国外华侨、其他爱国民主分子的代表，体现了广泛的代表性。由于它具有代表全国人民的机制，获得了全国人民的信任和拥护，因此它所作出的决定就是全国人民的决定。鉴于此，中国人民政治协商会议第一届全体会议宣布自己执行全国人民代表大会的职权。这次会议制定的《共同纲领》，是中国人民总结过去革命斗争的经验之后形成的一部人民革命建国纲领，“是中国历史上一个极端重要的文献”，“是目前时期全国人民的大宪章”，它向全世界宣告了中华人民共和国的成立。它在1954年《宪法》颁布前起到了临时宪法的作用。毛泽东指出：“我们现时的根本大法即共同纲领。”这次会议还制定了中央人民政府组织法，决定了中华人民共和国定都于北京、中华人民共和国国旗为五星红旗、国歌为义勇军进行曲，决定了中华人民共和国采用世界公元纪年，选举了以毛泽东为主席的中央人民政府委员会。至此，一个新国家——中华人民共和国诞生了。中国的历史，从此开辟了崭新的时代——人民民主时代，表明“占人类总数四分之一的中国人从此站立起来了。”

《共同纲领》规定了新中国的国体、政体和国家结构形式

任何国家都要通过由国家性质（国体）决定的国家形式（政体、国家结构）体现出来。国体、政体、国家结构形式是国家制度的基本内容。

中国人民在中国共产党的领导下，推翻了封建买办法西斯专政的国民党反动统治，之后建立一个什么样的国家，即国家的性质是什么，这是建立新中国必须解决的首要问题。

自1840年以来，中国人民为了争取国家独立、民族解放和民主自由进行了前仆后继的英勇奋斗。各种社会势力围绕着建立什么样的国家政治制度进行过激烈斗争。历史充分证明，在中国，无论是资产阶级君主立宪制，还是资产阶级共和制，始终都是幻想。代表帝国主义、封建主义、官僚资本主义的伪宪制，被人民深恶痛绝。中国半殖民地半封建的社会性质决定了中国共产党领导的革命必须分两步走：第一个阶段进行新民主主义革命；第二个阶段进行社会主义革命。新民主主义革命，就其社会性质来说，是资产阶级民主主义革命，客观上要求为资本主义的发展扫清道路。由于这个革命是无产阶级领导的，广大受剥削受压迫的工人、农民是革命的主力军，小资产阶级是革命的动力之一，是无产阶级的可靠同盟者，革命的任务是推翻帝国主义、封建主义和官僚资本主义在中国的统治，因此，新民主主义革命胜

利后不可能建立资产阶级专政的国家。又由于民族资产阶级具有同情革命、参加革命的一面，在革命中曾经同共产党长期合作反对过帝国主义，无产阶级在革命后为了对付帝国主义的压迫，迅速地恢复和发展生产，就必须利用一切有利于国计民生的资本主义因素，团结民族资产阶级共同奋斗，吸收他们参加国家政权，因此，新民主主义革命胜利后也不可能建立无产阶级一个阶级专政的国家。毛泽东在《新民主主义论》一文中指出，一切殖民地半殖民地国家的革命，在一定历史时期中所采取的国家形式，只能是几个革命阶级联合专政的共和国。刘少奇指出："中国在革命中及革命后，要建立也不能不建立革命各阶级的联合的民主专政"。这"是革命各阶级联合的政权，而不能是一个阶级单独的专政，既不能是资产阶级专政，也不能是无产阶级专政"。总结中国共产党领导新民主主义革命斗争的经验，"集中到一点，就是工人阶级（经过共产党）领导的以工农联盟为基础的人民民主专政"。中国共产党关于各革命阶级联合专政的理论，解决了在新民主主义革命胜利后建立一个什么样国家的根本问题。

《共同纲领》规定："中国人民民主专政是中国工人阶级、农民阶级、小资产阶级、民族资产阶级及其他爱国民主分子的人民民主统一战线的政权。""中华人民共和国为新民主主义即人民民主主义的国家，实行工人阶级领导的、以工农联盟为基础的、团结各民主阶级和国内各民族的人民民主专政，反对帝国主义、封建主义和官僚资本主义，为中国的独立、民主、和平、统一和富强而奋斗。"《共同纲领》关于国家性质的这些规定，反映了中国社会和中国革命发展的客观规律，集中体现了全国各族人民的根本利益和共同意志。这样的国家性质保证了国家有步骤地从新民主主义向社会主义过渡。确定这样的国家性质，向全世界宣告了中国历史上从来没有过的一种新型国家诞生了。这"是中国人民百年来革命奋斗的结果"。

1949年9月30日，中国人民政治协商会议第一届全体会议选举产生的中央人民政府副主席6人中，非共产党人士有3人；委员56人中，非共产党人士有27人。1949年10月19日，中央人民政府委员会第三次会议任命的政务院副总理4人中，非共产党人士有2人；政务委员15人中，非共产党人士有9人；政务院所辖34个部、会、院、署、行正职负责人中，非共产党人士有14人。中央国家政权的人员构成，体现了我国当时的国家性质是各民主阶级联合的政权。

《共同纲领》确定的我国国家性质是同新中国成立初期的情况和任务相适应的，本身具有过渡性。1954 年《宪法》将我国的国家性质确定为："工人阶级领导的、以工农联盟为基础的人民民主国家。"民族资产阶级在政治上占有一定地位。1982 年《宪法》规定的我国国家性质是："工人阶级领导的、以工农联盟为基础的人民民主专政的社会主义国家。"

马克思主义国家学说认为，政体是国家政权的组织形式。人类历史上不同国家的各种政体，基本上可以划分为君主制和共和制。君主制政体是以君主为国家元首的政权组织形式。共和制政体是国家权力机关（或立法机关）和国家元首由选举产生并具有一定任期的政权组织形式。资产阶级国家普遍采用共和制政体。恩格斯指出："共和国是无产阶级将来进行统治的现成的政治形式。"无产阶级专政的社会主义国家只能采用共和制政体。

新民主主义国家采用什么样的政体呢？毛泽东指出："国体——各革命阶级联合专政。政体——民主集中制。……这就是新民主主义的共和国。"与新民主主义国家的国体（国家性质）相适应，新中国的政体必然是共和制，是基于民主集中制的人民代表大会制度。《共同纲领》规定："中华人民共和国的国家政权属于人民，人民行使国家政权的机关为各级人民代表大会和各级人民政府。各级人民代表大会由人民普选方法产生之，各级人民代表大会选举各级人民政府。各级人民代表大会闭会期间，各级人民政府为行使各级政权的机关。""国家最高政权机关为全国人民代表大会。全国人民代表大会闭会期间，中央人民政府为行使国家政权的最高机关。""各级政权机关一律实行民主集中制。""实行少数服从多数的制度。"在全国人民代表大会召开之前，中央人民政府委员会由中国人民政治协商会议全体会议选举产生。中央人民政府委员会的职权事实上相当于当时的集体国家元首。由于全国人民代表大会尚未召开，中国人民政治协商会议产生中央人民政府委员会只是一种暂时的方式，《共同纲领》因此没有规定全国人民代表大会和中央人民政府委员会的任期。但此后不久制定的几部地方各级人民代表会议组织通则，都规定了人民代表会议的任期。到 1954 年，我国宪法明确规定了全国人民代表大会和国家主席的任期，充分表明我国是共和制政体，也表明在 1949 年 9 月，我国就已经确立了人民代表大会制度。1954 年 9 月，第一届全国人民代表大会第一次会议的召开，标志着我国的人民代表大会制度从地方到中央系统地建立起来了。

国家结构形式是以中央机关为代表的国家整体与其组成部分之间相互关系的构成形式，是民族（带有共同地域特征）问题在国家制度上的表现形式。国家结构形式分为单一制和复合制（主要有联邦制和邦联制）。世界上一些多民族国家为了解决内部的民族问题，往往在国家结构形式上采取联邦制。一个国家采取什么样的国家结构形式，是由该国的历史、地理、政治、经济、民族、宗教、文化等多种因素决定的。中国虽然民族众多，但自古以来就是统一的国家。各族人民在长期的劳动、生活和交往中，友好相处，建立了政治、经济和文化的密切联系，早已结成不可分割的整体。中国新民主主义革命的胜利，开辟了全国各族人民当家作主的新时代，展示了各族人民美好发展的广阔前景。建立统一国家，有利于我国各族人民团结互助，取长补短，逐步消除历史遗留下来的事实上的不平等，实现共同进步。而要抵御帝国主义发动的外部侵略，也必须建立强大的、统一的国家。1949 年 9 月 7 日，周恩来在中国人民政治协商会议第一届全体会议召开前向政协代表作报告时指出，我们国家的名称，叫中华人民共和国，而不叫联邦。我们虽然不是联邦，但却主张民族区域自治，行使民族自治的权力。《共同纲领》规定："全国各地方人民政府均服从中央人民政府。""中央人民政府与地方人民政府间职权的划分，应按照各项事务的性质，由中央人民政府委员会以法令加以规定，使之既利于国家统一，又利于因地制宜。""各少数民族聚居的地区，应实行民族的区域自治，按照民族聚居的人口多少和区域大小，分别建立各种民族自治机关。"周恩来的报告和《共同纲领》的规定，表明新中国的国家结构形式是单一制。同时，为了解决民族问题，在单一制的国家中，实行民族区域自治制度。这是中国共产党在国家结构形式上的伟大创造，有利于国家的统一和各民族的团结，有利于各项事业的发展和各少数民族自主地管理自己的事务。1952 年 8 月，中央人民政府委员会制定了《民族区域自治实施纲要》。1984 年 5 月，第六届全国人大第二次会议制定了民族区域自治法，逐步完善了我国的民族区域自治制度。历史已经证明，民族区域自治制度是一项成功的政治制度。它妥善地解决了多民族的单一制国家如何加强各族人民的团结、维护国家的统一和稳定、共同建设祖国的重大问题。

《共同纲领》发展了马克思主义国家学说

建立人民民主专政的社会主义国家，是中国共产党领导中国人民把马克思主义国家学说的基本原理与中国革命和建设的具体实践相结合的伟大创举。革命的根本问题是国家政权问题。无产阶级必须夺取政权，建立无产阶级专政的社会主义国家，这是马克思主义国家学说的基本原理。根据这一学说，作为中国工人阶级代表的中国共产党领导中国人民夺取革命胜利以后，应该建立无产阶级专政的社会主义国家。但是，中国共产党创造性地运用马克思主义国家学说，没有一步到位直接建立无产阶级专政的国家，而是根据中国国情，建立了由工人阶级、农民阶级、小资产阶级和民族资产阶级参政的人民民主专政的国家。它由工人阶级（经过共产党）领导，以工农联盟为基础，从而保证了广大劳动人民当家作主，解决了殖民地半殖民地国家革命胜利后的国家性质问题。这种国家制度，一方面同欧美式的、资产阶级专政的资产阶级共和国相区别；另一方面也同苏联式的、无产阶级专政的社会主义共和国相区别。毛泽东指出，中国现在有两种联盟：一种是工人阶级和农民的联盟，这是基础；另一种是工人阶级和民族资产阶级的联盟。农民是劳动者，不是剥削者，工人阶级和农民的联盟是长期的。这两个联盟，同农民的联盟是主要的、基本的、第一位的；同资产阶级的联盟是暂时的、第二位的。这两个联盟，在我们这样经济落后的国家，现在都是必要的。《共同纲领》规定的人民民主专政政权中的阶级联盟，不但包括非无产阶级的劳动阶级，而且还包括剥削阶级。因此可以说，《共同纲领》关于我国国家性质的规定，发展了马克思主义的国家学说。

在人民共和国建立的过程中，中国共产党在政治上十分清醒，没有乌托邦的幻想，而是以客观的认识、务实的精神，从中国当时的国情出发决定新中国的各项制度和政策。这表明中国共产党是一个成熟的马克思主义政党，具有高瞻远瞩的战略眼光。我们党曾经深刻地认识到，在建成无产阶级专政的社会主义国家之前，必然存在一个不可人为地逾越的新民主主义阶段。只能从实际出发，按照其固有的规律办事，而不能把这个阶段必然出现、应该允许存在的东西简单地排斥，也不能超越阶段，把将来要办的事情放到这个阶段来办。1949 年 1 月 8 日，毛泽东在中央政治局会议上指出，一方面，不要以为新民主主义经济不是向社会主义发展；另一方面，必须注意，必须谨慎，不要急于社会主义化。周恩来在《人民政协共同纲领草案的特点》一文中指出："经济建设是百端待举，但须有缓急轻重之分，草案中已根据那些是应该做的、那些是不应该做的；那些是可以现在做的、那些是现在不能做的；那些是已经做了的、那些是尚未做的等分析规定出具体条文。"例如，《共同纲领》允许合作社经济、农业和手工业个体经济、私人资本主义经济和国家资本主义经济存在，并扶助合作社经济和有利于国计民生的私营经济的发展。这种按照一切从实际出发、实事求是的思想路线决定国家制度和政策的科学精神，对于我们今天进行改革开放和社会主义现代化建设，仍然具有重要的现实指导意义。

党的十一届三中全会以来，我们党正确地分析国情，作出了我国还处于社会主义初级阶段的科学论断，并从这个实际出发，实行改革开放政策，努力建立社会主义市场经济体制，坚持以公有制为主体、多种所有制经济共同发展的基本经济制度，坚持按劳分配为主体、多种分配方式并存的分配制度，确认非公有制经济是社会主义市场经济的重要组成部分……这些都极大地促进了我国社会生产力的发展。《共同纲领》是统一战线的纲领。它明确规定，实现新民主主义，反对帝国主义、封建主义和官僚资本主义，建设一个独立、民主、和平、统一和富强的新中国，就要团结国内各民主阶级、各个民族和国外华侨，结成广泛的人民民主统一战线。这是中国共产党的一贯主张。毛泽东将人民民主统一战线与中国共产党、中国共产党领导的人民军队，称之为夺取人民民主革命胜利的三件主要武器、三大法宝。统一战线思想的核心，就是在中国共产党的领导下，团结一切可以团结的力量，调动一切积极因素，为实现革命和建设的任务服务。毛泽东在《论十大关系》一文中指出："围绕着一个基本方针，就是要把国内外一切积极因素调动起来，为社会主义事业服务。"我们当前进行的改革开放和社会主义现代化建设是前无古人的创造性事业，必须紧紧依靠工人、农民和知识分子，团结一切可以团结的力量，调动一切积极因素，不断壮大最广泛的爱国统一战线。

华北临时人民代表大会会场

（档案图片资料）

华北临时人民代表大会会址

（档案图片资料）

全国人民代表大会的雏形在哪里

许多人知道，从第一次国内革命战争时期罢工工人代表大会和农民协会到第二次国内革命战争时期工农兵代表苏维埃，从抗日战争时期参议会到解放战争后期和新中国成立初期各地普遍召开各界人民代表会议，中国共产党人为建立人民民主政权、实现人民当家作主经过长期探索，终于在1949年确立、在1954年由下至上系统地建立了人民代表大会制度。那么，全国人民代表大会的雏形是什么样的机构？它诞生于何时？何地？

在河北省石家庄市中山路上原来有一座建筑叫作人民礼堂，能够容纳500多人，1948年8月7日至19日，华北临时人民代表大会在这里隆重举行。当时为了保密和保障与会代表的安全，对外称作召开“生产工作会议”，进入礼堂的人，只有走到门口时，才戴上“代表证”，出门便摘下证件。华北联合行政委员会主席董必武在大会上致开幕词说：华北临时人民代表大会“是一个临时性的，是华北一个地区的，但是，它将成为全国人民代表大会的前奏和雏形”。“它是中国民主革命历史中划时代的一次大会，在中国民主革命历史上将占有光荣的篇章。”

为什么说华北临时人民代表大会是全国人民代表大会的前奏和雏形

毛泽东在《新民主主义论》和《论联合政府》中的有关论述告诉我们，首先，凡是叫人民代表大会，它就要由普选产生的代表组成；其次，人民代表大会的重要职权是选举产生人民政府。华北临时人民代表大会符合毛泽东提出的这些条件。

第一，它的绝大多数代表是由民主选举产生的。1948 年 7 月中下旬，华北的山西、河北、平原、察哈尔、绥远 5 省千百万人民群众参加了选举。选出区域代表 394 人，职业和团体代表 173 人，另外有政府邀请的代表 31 人，代表共 598 人。出席会议的代表 542 人，包括工人、农民、妇女、革命家、工商业家、自由职业者、新式富农、社会贤达、开明绅士以及民主同盟盟员、少数民族和国统区人民团体的代表。出席会议的代表具有广泛性和代表性。

第二，代表慎重讨论和推举候选人，经无记名投票，选举产生了由董必武等 27 位政府委员组成的华北人民政府。而此前，除少数解放区外，大多数解放区的政府不是由人民代表大会产生的，即使在新中国成立初期的相当一段时间内，由于没有召开人民代表大会或者各界人民代表会议没有代行人民代表大会的职权，大多数地方政府还是由上级党政机关指定组建的。

第三，大会听取和审议的晋冀鲁豫边区政府、晋察冀边区行政委员会两年来的政府工作报告，通过的《华北人民政府施政方针》，这些大体上相当于今天人民代表大会审议通过的《政府工作报告》。

第四，大会通过的《华北人民政府组织大纲》，大体相当于今天全国人民代表大会制定政府组织法。

第五，大会选举产生的提案审查委员会，下分军事政治、农业、工商、民政、财政、文教、交通、黄河水利 8 个组，对代表提出的 1180 件提案进行审查。这大体相当于今天人民代表大会会议期间代表提出和相关机构处理“议案”和“建议”工作。

第六，在会议的形式方面，召开了预备会议，推选出董必武等 33 人组成大会主席团主持会议，宋劭文兼任大会秘书长，选举产生了代表资格审查委员会；主席团会议推选大会常务主席，召开了多次主席团会议；召开了 7 次大会全体会议，听取和审议政府工作报告和各项法案。这些与今天人民代表大会会议的形式和开会方法基本上是相同的。

从历史的考察中我们知道，由于当时全国还没有完全解放，共产党还没有取得全国政权，共产党是在局部地区执政，还无法召开全国性的人民代表大会，因此，这时只能是召开区域性的人民代表大会，建立区域性的人民民主政权机构。1948 年 8 月 15 日，在华北临时人民代表大会主席团第四次会议上，董必武提出，要在今后两年的时间内正式召开华北人民代表大会。这进一步说明了华北临时人民代表大会仅是全国人民代表大会的前奏和雏形。

为什么华北临时人民代表大会能够成为全国人民代表大会的前奏和雏形

首先，召开华北临时人民代表大会、成立华北人民政府是中共中央的政治决策，是中共中央有计划的自觉行为。随着解放战争的节节胜利，建立新中国的各项工作已经提到中共中央的工作日程上。中共中央交给华北人民政府的首要任务，就是摸索、积累人民民主政权建设经验，为全国解放后人民共和国的建立做好准备。

其次，晋察冀野战军在 1947 年 11 月 12 日攻克石家庄，使晋察冀和晋冀鲁豫两大解放区连成一片。这是华北临时人民代表大会成为全国人民代表大会的前奏和雏形一个重要条件。中共中央不失时机地决定，将这两个解放区合并为华北解放区，两中央局合并为中共中央华北局，两军区合并为华北军区，两边区政府合并为华北联合行政委员会，并决定由董必武以华北联合行政委员会主席的身份负责筹备召开华北临时人民代表大会、建立华北人民政府。

再次，华北解放区已基本上完成土地改革，农民在经济上翻了身，调动了广大农民群众的革命和建设积极性，农业生产力获得极大解放，巩固了工农联盟，奠定了建立人民民主政权的群众基础和社会基础。

最后，华北人民政府成立后，积极参加中央人民政府成立的准备工作，积极而有序地建设地方各级人民民主政权，创立人民民主法制。1949 年年初，华北人民政府迁入北平。时任华北军区司令员的聂荣臻后来回忆说："刚进城时候的政府就是 1948 年在石家庄成立的华北人民政府，仍由董必武任主席。进北平以后，他那个机构就代管全国行政事务方面的事情了，直到 1949 年 10 月 1 日，才成立了中央人民政府。中央人民政府的底子就是华北人民政府，在它那个基础上组织了各个部。"1949 年 10 月 27 日，毛泽东发布命令："中央人民政府业已成立，华北人民政府工作随即结束。原华北人民政府所辖的 5 省 2 市改为中央人民政府直属。中央人民政府的许多机构应以华北人民政府所属机构为基础迅速建立起来。"10 月 28 日，董必武通知华北人民政府11月1日停止办公。华北人民政府完成了光荣的历史使命。

事实说明，华北人民政府是中央人民政府的前身，它摸着石头过河，为中央人民政府的组建和全面施政打了前站、走了近路，它的重大功绩将永垂史册。

在1948年9月以后的13个月中，华北人民政府的工作人员，在工作中得到了锻炼、积累了经验，特别是积累了人民政权建设、施行人民法制的经验。新中国成立后，不少人担任政法职务、从事法制工作。董必武、谢觉哉、杨秀峰、任建新先后担任最高人民法院院长；刘复之先后担任司法部部长、公安部部长、最高人民检察院检察长；董必武兼任过政务院政治法律委员会主任；华北高等教育委员会副主任张奚若担任过政务院政治法律委员会副主任。

还应该提到的是，华北人民政府委员张苏担任过第一届、第二届全国人大常委会副秘书长、办公厅主任，华北人民政府秘书厅秘书长陶希晋担任过第五届全国人大常委会法制委员会副主任、第六届全国人大法律委员会顾问。这与他们的华北人民政府的工作经历不无关系。

“根本政治制度”话从何来

在我国的政治生活中，人们对“人民代表大会制度是我国的根本政治制度”这一规范表述都已经很熟悉了，但是，在我国的宪法和法律中，并没有这一表述。这一表述是从哪来的？它明确起来经历了怎样的过程？把人民代表大会制度确定为我国的根本政治制度有什么意义？

刘少奇：人民代表会议与人民代表大会制度是我们国家的基本制度

还在战争年代，中国共产党人就对未来革命胜利后新中国的政权形式作了前瞻性思考。从政治学的角度来考察，中国共产党人提出的新中国的国家机构，是新型的政权形式，是一个伟大的创造，是中国对人类政治文明的重要贡献。

但是，在1949年新中国成立时，由于当时条件不具备，所以无法立即建立全国人民代表大会和地方各级人民代表大会，还不能立即实行人民代表大会制度。那么，人民代表大会这一最重要的国家机构缺位是由什么机构来暂时替代的呢？

在这样的历史条件下，通过召开由协商产生的具有广泛代表性的各界代表组成的政治协商会议建立新中国，是在当时条件下可选择的最好途径和方式。1949年9月，中国人民政治协商会议在北平举行第一届全体会议，会议通过了《中国人民政治协商会议共同纲领》（以下简称《共同纲领》），选举产生了以毛泽东为主席的中央人民政府委员会。这样，10月1日，北京市

30万群众在天安门广场举行隆重的庆祝典礼，毛泽东主席发表文告，庄严宣布中华人民共和国中央人民政府已经正式成立。

新中国成立之初，除了少数解放区根据“12月会议”（1947年12月25日至28日中共中央在陕西米脂县杨家沟召开的扩大会议）精神，召开人民代表大会或农民代表大会，选举产生当地的人民政府外，绝大多数的地方政府都是由上级党政机关指定组建的。新解放区的政权组织更不健全，在一些县以下的区、乡甚至还没有建立起政权组织。在新中国的中央政权建立后，建立和统一规范地方政权是十分紧迫的任务。

《共同纲领》规定，在普选的地方人民代表大会召开以前，由地方各界人民代表会议逐步地代行人民代表大会的职权。毛泽东对召开地方人民代表会议极为重视。1949年8月至11月，他集中总结各地经验，亲自撰写多份电报、批示、批语，介绍和推广一些地方召开各界人民代表会议的做法和经验，对开好人民代表会议提出明确要求。8月13日，毛泽东出席北平市召开的第一届各界代表会议并作了简短讲话，他说：“希望全国各城市都能迅速召集同样的会议”，他把“各界代表会议”称作“各界人民代表会议”，并提出一俟条件成熟，各界人民代表会议即可执行人民代表大会的职权，成为全市的最高权力机关，选举市政府。1950年6月，毛泽东在党的七届三中全会上的讲话中强调指出：“必须认真开好足以团结各界人民共同进行工作的各界人民代表会议。”为了对建立地方各界人民代表会议提供法律依据并对其加以规范，1949年12月，中央人民政府委员会制定了《省各界人民代表会议组织通则》《市各界人民代表会议组织通则》《县各界人民代表会议组织通则》，对这三级各界人民代表会议的组织、职权、会期、代行人民代表大会职权等问题都作了明确规定。

开好各界人民代表会议，并代行人民代表大会职权，选举人民政府，是建立地方政权工作的关键步骤。人民代表会议是人民政府联系群众和传达政策的协议机关和咨询机关，还不是政权机关。只有经批准代行人民代表大会职能，选举产生政府，人民代表会议才成为过渡性的政权机关。

到1950年7月，全国28个省和9个相当于省的行政区中，9个省已经召开各界人民代表会议并代行人民代表大会的职权；210个市、镇、城关召开过各界人民代表会议，其中，12个中央及大行政区直辖市都已召开了各界人民代表会议，7个市已代行人民代表大会职权；省及行政公署所辖的市67个已经召开过各界人民代表会议，13 个市已代行人民代表大会职权；石家庄、保定两市召开了人民代表大会；2069 个县中已召开过各界人民代表会议的 1707 个县，其中代行人民代表大会职权的有 18 县，20 个召开了县人民代表大会；36 个旗召开过各界人民代表会议。东北有 1212 个区召开过人民代表会议，377 个区召开过人民代表大会，8393 个村召开过人民代表会议，17153 个村召开过人民代表大会。华北、西北等老解放区，部分区、村也召开过人民代表会议或人民代表大会。当时就清醒地看到，这些工作成绩是初步的，即使开过的会也不是都开得好，总结经验也不很深刻。

到 1951 年，地方政权建设有新的进展。比如，在全国省和相当于省的行政区中，23 个省已经召开各界人民代表会议，许多市、县多次召开过各界人民代表会议，但发展不平稳。这其中重要的原因是，有些政府干部不太愿意召开人民代表会议，他们习惯少数人包办一切，不习惯于和人民代表商量办事，他们认为召开人民代表会议“太麻烦”，“召开人民代表会议不起作用”，借口“工作太忙”，或借口“没有事”，而不召开人民代表会议，对于它代行人民代表大会职权问题采取消极态度。

中央认为，依靠人民代表会议与人民代表大会制度，把全国人民团结在各级人民政府周围，在中央人民政府的统一领导下，形成统一的强大的力量，履行全国人民迫切需要履行的建设任务和国防任务，这是为新中国成立以来各项事业取得的成绩所证明的真理。鉴于建立新中国巩固的地方各级政权的迫切要求，中央指示，各地要积极努力地把人民代表会议实际而不是形式地建立起来，使它在政治上和组织上更广大更密切地联系各民主阶级的人民群众，在组织形式上逐步地完备起来，使各级人民代表会议能够在几年内逐步地过渡为人民代表大会。必须经常定期召开人民代表会议，巩固这种人民代表会议与人民代表大会制度。

在这样的背景下，1951 年 2 月 28 日，中央人民政府副主席刘少奇出席了在北京中山公园中山堂召开的北京市第三届人民代表会议并作讲话，对地方政权建设工作指出明确的方向。他在这次讲话中明确提出：“人民代表会议与人民代表大会制度，是我们国家的基本制度，是人民民主政权的最好的基本的组织形式。我们的国家，就是人民代表会议与人民代表大会制的国家。”从目前公开的资料看，这是我们党和国家领导人最早关于“人民代表会议与人民代表大会制度是我们国家的基本制度”的表述，对人民代表大会制度作这样的定位，在新中国政权建设史上具有十分重要的意义。

董必武：人民代表会议与人民代表大会的制度是我们国家的基本制度

1948年，随着解放战争的节节胜利，晋察冀、晋冀鲁豫的地域已连成一片，中共中央决定将晋察冀、晋冀鲁豫两大区合并，形成统一的华北解放区。

华北全区除绥远外都是老解放区。到1951年，土匪已经肃清，土地改革已经完成，群众已经普遍地组织起来，华北绝大部分地区已有充分的条件并且迫切需要实行人民代表大会或由各界人民代表会议代行人民代表大会职权的人民民主政权制度。但是，当时代行人民代表大会职权的实际情况不尽理想，尤其是县级，华北全区331个县、17个旗，只有25个县、旗代行了人民代表大会的职权，选举了人民政府，仅占县、旗总数7.1%。许多地方虽然已召开过多次各界人民代表会议，但存在很多缺点。比如，将人民代表会议应有的职权和作用与普通干部会议相混淆，单纯布置工作，对人民群众和人民代表的提案和要求，采取不严肃负责的态度。

为了推进各界人民代表会议代行人民代表大会职权，中央决定召开一次华北地区的县长会议，提高干部的思想认识，促进这个地区的政权建设，为全国树立典型，推动全国政权建设工作。会议筹备的工作十分认真，成立了专门的筹备委员会，会前搜集各地有关政权建设的报告进行研究，派出4个视察组分赴各地视察，调一些专员、县长到北京来汇报，要求各地组织干部学习人民民主建政的理论与政策，特别是学习毛泽东的《论人民民主专政》、刘少奇《在北京市第三届人民代表会议上的讲话》、《共同纲领》、各级各界人民代表会议组织通则、各级人民政府组织通则，以及中央人民政府的有关法令和指示，通过报刊、通讯社开展宣传工作，《人民日报》发表社论、文章、新闻报道等60多篇。

经过两个多月的精心筹备，华北第一次县长会议于1951年9月19日至30日，在位于北京护国寺街东口外德胜门大街的华北军区司令部内的礼堂召开。出席会议的有华北全区各省人民政府主席、副主席、市长、专员(盟长)、县长(旗长)466人，中央和华北区各机关、团体负责人228人，各大行政区负责人29人，共723人。会议的中心任务，是进一步巩固和发展人民民主专政，加强县级人民代表会议的工作，使各县在召开人民代表会议的基础上，积极创造条件，迅速代行人民代表大会的职权。

在23日的会议上，中央人民政府政务院副总理兼政治法律委员会主任董必武作了《论加强人民代表会议的工作》的讲话，他在讲话中指出，人民代表会议或人民代表大会的制度之所以是我们国家的基本制度，一是只有它才能代表我们政治生活的全面，才能表示我们政治力量的源泉；二是它不是倚靠从前任何法律规定而产生的，而是由人民革命直接创造出来的，它一经宣告成立，就可以相应地制定各种制度和法律，而其他任何制度则必须经过它的批准，或由它授权的机关批准，才能生效。会议进行了小组讨论和大会讨论。这次会议的重要成果是，全体与会人员进一步明确认识了各界人民代表会议或人民代表大会是我们国家的基本制度。在这里，我们看到，在距刘少奇讲话7个月后，董必武也把各界人民代表会议与人民代表大会的制度定位为“国家的基本制度”。

彭真：我们把代行人民代表大会职能的人民代表会议定成我们国家的根本政治制度

1951年10月1日，参加华北第一次县长会议的人员参加了国庆典礼。10月3日，中央人民政府委员、政务院政治法律委员会副主任、党组书记彭真来到华北第一次县长会议全体党员会议上祝贺会议成功，他在讲话中明确提出，我们把代行人民代表大会职能的“人民代表会议定成我们国家的根本政治制度”。为什么要定成“根本政治制度”呢？彭真说，第一，它是全国人民的基本的组织形式，只有通过它才能把四万万七千五百万人民组织起来，离开它人民组织不起来。第二，它是在政权工作中走群众路线的最好的、最有效的、最重要的形式，群众路线是我们一切工作的基本路线。老百姓管理政府靠人民代表会议，政府把老百姓动员组织起来做事情也靠人民代表会议。这是从目前公开的资料中，我们查到的党和国家领导人最早关于人民代表大会制度是我国的“根本政治制度”表述。它对人民代表大会制度的“根本”和“政治”精准的定位，在人民代表大会制度建设历史上具有指示方向的重要作用。

在这里需要提及的是，周恩来在1951年10月全国政协第一届第三次会议所作政治报告中，专门强调了加强人民代表会议的工作。

按照《现代汉语词典》的解释,“基本”就是“根本”。可以这样认识,刘少奇和董必武关于“基本制度”的表述与彭真关于“根本政治制度”的表述的含义是相同的。同时,还可以这样认识:彭真的这一表述是刘少奇、董必武关于“基本制度”表述的发展。

如今回顾这段历史,可以清醒地看到,第一,把人民代表会议与人民代表大会制度确定为国家的“根本政治制度”“基本制度”,是我们党和国家工作的重大历史性转变。新中国成立前,由于紧张的战争环境,为了执行各项迫切的任务,主要依靠直接动员群众的方式进行工作,因而不可能采取比较完备的民主形式来解决各项重大问题。新中国成立后,采取比较完备的民主形式成为可能,并且在国家政治制度已有明确规定时,那种习惯于简单方式处理问题的做法,就完全不合时宜而且是违法的了。中国由战争年代进入和平年代,中国共产党由革命党到成为全国的执政党,由主要领导战争到领导大规模的国家建设,国家和地方的工作方式都需要尽快实现历史性的转变。

第二,在新中国成立之初,毛泽东、刘少奇、周恩来、董必武、彭真等党和国家领导人就非常重视人民代表大会制度建设。把人民代表会议与人民代表大会制度确定为国家的“基本制度”“根本政治制度”,党的第一代领导集体的认识是一致的,是集体的政治决策。

第三,刘少奇、董必武、彭真阐述人民代表会议与人民代表大会制度是国家的“根本政治制度”“基本制度”,或是在地方人民代表会议上,或是在加强地方人民代表会议建设的工作会议上,都是直接面对地方各级领导干部。这说明,一是领导干部在贯彻执行人民代表大会制度的工作上起着至关重要的作用;二是当时地方领导干部受战争年代工作方式的影响,一时转不过来,不会、不善于、不习惯运用政权来推动工作;三是一些地方领导干部对地方政权建设不够重视,地方政权建设进展慢,影响全局工作。在这种情况下,党和国家领导人花大气力,亲自出面做地方领导干部的思想工作,把道理“掰开了、揉碎了”讲,“苦口婆心”地解释说明,指出这个制度的极端重要性,教育引导地方领导干部重视政权建设,要善于运用政权、依靠人民群众解决问题、推动工作。最近的 20 多年,常常听到有些地方人大常委会负责同志发出这样的感叹:在担任党委或者政府领导时,手中有权,但对人大工作不重视,对解决人大工作遇到的困难和问题不积极,是有“力”无“心”;到人大任职后，了解人大工作重要了，想解决人大工作遇到的困难和问题，但没有权了，是有"心"无"力"。还有的地方党政领导到全国人大任职一段时间后感慨地说："过去咱是真不懂法。"历史和现实都告诉我们，坚持和完善人民代表大会制度是全党全社会共同的责任，首先是各级领导干部的责任。

第四，刘少奇、董必武、彭真分别从不同角度阐述同一个问题，把这些论述进行比较分析，有助于深入理解人民代表大会制度。刘少奇在阐述人民代表会议与人民代表大会制度是我们国家的"基本制度"时，还重点阐述了作为人民代表大会制度基础和组成部分的选举制度的相关问题。人民代表会议的代表是协商产生的，而人民代表大会的代表要由普选产生，人民代表会议过渡到人民代表大会必须经过普选。刘少奇在这里勾勒了新中国未来的选举制度及其发展。1953 年，中央人民政府委员会制定的《全国人民代表大会及地方各级人民代表大会选举法》（以下简称选举法）与刘少奇的讲话精神是完全一致的。董必武运用马克思主义国家政权理论，分析新中国的人民代表会议与人民代表大会，阐述它为什么是"基本制度"。董必武在澄清有的干部在"谁是主人，谁是长工"问题上存在模糊认识时指出，人民是主人，人民代表和政府干部都是长工。他还阐述了党与政权机关的关系。彭真在阐述为什么把代行人民代表大会职能的人民代表会议定成国家的根本政治制度时，重点阐述了如何正确处理党与政权的关系。

基于以上，从 1949 年到 1954 年，这段时间新中国地方政权建设的历史经验，在全面建成小康社会、全面深化改革、全面推进依法治国、全面从严治党，实现中华民族伟大复兴的中国梦的今天，对于坚持和完善人民代表大会制度、充分发挥国家权力机关的作用，仍然具有重要的指导意义。

刘少奇：宪法将人民代表大会制度规定为国家的根本政治制度

1953 年 1 月 13 日，中央人民政府委员会第二十次会议通过的《关于召开全国人民代表大会及地方各级人民代表大会的决议》认为，召开由人民用普选方法产生的人民代表大会的条件已经成熟。1953 年 2 月 11 日，中央人民政府委员会第二十二次会议通过了选举法。4 月 3 日，中央选举委员会发出了关于基层选举工作的指示。依据选举法的规定，从 1953 年下半年，开始了我国历史上第一次规模空前的普选。1954 年 6 月，完成了普选。1954 年

6月至8月，全国由下至上，县、市、省逐级召开了人民代表大会会议。省级人民代表大会选举产生了全国人民代表大会代表。

在此基础上，1954年9月15日至28日第一届全国人民代表大会第一次会议在北京中南海怀仁堂隆重举行。这标志着人民代表大会制度在全国范围内由下至上系统建立起来。在这次会议上，中华人民共和国宪法起草委员会委员刘少奇作了《关于中华人民共和国宪法草案的报告》。在这一宪法性文件中，刘少奇指出，人民代表大会制度是我们国家的根本政治制度。他说："人民代表大会制既规定为国家的根本政治制度，一切重大问题就都应当经过人民代表大会讨论，并作出决定。"

经过新中国从1949年到1954年5年的过渡，代行全国人民代表大会职权的中国人民政治协商会议全体会议以及代行地方人民代表大会职权的地方各级各界人民代表会议已经完成了历史使命。这时，在庄严的全国人民代表大会会议上，通过宪法草案报告这一规范性文件，对"人民代表大会制度是我国的根本政治制度"作了正式规范表述。这是党和国家的一项重大政治决策。此后统一使用这一表述。比如，董必武在1956年9月党的八大上的发言中，指出："我们的人民代表大会制度，是我们国家的根本政治制度。"

现在，党的文件将人民代表大会制度表述为"根本政治制度"，将中国共产党领导的多党合作和政治协商制度、民族区域自治制度、基层群众自治制度表述为"基本政治制度"，对根本政治制度与基本政治制度作了区别，突出了根本政治制度的地位和作用。

依据宪法可以作出这样的区分：在我国，从社会制度上来说，社会主义制度是根本制度；从国家制度上来说，人民民主专政制度是根本制度；从政治制度上来说，人民代表大会制度是根本制度。

1954 年 9 月，第一届全国人大第一次会议在北京中南海怀仁堂举行

（档案图片资料）

延伸阅读

为什么说人民代表大会制度是我国的根本政治制度

第一,人民代表大会制度是与我国人民民主专政的国体相适应,保障和实现人民当家作主的最好政权组织形式。

国体,指的是国家的性质,即在国家中谁占主导地位。这是国家的内容。内容要通过一定形式才能表现出来。表现国家内容的形式就是政体,“没有适当形式的政权机关,就不能代表国家”。同一种性质的国家可以有不同的表现形式,即不同的政体。

人民民主是社会主义的本质要求和内在属性。社会主义国家必须是民主的国家,不能设想没有民主的社会主义国家。列宁说:“不实现民主,社会主义就不能实现。”邓小平说:“没有民主就没有社会主义。”社会主义民主应表现为全体人民掌握国家权力。但是,民主并不仅仅意味着必须由全体人民直接行使国家权力。在近现代条件下,任何民主国家在国家制度上只能实行间接民主。因而也就需要一种实现间接民主的形式。

我国《宪法》规定:“中华人民共和国是工人阶级领导的、以工农联盟为基础的人民民主专政的社会主义国家。”这是我国的国体。与这一国体相适应,我国的政体必须是真正的民主制度,不然就不能与人民作为国家和社会主人的地位相适应,也就是,政体与国体不相适应。中国共产党领导中国人民在长期实践中,探索出了人民代表大会制度。它能够便利人民行使自己当家作主的权力,能够便利人民群众通过它参加国家的管理,从而得以充分发挥人民群众的积极性和创造性。人民代表大会制度是我国人民管理国家的基本组织形式,也是党在国家政权中充分发扬民主、贯彻群众路线的最好的、最有效的、最重要的实现形式。我们就是用这样的政治制度来保证国家沿着社会主义道路前进。实践表明,通过人民代表大会制度这种政权组织形式,能够把人民的利益集中起来,能够反映和协调各方面的具体利益,能够把全国人民的力量凝聚起来,共同去完成社会主义现代化建设的任务。

第二,人民代表大会制度代表了我国政治生活的全面。

我国除了人民代表大会制度,还有许多其他政治制度,这些制度都分别从一个方面反映了国家的政治生活,表现了国家的民主制度。而人民代表大会制度是国家最高层次的政治制度，它从总体上反映国家的政治生活，表明和实现人民在国家中的主人地位，决定着其他的政治制度，其他政治制度都是由它产生的，是它在一个方面的展开。

第三，人民代表大会制度保障国家机器的正常运转，保障国家的长治久安。

我国人民代表大会制度规定了我国的政权体系。从纵向上看，我国的政权体系由中央、省级、设区的市级、县级和乡级5级政权构成。从横向上看，我国的政权体系在中央一级由全国人民代表大会、国家主席、国务院、中央军委、最高人民法院、最高人民检察院构成，在省、设区的市、县这3级由人民代表大会、人民政府、人民法院、人民检察院构成，在乡级由人民代表大会和人民政府构成。

在社会主义制度下，全体人民的根本利益是一致的。我国可以而且必须由人民代表大会统一行使国家权力；同时在这个前提下，对国家的行政权、审判权、检察权等进行明确划分，使国家权力机关和行政、审判、检察等国家机关能够在各自的职权范围内进行工作。国家机构的这种合理分工，既可以避免权力过分集中，又可以使各项工作有效地进行。人大、政府、法院、检察院虽然分工不同，职责不同，但都是代表人民利益、为人民服务的，它们的根本目标是相同的。人大同政府、法院、检察院之间的关系不是对立的，而是监督与被监督的关系。这种监督也是一种支持，它可以使政府、法院、检察院的工作以人民代表大会及其常委会为依靠，获得强有力的支持；又可以把政府、法院、检察院的工作置于人民代表大会及其常委会的有效监督之下，尽可能地避免失误。毛泽东早就指出，没有人民代表大会作依靠的政府，处理事情往往脱离群众的意见。只有以人民代表大会作依靠，政府的力量才特别强大。

制度是通过一定的程序作出的规定，不是个人的主观意志，不取决于个人的觉悟、水平，不会因领导人的改变而改变，不会因领导人的注意力和看法的改变而改变。邓小平经过对中国革命和建设经验教训的长期思考，特别是对“文化大革命”沉痛教训的思考，指出：“我们过去发生的各种错误，固然与某些领导人的思想、作风有关，但是组织制度、工作制度方面的问题更重要。这些方面的制度好可以使坏人无法任意横行，制度不好可以使好人无法充分做好事，甚至会走向反面。”“不是说个人没有责任，而是说领导制度、组织制度问题更带有根本性、全局性、稳定性和长期性。这种制度问题，关系到党和国家是否改变颜色，必须引起全党的高度重视。”国家的命运维系在一个人的身上是危险的，要靠制度解决问题。邓小平说：“一个国家的命运建立在一两个人的声望上面，是很不健康的，是很危险的。不出事没问题，一出事就不可收拾。”彭真说：“国家的权力，10亿人民的命运放在人大，平时在它的常委会。这样做，比较可靠，要通过不利于人民的决定就不那么容易，这对于保障国家的安全和人民的利益是很重要的。”人民代表大会制度是代表我国政治生活全面的政治制度。不断完善人民代表大会制度，并在实践中自觉坚持和认真贯彻人民代表大会制度，就可以保证国家的长治久安、兴旺发达。

人大及其常委会“四权”表述由来

在人大工作中，一般把人大及其常委会的职权概括地表述为“四权”。这“四权”就是：立法权、重大事项决定权（决定权）、选举任免权（任免权）、监督权。阅读宪法和法律，可以看到，《宪法》第六十二条规定了全国人大的15项职权，第六十七条规定了全国人大常委会的21项职权。对地方各级人大及其常委会的职权，宪法作了概括性规定，《地方各级人民代表大会和地方各级人民政府组织法》（以下简称地方组织法）作了具体规定。但是，在宪法和法律中找不到“立法权、决定权、任免权、监督权”这样完整的“四权”表述。那么，这个表述是怎么来的？

1980年年初，地方人大常委会刚刚设立，各方面的工作开始起步，工作制度还不健全，地方人大常委会的同志对怎样行使职权还不大熟悉。针对这种情况，当年4月，全国人大常委会召开了省、自治区、直辖市人大常委会负责同志座谈会。在座谈会上，彭真依据地方组织法的规定，把地方人大常委会的职权分为四个方面作了概括的解读。他说，地方人大常委会的职权主要是四条：第一，制定、颁布地方性法规。第二，讨论、决定本地区的政治、经济、文化、教育、卫生、民政、民族工作的重大事项。还有权批准本地区“国民经济计划和预算的部分变更”（至于整个计划、预算，决定权属于人民代表大会）。第三，人事任免。第四，监督本级政府和法院、检察院的工作。虽然彭真的这个讲话针对的是省级人大常委会，但人们由此逐渐把各级人大及其常委会的职权都概括地表述为：立法权、决定权、任免权、监督权。

笔者认为，这“四权”的划分和表述，抓住了人大职权的本质特征和不同职权之间的区别。“立法”是创制一般的规范,不针对具体的人、个别的事件,而是针对某一类社会行为、社会关系;“决定”一般是针对具体的事项(对事);“任命”是将相关的权力委托给信任的人(对人);“监督”是控制自己授出的权力。立法权、决定权、任免权、监督权分别有着不同的功能。

这里应当明确,第一,“四权”的划分具有非穷尽性。立法权、决定权、任免权、监督权的概括方法,把各级人大及其常委会的大部分职权包括在其中了,但它没有把各级人大及其常委会的全部职权包括进去。例如,全国人大常委会和省级、设区的市、自治州的人大常委会主持本级人大代表的选举;在全国人大闭会期间,全国人大常委会领导全国人大各专门委员会,这些职权都很难恰当地概括在“四权”的某一权中。“四权”的非穷尽性,就是指“四权”所包括的是各级人大及其常委会的大部分职权,而不是全部职权。

第二,“四权”的划分具有相对性。“立法权、决定权、任免权、监督权”的表述不是法律术语,而是为表述和工作的方便,人们对人大及其常委会经常行使的职权作出的概括。“四权”之间的界限在有的情况下并不是十分严格或者说并不是只能有唯一的理解。比如,全国人大作出授予经济特区所在地的市的人大及其常委会制定经济特区法规的权力的决定,一般把它说成行使的是立法权,如果把它说成是行使的决定权也不能说不对;人大批准预算可以说行使的是决定权,批准决算就可以说成是行使监督权。再如,人大常委会撤销某一政府组成部门正职的领导职务,可以说成是行使免职权,也可以说成行使的是人事监督权。再有,行使这“四权”的最终表现形式,都可以用“决定”这种公文形式。人大及其常委会行使的某一职权是否是决定权,不取决通过的文件名称或正文中是否出现了“决定”一词,而在于它的内容。

第三,这“四权”都是人大及其常委会的职权,不存在孰轻孰重和先后次序问题。任何一个方面的职权没有依法行使,都可能影响政权机关工作的正常运行。

延伸阅读

地方人大及其常委会"四权"的主要内容

《宪法》和《地方各级人民代表大会和地方各级人民政府组织法》(以下简称地方组织法)对地方各级人大及其常委会的职权作了规定。比如,地方组织法第八条规定了县级以上地方各级人大的15项职权,第九条规定了乡级人大的13项职权,第四十四条规定了县级以上地方各级人大常委会的14项职权。这些职权可概括表述为:立法权、决定权、任免权、监督权。

立法权

地方人大及其常委会立法应遵循的总原则是,根据本行政区域的具体情况和实际需要,不同宪法、法律和行政法规相抵触。

根据《立法法》第七十三条的规定,地方人大及其常委会的立法权限可归纳为:第一,为执行法律、行政法规的规定,需要根据本行政区域的实际情况作具体规定的事项;第二,属于地方性的事务,需要制定地方性法规的事项;第三,在全国人大及其常委会专属立法权之外,中央尚未立法的事项。

立法法还规定,设区的市和自治州人大及其常委会制定地方性法规,限于城乡建设与管理、环境保护、历史文化保护等方面的事项。

地方人大及其常委会立法应注意:第一,不搞相互割裂、矛盾、重复的所谓"法律体系"。国家的法律体系是一个统一的体系,各法律部门之间、各个法律部门内部、不同层次的法律规范之间,都应当相互协调、成龙配套,既不能重复相混,也不能互相矛盾。地方没有必要也没有可能形成自己的法律体系。

第二,突出地方特色,不搞"大而全",地方性法规需要几条就制定几条。为了发挥中央和地方两个积极性,解决国家大、各地发展不平衡的问题,国家赋予地方以立法权。但如果地方立法照抄全国人大及其常委会制定的法律,既没有必要,又提高了立法成本,同时在实际立法工作中也会出现问题。

第三,提高立法质量。主要是解决立法中的地方利益问题。在立法中的地方利益问题有各种表现,其中的一个表现是实行地方保护主义、割裂全国统一的市场。提高立法质量的另一个问题是地方立法要符合实际,要有可操作性、可执行性。

决定权

一般认为，确定人大及其常委会行使决定权的范围，应该遵循这样一个总的原则：凡属国家全局的、根本的、长远的问题，都是重大问题，一般都应该由人大或人大常委会决定。“全局”指问题涉及的空间范围，它是一个具有相对性的概念，全国有全国的全局，地方有地方的全局；“长远”指问题涉及的时间范围；“根本”指问题的重要程度。这三者对衡量某一事项是否属于人大或人大常委会行使决定权的范围是非常重要的。但确定某一事项是否属于人大或人大常委会行使决定权的范围，并不要求同时具备全局性、根本性和长远性三个条件。

根据上述原则和地方各级人大及其常委会行使决定权的经验，可以将地方人大及其常委会行使决定权的范围所包括的主要内容归纳如下：

1. 为保证宪法、法律、行政法规和上级人大及其常委会决议的遵守和执行而决定的事项；

2. 批准本级政府的工作报告、本行政区域内的国民经济和社会发展计划、预算（县级以上的地方各级人大常委会决定对本行政区域内的国民经济和社会发展计划或预算的部分变更）；

3. 批准本级法院、检察院的工作报告；

4. 批准本级政府提出的对本行政区域有重大影响的经济建设项目；

5. 决定有关环境和资源保护工作中的重大问题；

6. 决定有关社会主义民主和法制建设中的重大问题；

7. 决定为维护公民的合法权益而采取的重要措施，对人民群众普遍关心的问题作出的决定；

8. 决定本行政区域内的民族工作中的重大问题；

9. 人民检察院检察长因不同意检察委员会多数委员的意见而报请人大常委会决定的重大问题；

10. 决定授予地方的荣誉称号；

11. 政府、法院、检察院认为需要提请人大或人大常委会讨论决定的其他重大事项；

12. 人大及其常委会职权范围内需要讨论、决定的其他事项。

在确定重大事项上，地方人大还进行了这样的探索，就是从代表提出的议案中，选择同一个问题代表联名特别多的，或者几个议案都反映同一个问题的确定为重大事项。由于代表大会会议时间短，议程多，代表议案很难列入大会议程进行审议，他们就把这种议案安排在常委会会议上审议。有些代表议案比较原则、不够具体，就由"一府两院"提出具体方案，交由常委会审议。

任免权

根据宪法和地方组织法等法律的有关规定，地方人大及其常委会的任免权大体可分为如下12类：

1. 选举

选举权属于地方各级人大。对被选举人的提名权属于人大会议主席团或代表（省级代表30人以上、设区的市级代表20人以上，县级和乡级代表10人以上书面联合提名）。通过选举产生的国家机关的人员有：县级以上地方各级人大常委会组成人员；乡、民族乡、镇的人大主席、副主席；省长、副省长，自治区主席、副主席，市长、副市长，州长、副州长，县长、副县长，区长、副区长，乡长、副乡长，镇长、副镇长；地方各级人民法院院长（不包括在省、自治区内按地区设立和在直辖市内设立的中级人民法院院长），地方各级人民检察院检察长（不包括省、自治区、直辖市人民检察院分院检察长；选举产生的地方各级人民检察院检察长，须报上一级人民检察院检察长提请该级人大常委会批准）。地方各级人大举行会议时，选举主席团和秘书长（乡级人大会议主席团不设秘书长）。

一般来说，在地方，选举与任命的区别是：选举权属于人民代表大会；法定数目以上的选举人联名可以提出候选人；选举人对候选人可以投赞成票或反对票或弃权，投反对票的还可以另选他人。任命权属于人大常委会；表决人不能提出人选；表决人只能在赞成、反对、弃权三种态度中选择一种，不能另外同意他人。

2. 决定人选

享有决定人选权的是县级以上地方各级人大会议主席团。县级以上地方各级人大会议主席团决定本级人大本次会议的副秘书长人选。法律对人大会议副秘书长的提名没有明确规定。

3. 决定任免

县级以上地方各级人大常委会，在本级人大闭会期间，决定副省长、自治区副主席、副市长、副州长、副县长、副区长的个别任免；县级以上地方各级人大常委会根据省长、自治区主席、市长、州长、县长、区长的提名，决定本级人民政府秘书长、厅长、局长、委员会主任、科长的任免（须报上一级政府备案）；省、自治区、直辖市的人大常委会，根据主任会议的提名，决定在省、自治区按地区设立的和在直辖市内设立的中级人民法院院长的任免，根据省、自治区、直辖市的人民检察院检察长的提名，决定人民检察院分院检察长的任免。

4. 任免

县级以上地方各级人大常委会，在本级人大闭会期间，根据主任会议的提名，任免本级人大各专门委员会的个别副主任委员和部分委员；任免本级人民法院副院长、庭长、副庭长、审判委员会委员、审判员，根据本级人民检察院检察长的提请，任免本级人民检察院副检察长、检察委员会委员、检察员。

5. 推选

分为两种情况：一是人大常委会从本委员会的副职负责人中，推选一人代正职负责人履行职责。这是法律规定的、人大常委会在特殊情况下行使的一项权力。县级以上地方各级人大常委会主任因为健康情况不能工作或者缺位时，由本级人大常委会在副主任中推选一人代理主任的职务。二是县级以上地方各级人大会议主席团推选主席团常务主席。

6. 通过人选

县级以上的各级地方人大，根据主席团的提名，通过本级人大各专门委员会的主任委员、副主任委员和委员的人选；县级以上的地方各级人大常委会，根据主任会议的提名，通过本级人大常委会的代表资格审查委员会的主任委员、副主任委员和委员的人选。

7. 补选

即补充选举，与选举的基本特点相同。从理论上讲，由选举产生的国家工作人员缺位的，原选举他（她）的机构都可以进行补充选举。县级以上地方各级人大可以补选的人员有：本级人大常委会组成人员，乡级人大主席、副主席，省长、副省长，自治区主席、副主席，市长、副市长，州长、副州长，县长、副县长，区长、副区长，乡长、副乡长，镇长、副镇长，院长，检察长。补选可以差额，也可以等额。

8. 决定代理人选

在地方本级人大闭会期间，省长、自治区主席、市长、州长、县长、区长和人民法院院长、人民检察院检察长因故不能担任职务时，地方各级人大常委会从本级人民政府、人民法院、人民检察院副职领导人中决定代理的人选。决定代理检察长，须报上一级人民检察院和人大常委会备案。

9. 批准任免

设区的市级以上的地方各级人大常委会，根据本级人民检察院检察长的提请，批准下一级的人大关于本级人民检察院检察长的选举、罢免、免职和接受辞职的决定。

10. 罢免

罢免权属于各级人民代表大会。在地方，各级人大有权罢免由其选举产生的本级国家机关的有关人员和由人大常委会任命的本级政府组成人员。

11. 撤销职务

县级以上地方各级人大常委会，在本级人大闭会期间，决定撤销个别副省长、自治区副主席、副市长、副州长、副县长、副区长的职务；决定撤销由它任命的本级人民政府组成人员和人民法院副院长、庭长、副庭长、审判委员会委员、审判员，人民检察院副检察长、检察委员会委员、检察员，中级人民法院院长，人民检察分院检察长的职务。县级以上地方各级人大常委会组成人员、各级人大专门委员会成员的人大代表职务被罢免的，其人大常委会组成人员、专门委员会成员的职务相应撤销，由人大会议主席团或者人大常委会予以公告。乡、民族乡、镇的人大主席和副主席的代表职务被罢免的，其主席、副主席的职务相应撤销，由主席团予以公告。

12. 接受辞职

县级以上地方各级人大常委会组成人员和人民政府领导人员，人民法院院长，人民检察院检察长，可以向本级人大提出辞职，由大会全体会议决定是否接受辞职；大会闭会期间，可以向本级人大常委会提出辞职，由常委会决定是否接受辞职。常委会决定接受辞职后，报本级人大备案。人民检察院检察长的辞职，须报经上一级人民检察院检察长提请该级人大常委会批准。乡级人大主席、副主席，乡长、副乡长，镇长、副镇长，可以向本级人大提出辞职，由大会决定是否接受辞职。

监督权

人大及其常委会的监督，概括起来就是两句话：监督宪法和法律的实施，监督"一府两院"的工作。按其内容，可分为法律监督和工作监督两个方面。法律监督是指对宪法和法律的实施进行的监督，具体而言就是：地方各级人大及其常委会在本行政区域内，保证宪法、法律、行政法规和上级人大及其常委会决议的遵守和执行。这一法律监督主要是对行政、审判、检察机关及下一级国家权力机关违反宪法和法律的行为进行监督。这里包括两个方面：一是指对上述国家机关制定的被认为同宪法、法律相抵触的规范性文件进行监督，通常称为立法监督。二是指对监督对象的被认为违宪违法的行为进行监督。工作监督是对"一府两院"的工作是否符合宪法和法律，是否符合人民的根本利益，以及"一府两院"的组成人员是否尽职尽责的情况进行的监督。

目前，人大及其常委会监督的主要形式有：听取和审议工作报告，审查和批准决算，审议和批准计划执行情况的报告、预算执行情况的报告，审议审计工作报告，对法律实施进行检查监督，审查规范性文件，受理申诉、控告、检举，询问和质询，特定问题调查，撤职案的审议和决定等。

全国人大与地方人大是什么关系

依据宪法的规定，上下级政府之间的关系是，国务院领导地方各级人民政府的工作，上级人民政府领导下级人民政府的工作。彭真说过："省级人民政府有两个'婆婆'，一个省级人大和它的常委会，一个国务院。"上下级法院之间的关系是，最高人民法院监督地方各级人民法院和专门人民法院的审判工作，上级人民法院监督下级人民法院的审判工作。上下级检察院之间的关系是，最高人民检察院领导地方各级人民检察院和专门人民检察院的工作，上级人民检察院领导下级人民检察院的工作。

全国人大对地方人大是不是领导关系

这个问题在 1979 年地方人大设立常委会之初就提出来了。当时，许多省级人大常委会希望全国人大常委会领导他们的工作，其中一个原因，就是地方人大常委会设立之初遇到许多困难，比如，缺少机构、编制、经费、办公用房等工作条件，希望全国人大常委会出台文件，作统一规定来解决这些问题。从那以后一直到现在，地方人大在工作中遇到问题时，比如，设立规范性文件备案审查机构问题，由党委书记兼任的人大常委会主任没有出席，而由主持日常工作的副主任出席的人大常委会的有关会议和参加的活动仍应在当地党报的第 1 版上进行报道的问题等，常希望全国人大常委会能出台相关文件作规定，统一解决这些问题。

1980 年 4 月和 1984 年 5 月，彭真就全国人大及其常委会与地方人大及其常委会、上级人大及其常委会与下级人大及其常委会的关系问题作了讲话。他明确指出，全国人大及其常委会对省级人大及其常委会，不好说是领导关系，全国人大常委会对省级人大常委会没有领导关系，上一级人大常委会与下一级人大常委会之间没有领导关系。

从宪法法律的相关规定和彭真的讲话来理解，有这样几个理由：第一，全国人大及其常委会与地方各级人大及其常委会都是国家权力机关，都是依照宪法法律的规定行使职权。全国人大及其常委会不干预地方人大及其常委会行使职权。第二，各级人大常委会都由本级人民代表大会产生，对它负责并报告工作。第三，宪法规定，要在中央的统一领导下，充分发挥地方的积极性。有关的地方人大及其常委会享有和行使地方立法权，是宪法这一原则的一个具体体现。第四，全国人大及其常委会对地方的事情不是完全不管。怎么管？一是它所制定的宪法和法律，地方要执行；二是通过国务院、最高人民法院、最高人民检察院去管。

基于以上理由，全国人大及其常委会对地方人大及其常委会没有领导关系。

全国人大对地方人大是什么关系

多年前，全国人大常委会办公厅研究室的同志经过研究提出，全国人大及其常委会与省级人大及其常委会的关系是，**法律上的监督关系，选举上的指导关系，工作上的联系关系**。对上级人大与下级人大之间的关系也可以从这三个方面来理解。

首先，法律上的监督关系。

1954 年 3 月 23 日，宪法起草委员会举行第一次全体会议，在会议谈到全国人民代表大会代表由省级人民代表大会选举产生，而省级人民代表大会又要遵守执行全国人民代表大会制定的法律、作出的决定问题时，毛泽东说："这个是母亲服从儿子，省、市人民代表大会产生全国人民代表大会的代表，但全国人民代表大会议出来的东西全国 44 个省市都要服从，假若某一个省人民代表大会议出来的东西不对，全国人民代表大会可以把它撤销。"毛泽东的这段话是对宪法规定的全国人大在法律上监督省级人大的一个解释和说明。法律上的监督关系主要是指：全国人大及其常委会监督宪法的实施；地方人大及其常委会制定的地方性法规要报全国人大常委会备案，全国人大常委会有权撤销地方人大及其常委会制定的同宪法、法律和行政法规相抵触的地方性法规；自治区人大制定的自治条例、单行条例报全国人大批准后生效；自治州、自治县人大制定的自治条例、单行条例经省级人大常委会批准后，由省级人大常委会报全国人大常委会备案等。

其次，选举上的指导关系。

这里的“选举”是指人大代表的选举。1979 年修改选举法后，就县乡人大代表的直接选举问题，全国人大常委会作过多个决定，在每次县乡人大代表选举工作开始时还要召开会议，就选举工作作出安排部署。在选举工作过程中，全国人大常委会办公厅根据需要还召开由省级人大常委会有关方面同志参加的座谈会，沟通交流各地情况，提出工作意见建议等。

全国人大常委会办公厅和全国人大常委会法制工作委员会答复省级人大常委会提出的有关法律问题的询问，也可以归类为指导关系。

最后，工作上的联系关系。

这种关系主要包括：省级人大常委会负责同志列席全国人大常委会会议；全国人大常委会委托省级人大常委会进行执法检查，委托省级人大常委会联系在本地区的全国人大代表；省级人大常委会协助全国人大常委会法制工作机构征求本地区对法律草案的意见；全国人大有关机构和全国人大常委会办公厅、工作委员会根据需要，召开座谈会，邀请省级人大有关机构或者省级人大常委会有关负责人及相关机构负责人参加，交流情况，研讨问题；全国人大常委会有关机构对地方人大常委会负责人或工作人员作法律培训或者工作培训等。

总结提炼出这三个关系，目的是方便工作。监督关系、指导关系、联系关系三者之间不是截然分开的，也并非有十分严格的界限，从不同的角度、在不同的情况下，同一项工作也可以划分在不同的关系中。

2014 年 6 月，本书作者在四川省自贡市调研乡镇人大工作

（四川省自贡市人大常委会办公室　提供）

在乡镇人大认识人民代表大会制度

2014年6月，我在四川省自贡市调研时见到一位镇人大的主席，姓宋，是女同志，30多岁。据介绍，她工作努力，也很有活力，但镇人大只有她一人专职，没有其他工作人员。她说自己总是“单打独斗”，感到工作很“孤独”。目前，这种情况在全国不是个例。

在这之前，我在全国人大机关20多年从事人民代表大会制度研究中，对乡镇人大没有给予足够的重视。2014年，围绕加强县乡人大建设这个专题，在成都与四川、云南、贵州、西藏三省一区人大常委会负责同志开展座谈，并在四川一些乡镇进行实地调研，我深受触动，感到情况不乐观。

目前，乡镇人大工作比较薄弱，存在的主要问题有：第一，一些乡镇人大每年只开一天会，会期过短，不能保证审议政府工作报告的时间，往往是“上午听听念、中午吃吃饭、下午举举手”，是在“认认真真走过场”。第二，乡镇人大监督政府的工作机制不健全，闭会后缺少对政府的监督；部分乡镇领导把人大监督看成是“唱对台戏”“找麻烦”，人大也不敢监督。第三，一些乡镇人大没有专职工作人员，人大主席是“光杆司令”，工作“唱独角戏”。第四，人大工作经费得不到保障。乡镇人大“虚化”现象比较严重，乡镇人大工作现状与人民代表大会制度的设计有很大距离，远没达到这个制度的要求。

在我国，从中央到地方五级政权体系中，乡镇人大是最基层的政权，数量大，有近3.2万个；在全国267万各级人大代表中，乡镇人大代表有194万人。健全的乡镇人大体制、充满活力的乡镇人大工作、充分发挥作用的乡镇人大代表，是广大人民群众可以直接感受到的人民代表大会制度。

党的十一届三中全会以来,党中央一直强调要坚持和完善人民代表大会制度,这是中国共产党的政治主张,而人民代表大会制度又是党执政的重要制度支撑。把乡镇人大建设好,使乡镇人大能够充分发挥作用,这不是高标准,而是坚持人民代表大会制度的一个具体体现。把加强乡镇人大工作和人大建设作为完善人民代表大会制度、加强人大工作的一个重点很有必要,具体措施如下:

第一,明确乡镇人大主席团的法律地位。在乡镇,政府不设组成部门,没有法院、检察院,人大也没有委员会一类的工作机构,在乡镇人大闭会期间,除个别调整乡镇人大主席、副主席,乡镇长、副乡镇长外,乡镇人大没有其他人事任免工作,可不设人大常委会这样的常设机关,但有必要将人大主席团常态化。通过修改相关法律,明确乡镇人大主席团的法律地位,强化它在闭会期间的工作职责,把乡镇人大工作做实,切实解决乡镇人大"弱化""虚化"的问题。

第二,充实乡镇人大工作力量。通过修改有关法律,进一步完善对乡镇人大主席、副主席设置的规定,并要求各地依法配齐、配全人大专职主席、副主席,要有工作人员协助主席开展工作。以前,在人大系统有一个说法:想要做好人大工作,必须有一个开明的书记,有一个谦虚的政府首长,有一个有余威的人大常委会主任(人大主席)。现在有条件对党委、人大、政府的干部同等对待,并使他们可以相互交流,改变那种在党委、政府任职年龄到限后再到人大任职的做法,从干部配备上改变人们对干部到人大任职就是"退居二线"的看法,逐步做到乡镇人大干部同乡镇党委、政府干部保持"三个大体一样":年龄大体一样,提拔交流使用频率、级别、节奏大体一样,待遇和办公条件大体一样。

第三,充分发挥乡镇人大代表的作用。乡镇人大代表直接工作、生活在人民群众中间,与人民群众有着天然的联系。人大要团结代表、组织代表,充分发挥代表在决定重大事项中的参与决策作用、在政府工作中的监督协助作用、在联系群众中的桥梁纽带作用、在推进发展和构建社会和谐中的模范带头作用。

从调研的情况来看,各地乡镇人大建设水平差别很大,主要原因并不完全取决于当地经济发展水平,更主要的是取决于地方党委对人大工作是否重视。加强乡镇人大工作和人大建设,地方党委负有重要责任。

2015 年,全国人大常委会修改了《地方各级人民代表大会和地方各级人民政府组织法》,涉及上述的一些问题。如今,一个重要的方面是要很好地落实法律修改后的规定。

1954年制宪篇

人 民 代 表 大 会 那 些 事

1954 年 6 月 11 日，毛泽东在宪法起草委员会第七次全体会议上

（新影厂新闻简报截图）

毛泽东把全国人大比作“如来佛”

2004年9月15日上午9时，“首都各界纪念全国人民代表大会成立50周年大会”在北京人民大会堂举行，我在大礼堂一层参加大会。当时任中共中央总书记胡锦涛讲到“人民代表大会制度是中国人民当家作主的重要途径和最高实现形式”时，我感到耳目一新，异常兴奋，因为这是我第一次听到人民代表大会制度是中国人民当家作主的“最高实现形式”这一提法，感受到党中央对人民代表大会制度和人民代表大会工作的高度重视。

我在全国人大机关工作30年，参加过不少文稿的起草工作，撰写过一些有关人大制度的研究文章，涉及评价人大制度时，都表述为“重要实现形式”。“重要的”可以是“一个”，也可以是“多个”，这样写比较灵活，也比较“保险”。那么“最高的”只能有一个，是唯一的，这是个新提法。认真思考一下，感觉到这个提法对我国人大制度的定位是准确的，是符合宪法原义和我国政治制度最初设计的。

早在1954年制定宪法讨论“国家机构”这一章时，毛泽东就说过：“我们的主席、总理，都是由全国人民代表大会产生出来的，一定要服从全国人民代表大会，不能跳出如来佛的手掌。”在小说《西游记》中，孙悟空神通广大，一个筋斗能翻十万八千里，但却无论如何也翻不出如来佛的手掌。这比喻不管有多大本事，也摆脱不了某种力量的控制。毛泽东还说：“我们中国是一个大国，叠床架屋地设个主席，目的是为着使国家更加安全。有议长，有总理，又有主席，就更安全些，不至于三个地方同时都出毛病。如果全国人民代表大会出了毛病，那毫无办法，只好等四年再说。”（1954年《宪法》规定全国人大每届任期四年。——笔者注)刘少奇说得更直接,他说,“全国人民代表大会要做什么就做什么”。1954 年宪法草案规定的全国人大的第 14 项职权是“全国人民代表大会认为应当由它行使的其他职权”,董必武根据宪法草案的这一规定说“全国人民代表大会要做什么就可以做什么”。1982 年通过的《宪法》,将全国人大的这一职权修改表述为“应当由最高国家权力机关行使的其他职权”。曾参与过 1982 年《宪法》修改工作的北京大学教授肖蔚云说,这是从严格的法制观点出发的,这样写更加规范。我认为,还应这样认识这一修改:1954 年《宪法》与 1982 年《宪法》关于全国人大这一职权的表述虽然不同,但精神实质是一致的。1954 年制定宪法时,由于毛泽东提出并一再坚持,宪法写上了全国人大有权罢免国家主席这一条。这是关于全国人大职权、全国人大与国家主席关系的规定,也是突出全国人大的地位。

在历史的考察中我们知道,1954 年讨论宪法草案时,西方一些媒体因为我们的人民代表大会拥有广泛的权力而感到奇怪,他们说“全国人民代表大会职权的强大,不得不令人吃惊”。他们不理解也很正常。刘少奇说,这是他们没有看到中国历史上已经发生的巨大变化,以工人阶级为首的中国人民已经当了国家的主人。现在,我们在人大的对外交往中更加感觉到,中国的人大不同于西方的议会,中国全国人大常委会委员长与西方国家议会议长在各自国家中的地位有着极大的差别。

以上清楚地说明了 1954 年制定宪法时对人民代表大会制度的考虑。

为什么把人民代表大会制度、人民代表大会置于这样高、这样重要的地位? 一个重要的原因就是把当年毛泽东与黄炎培的“窑洞对”所揭示的真理付诸实施:只有让人民来监督政府,政府才不敢松懈,只有人人起来负责,才不会人亡政息,才能跳出“其兴也浡焉”“其亡也忽焉”的历史周期率。

中央人民政府委员会“转身”为全国人大常委会

1954年制定宪法过程，以中央人民政府委员会为参照，对全国人大及其常委会、国务院等机关的性质及相互关系作了深入讨论，明确了中央人民政府委员会相当于宪法草案规定的全国人大及其常委会，不相当于国务院（中央行政机关）。同时，将“中央人民政府”名称（不含“委员会”3字）让与国务院。

中央人民政府委员会是当时的最高国家权力机关

1949年9月，中国人民政治协商会议第一届全体会议通过的《中国人民政治协商会议共同纲领》规定，政协全体会议执行全国人民代表大会的职权；通过的《中国人民政治协商会议组织法》规定，中国人民政治协商会议全体会议，每三年开会一次。事实上，在全国人民代表大会召开前，中国人民政治协商会议只召开了一次全体会议，只代行了几天全国人民代表大会的职权，现在意义上的最高国家权力机关，是中央人民政府委员会。这样说有什么根据呢？

第一，从当时中央政权体系的设计上看。周恩来在《关于人民政协的几个问题》中指出：“中央人民政府的组织系统是在中央人民政府委员会下面分设许多机构，按照民主集中制的原则来分工的。”“根据我们民主集中制的组织系统，在人民代表大会闭幕期间的最高权力机关，是中央人民政府委员会，它是经过民主方式产生的。而对工作的经常指导，又是集中在由民主方式产生出来的主席身上。主席下面的组织，首先是政务院，其他还有人民革命军事委员会、最高人民法院和最高人民检察署。”

第二，从中央人民政府委员会的职权上看。中央人民政府委员会的主要职权有：立法权，包括制定并解释法律，颁布法令；重大事项决定权，包括规定国家的大政方针，批准或修改国家的预算和决算，处理战争及和平问题，批准国际条约；监督权，包括监督法律、法令的执行，废止或修改政务院与法律、法令相抵触的决议和命令等；任免权，包括任免政务院组成人员、人民革命军事委员会组成人员、最高人民法院组成人员和最高人民检察署组成人员、驻外大使等。这些都是 1954 年《宪法》规定的最高国家权力机关——全国人民代表大会及其常务委员会的职权。

全国人大及其常委会与中央人民政府委员会相像

在 1954 年制定宪法中，一开始就明确了这个问题。在 3 月 23 日，宪法起草委员会第一次全体会议上，毛泽东说：“中央人民政府委员会的职权，大部分移到全国人民代表大会和常务委员会去。现在没有全国人民代表大会，故中央人民政府委员会成员 63 人，以后这 63 人的委员会的工作就变成常务委员会的工作。”

毛泽东还说：“我们和帝国主义国家不同，我们是把权力的主要首脑放在全国人民代表大会常务委员会，政府是它的执行机关。”

宪法起草委员会委员董必武说：“人民政协选出的中央人民政府委员会和现在的（指宪法草案初稿的规定。——笔者注）全国人民代表大会常务委员会有点相像。为什么采取这样的结构？因为全国人民代表大会的代表有 1000 多人，不能每天开会，一定有闭会期间，所以一定要有常务委员会。为什么叫常务委员会不叫中央人民政府？因为整个国家事务繁重，搞行政的要有国务院，搞军事的要有国防委员会，还要有法院和检察院，但是全国人民代表大会是国家最高权力机关，这些机关都由它产生，并要向它报告工作。”

田家英说：“现在的中央人民政府委员会就是将来的全国人大常委会，实质上只是个名词问题，不是原则问题。”

李维汉说：“中华人民共和国主席决不是中央人民政府主席，中央人民

全国人大常委会办公地点

（毕楠　摄）

政府委员会不相当于国务院,而相当于全国人大常委会。”

宪法草案座谈会小组召集人罗隆基说:“我认为,政府有广义、狭义之分,广义的政府是指整个国家统治系统,这包括一切国家机关在内;狭义的政府则是指执行、管理机关。”中国在宋朝时已有“政府”的名词,是指的广义的政府。辛亥革命后,两种并用,中山先生把五权包括在政府中,也有的说内阁或总统、行政院是政府,但是并没有从宪法上规定出来。新中国成立后,在《中央人民政府组织法》中曾规定:“中华人民共和国政府是基于民主集中制原则的人民代表大会制的政府。”周恩来总理解释说,人民代表大会制的政府是包括立法、行政、司法在内。我当时认为这个很好。而且,几年来我们已经把政府当作权力机关的一部分。实际上今天的中央人民政府委员会是将来的常务委员会,不是将来的中央人民政府。

“国务院”就是“中央人民政府”

1954年3月23日,宪法起草委员会委员陈伯达在作关于宪法草案初稿的说明时说:“国务院就是中央人民政府,等于苏联和人民民主国家的部长会议(毛泽东插话:‘国务院总理就是部长会议主席。’),是全国人民代表大会的执行机关。这和社会主义国家属同一类型,有些差别,是根据我国具体情况规定的。”

在这次会议上,毛泽东还说:“我们中央有个国务院,就是中央人民政府。”

在李维汉主持的一次宪法草案初稿的讨论中,对第二章第三节标题是用“国务院”好还是用“中央人民政府”好,争论激烈。

宪法草案修改稿将这一节的标题由“国务院”改为“中央人民政府”。对此,罗隆基说:“虽然严格一点说,‘国务院’可以叫‘中央人民政府’,但还是照苏联的写法,写成‘国务院’好。最好,不要把‘国务院’的名义取消了;至于‘中央人民政府’,可在第二章第三节头一条里提一下,这里可能牵涉一个原则问题。”

宪法起草委员会委员黄炎培、宪法草案座谈会小组召集人许德珩说:“修改草案突出地写明‘中央人民政府’是有好处的。”

田家英说:“把国务院改成中央人民政府可以说是原则的修改,也可以说不是原则的修改。这样改的主要原因,是地方上叫人民政府,‘人民政府’在我国已经成了习惯上的专门名词。原草案条文中规定:国务院是中央人民政府,不好,这是名词解释名词,倒不如索性叫‘中央人民政府’好些。我的看法同罗先生有点区别,我认为我们宪法上规定的仍然是人民代表大会制的政府,只是条文中有的地方写得不够清楚。”

许德珩说:“我们这样一个制度如果在1949年提出来就是中央人民政府委员会笼罩一切,现在的中央人民政府不包括法院、检察院机关等,但是,现在有个最高国务会议,可以解决许多问题,这是很好的。”

宪法草案座谈会小组召集人邵力子说:“我们应如何向全国人民说明几年来所实行的制度的这一变动的理由。”

许德珩说:“问题恐怕应该从民主集中制来理解,现在是一切权力集中于全国人民代表大会。如果从这里来理解,问题就清楚了。”

李维汉说:“如果我们仍采用中央人民政府委员会的形式倒不好,中央人民政府委员会是过渡的形式。”

5月28日,宪法起草委员会召开第三次全体会议,听取了李维汉关于宪法草案座谈会各组召集人联席会提出的将中央人民政府改称国务院的建议。

针对这一建议,黄炎培说:“‘中央人民政府’的名称很庄重,其中有‘人民’两字,也很亲切,若改为‘中华人民共和国政府’,有些不习惯;改为‘国务院’,也要考虑。”

董必武说:“美国‘政府’是包括立法、行政、司法的。苏联和人民民主国家的‘政府’是立法机关的执行机关和号令机关。苏联政府即苏联部长会议,不包括最高苏维埃。我们把‘中央人民政府’改称国务院好。”

宪法起草委员会委员邓小平说:“改称‘国务院’好。第三节标题就用‘国务院’,在条文中加上解释,说中华人民共和国国务院就是中华人民共和国政府。”

刘少奇说:“人民看的是我们把事情办得好不好。好了,就高呼万岁!不好,就反对。而且不仅反对,还要推翻。人民和政府亲切与否,倒不在乎‘政府’的名称上有无‘人民’两字。开国之初,政制带试验性质,写到宪法中,就要把体制固定下来才好。”

宪法起草委员会委员陈叔通说:“改称国务院好,在上面再不要冠什么了。”

黄炎培说："想不出别的名称来，就是'国务院'，能想出别的名称来最好。"

6 月 11 日，宪法起草委员会召开第七次全体会议，讨论通过宪法草案修正稿，正式向中央人民政府委员会提交。在会上，宪法起草委员会委员何香凝三次提出，"中央人民政府"的名字还是要好。

毛泽东说："'中央人民政府'的名字不要了，太长了。这是上次会议议的，也是反复了几次：初稿是'国务院'，后来改作'中央人民政府'，最后又改回来叫'国务院'。按照外国的习惯，一个国家只有一个政府，我们现在的政府多得很，省、县、乡都叫政府，现在宪法草案上规定地方都改叫'人民委员会'。"

何香凝说："我们的'长'字也很多，省长、县长、乡长，也多得很。我不坚持自己的意见。"

毛泽东说："我们大家研究了一下，觉得这样可以。全国只有一个政府，即国务院。大家对'中央人民政府'的名字有了感情，很喜欢它，不愿意改，但改了我看也可以。苏联叫部长会议，我们叫国务院，也就是部长会议。地方叫地方各级人民代表大会、人民委员会。中国古代也没有地方政府，叫作'布政司'，地方称政府也是最近若干年的事。别的国家都是如此，地方不叫政府，就是我们这个国家古怪，政府多得很。其实我们在古代也是只有一个政府。你看这样改可不可以？"

何香凝说："可以，可以，我没有什么意见。我只是想到这一点随便说说。"

毛泽东说："我们和你一样，也喜欢'中央人民政府'这个名字，喜欢'人民政府'的名字，所以在宪法草案初稿里，地方还是叫地方人民政府，国务院也解释作'即中央人民政府'，也是舍不得这个名字，和你一样。后来经过大家讨论，反复研究，才舍得了，才改了。"

何香凝说："我不坚持这个意见。"

毛泽东说："那好。如果大家没有意见，就付表决。"

在反复讨论中，宪法草案初稿的第二章第三节标题开始为"国务院"，修改稿改为"中央人民政府"，后又改为"国务院"。有关"国务院"的定义、定位，3 月 23 日的宪法草案初稿规定为"中华人民共和国国务院是中华人民共和国的中央人民政府，是国家最高管理机关"；到 6 月 14 日，公布的草案修改为“中华人民共和国国务院,即中华人民共和国政府,是最高国家权力机关的执行机关,是最高国家行政机关”,这里删去了“中央人民政府”;最后在9月20日,通过的《宪法》的规定是“中华人民共和国国务院,即中央人民政府,是最高国家权力机关的执行机关,是最高国家行政机关”,这里明确了国务院就是中央人民政府,但中央人民政府的内涵已不同于1949年9月所产生的中央人民政府委员会。

中央人民政府委员会超过半数成员成为全国人大常委会组成人员

中央人民政府委员会于1954年9月9日召开第三十四次会议,讨论通过了宪法草案,决定提交第一届全国人大第一次会议讨论通过。9月14日,中央人民政府委员会召开临时会议,对第二天即将提交全国人民代表大会的宪法草案作最后的审议。9月15日,第一届全国人大第一次会议召开。9月27日,产生了各中央国家机关领导人员,至此,中央人民政府委员会结束历史使命。

按照1954年《宪法》设计的政权制度,1949年9月,中国人民政治协商会议第一届全体会议产生的中央人民政府委员会的大部分工作变成全国人大常委会的工作。

中央人民政府委员会63人中,一部分担任了国家主席、副主席、国务院总理、最高人民法院院长、最高人民检察院检察长,以及其他行政机关职务和军事机关职务等;另有36人担任第一届全国人大常委会组成人员,占全国人大常委会组成人员79人的45.6%,刘少奇委员长、13位副委员长中的11位、秘书长(由一位副委员长兼任)都是原中央人民政府委员会成员。

1954 年 3 月 23 日，宪法起草委员会举行第一次会议

（新影厂新闻简报截图）

“委员长”名称是怎么来的

1999年11月1日，第九届全国人大常委会在北京人民大会堂召开省级人大常委会负责人座谈会，时任全国人大常委会委员长李鹏出席，田纪云副委员长主持会议。会上，山东省人大常委会主任赵志浩提出，现在，全国人大常委会的负责人称“委员长”，县级以上地方人大常委会的负责人称“主任”，而在乡镇人民代表大会设“主席”。为什么作这样的区别，不大好理解，是否可以把这三个名称统一起来？

这里涉及一个问题：这三个不同的名称是怎么来的。

“委员长”这个名称怎么来的

《毛泽东传1949～1976》中记载，在1954年起草宪法的过程中，曾一度考虑在全国人民代表大会设议长和副议长，后来改为全国人民代表大会常务委员会委员长和副委员长。

1954年3月23日，在中华人民共和国宪法起草委员会第一次会议上，中共中央提出的宪法草案初稿用的是“议长”名称。在这次会议上，毛泽东在解释为什么设国家主席时就提到了“议长”。他说：“有议长，有总理，又有个主席，就更安全些，不至于三个地方同时都出毛病。”

在对宪法草案初稿的讨论、修改中，是用“议长”还是用“委员长”的名称一直有不同看法。关于用“议长”，不赞成的意见说，用“议长”不见得好；赞成的意见提出，用“议长”为什么不可以？关于用“委员长”，不赞成的意见说，叫“委员长”不好，大家都不喜欢；赞成的意见提出，用“委员长”没有什么不好，就是蒋介石用过，所以人们不愿用。另外，还有一种意见提出，用“主席”怎么样？不赞成的意见说，那就和国家主席名称一样，老百姓分不清。

在讨论中，田家英解释说：“‘议长’这个名称与全国人民代表大会不相称，全国人民代表大会是个权力机关，不只是议事机关。”李维汉说：“暂时还用‘委员长’这个名称吧，将来有了合理化建议再改。”这样，修正稿没有用“议长”，也没有用“主席”，用的是“委员长”这个名称。1954 年 6 月 14 日，中央人民政府委员会通过、向社会公布全民讨论的宪法草案用的正是“委员长”这个名称。

顺便提一句，在抗日战争时期，根据地的边区参议会设有议长、副议长。

1954 年 9 月 20 日，第一届全国人大第一次会议通过的《宪法》明确规定，全国人大常委会由“委员长、副委员长若干人、秘书长、委员若干人”组成。这样，“委员长”这个名称在宪法上确定了下来，1975 年《宪法》、1978 年《宪法》、1982 年《宪法》对此都没有作修改，“委员长”名称沿用至今。

“主任”这个名称怎么来的

1954 年制定宪法时认为，地方人大不需要设立常委会。刘少奇在《关于中华人民共和国宪法草案的报告》中解释说，全国人大工作的繁重，当然不是地方各级人大所能够相比的。全国人大行使国家立法权，地方各级人大没有这方面的职权。而且越是下级的人大，因为地区越小，就越易于召集会议。所以地方各级人大不需要在人民委员会（政府。——笔者注）以外再设立常务机关。这样，在 1954 制定宪法时，确定地方人大不设常委会，自然在当时也就不涉及地方人大常委会负责人的名称问题。

党的十一届三中全会召开不久，1979 年 7 月，第五届全国人大第二次会议通过了关于修正宪法若干规定的决议，规定：县和县以上的各级地方人大设立常委会，它是本级人大的常设机关。设立地方人大常委会，是为了扩大人民民主，加强和健全社会主义法制，保证和便于人民管理国家大事。这次会议通过的《地方各级人民代表大会和地方各级人民政府组织法》（以下简称地方组织法）与 1954 年制定的《地方各级人民代表大会和地方各级人民委员会组织法》相比，增加了“县级以上地方各级人大常委会”一章，其中规定:常委会由主任一人、副主任若干人和委员若干人组成。由此,确定了地方人大常委会“主任”名称,它比“委员长”名称晚出现了近25年。这也就是说,“主任”名称与“委员长”名称不是同步考虑确定的。

“主席”这个名称怎么来的

在县级以上地方人大常委会设立以前,地方各级人民代表大会会议是由本级人民委员会召集的。县级以上地方人大常委会设立后,县级以上地方人民代表大会会议改由本级人大常委会召集,但乡镇人民代表大会会议仍由本级人民政府召集,这显然不大顺当。

在宪法和地方组织法确立县级以上地方各级人大设立常委会后,一直有意见提出,在乡镇人大也设立常委会。这个意见没有被采纳。但是,1986年,再次修改地方组织法时增加规定,乡镇人民代表大会主席团负责召集下一次本级人民代表大会会议。从此,乡镇人民代表大会会议也不再由本级政府召集。

1995年,修改地方组织法又增加规定,乡镇人大设主席,并可以设副主席一人至二人,主席、副主席是主席团的当然成员。这是总结了地方的实践经验,目的是健全乡镇人大的组织制度。这次修改地方组织法仍然没有采纳乡镇人大设立常委会的意见,但“主席、副主席”是常设的。这样,在乡镇人大闭会期间,就有专职人员负责联系代表,组织代表开展活动,反映代表和群众对政府工作的建议、批评和意见。同时,我们看到,第一,按照法律规定,各级人大召开会议时都选举主席团主持会议,但除主席团常务主席、执行主席外,并不把主席团成员个体称为“主席”。乡镇人民代表大会的“主席”,有别于乡镇人民代表大会主席团通常的成员。第二,全国人大常委会是全国人大的常设机关,县级以上地方各级人大常委会是本级人大的常设机关,“委员长”“主任”,分别是各自常委会的负责人。乡镇人民代表大会主席,不是乡镇人民代表大会的负责人(各级人民代表大会都没有负责人),它的地位、功能有别于全国人大常委会的“委员长”和县级以上地方人大常委会的“主任”。

1954年6月11日，邓小平在宪法起草委员会第七次全体会议上

（新影厂新闻简报截图）

推敲"质问"和"询问"

许多人知道"推敲"一词的来历。传说唐代诗人贾岛作《题李凝幽居》时,得到"鸟宿池边树,僧敲月下门"两句。对第二句中的"敲"字是否应换成"推"字他犹豫不决,这时无意中遇到了大文学家韩愈。韩愈了解了贾岛犹豫不决的原委后说用"敲"字好。后来用"推敲"一词指斟酌文字,反复琢磨。

1954 年制定宪法时,对全国人大代表的"质问权"如何规定进行了反复推敲。

五四宪法草案初稿规定"质问"和"询问"

在 1954 年 3 月 23 日宪法起草委员会第一次会议上,中共中央提出的宪法草案初稿规定:"全国人民代表大会代表有权向国务院或者国务院所属各机关提出质问和询问。"在这之后的讨论中,对这一规定有不同意见。刘少奇说:"'质问'和'询问'为什么要分开?不分开好不好?'质问'也就是质疑。分开了,代表提问题就要想自己的问题该用'询问'方式提出呢?还是该用'质问'方式提出呢?问题的实质是'问'和'答',为什么要讲人家的动机是'质'还是'询'呢?"邓小平说:"'质问'和'询问'是不同的,但界限难分,改为'质询'好了,就可减少很多麻烦。"宪法起草委员会委员习仲勋说:"有许多事情是不能告诉问者的,还是把'询问'删去,只留下'质问'好些。"邓小平说:"'质问'比'询问'严重些,只留下'质问'就太严重了。不能告诉的,就告诉他这是机密,不能告诉你好了。"

在讨论过程中，还有的提出，质问和询问是由大会来做，还是由代表个人来做？“质问”和“询问”效力有无分别？受质问和询问者拖延不答复怎么办？

五四宪法规定“质问”

经过讨论，删去了“询问”，保留了“质问”。1954 年 6 月 14 日中央人民政府委员会通过的宪法草案和 9 月 20 日第一届全国人大第一次会议通过的《宪法》规定：“全国人民代表大会代表有权向国务院或者国务院各部、各委员会提出质问，受质问的机关必须负责答复。”

1954 年 9 月 5 日，邓小平在审改全国人民代表大会组织条例草案初稿时，对质问的程序作了补充修改，将第十四条“全国人民代表大会代表向国务院或者国务院各部、各委员会提出的质问，经过主席团提交受质问机关”一段中的后一句改为“经过全国人民代表大会主席团或者全国人民代表大会常务委员会提交受质问的机关。受质问的机关必须向全国人民代表大会或者全国人民代表大会常务委员会负责答复”。9 月 20 日，通过的这一法律的名称为《全国人民代表大会组织法》（以下简称全国人大组织法），将“条例”改为“法”，并且在“主席团”前加了“会议”两字。这样，完善了质问的程序。

七八宪法规定“质询”

在 1978 年修改宪法时把 1954 年《宪法》关于质问的规定修改为“全国人民代表大会代表有权向国务院、最高人民法院、最高人民检察院和国务院各部、各委员会提出质询。受质询的机关必须负责答复”。这里将“质问”修改为“质询”，并增加“最高人民法院、最高人民检察院”为受质询机关。从字面上来看，这里的“质询”是 1954 年宪法草案初稿规定的“质问”和“询问”的合二为一。这一修改的用词与 1954 年制宪时邓小平的意见是一致的。

八二宪法和1982年全国人大组织法规定"质询"和"询问"

1982年,修改宪法过程中,一开始沿用1978年《宪法》的规定,确定国务院、最高人民法院、最高人民检察院和国务院各部、各委员会为质询对象。在讨论中,有人提出,审判机关、检察机关依法独立行使职权不应受质询。最后通过的宪法,在质询对象中删去了最高人民法院、最高人民检察院。

在1982年《宪法》对质询作出规定的情况下,1982年的全国人大组织法还规定,在全国人大审议议案时,代表可以向有关国家机关提出询问,由有关机关派人进行说明。到此时,在我国的宪法和法律中,"质询"与"询问"并存。应该看到,这与1954年宪法草案初稿规定的"质问"和"询问"是相联系的。

1987年通过的《全国人民代表大会常务委员会议事规则》和1992年通过的《全国人民代表大会和地方各级人民代表大会代表法》(以下简称代表法)规定,受质询的机关除国务院和国务院各部、各委员会外,还包括最高人民法院、最高人民检察院。这实质是恢复了1978年《宪法》的规定。在制定代表法的过程中,有的部门提出,法院、检察院与政府是两种不同性质的国家机关,权力机关对审判机关、检察机关的监督形式不能完全等同于对行政机关的监督,对审判机关、检察机关的监督可能涉及具体案件的审理,建议审判机关、检察机关不作为权力机关的质询对象。代表法没有采纳这一意见。理由是,监督法院、检察院是人大的一项职权,而质询是监督的一种重要形式,对"两院"的质询,主要是对它们违背宪法和法律规定的行为的质询。

通过以上我们看到这样一个历史脉络:从1954年宪法草案初稿规定"质问"和"询问",到1954年通过的《宪法》只规定"质问",再到1978年通过的《宪法》修改为"质询",最后到现行的1982年《宪法》和1982年的全国人大组织法规定"质询"和"询问",并在程序上对两者作了区别。2006年通过的《各级人民代表大会常务委员会监督法》,进一步完善了"质询"和"询问"的程序。这些既表明了对人大"质问""询问""质询”监督方式的认识逐步深化,也说明了人大“质询”“询问”监督方式的发展演变过程,了解这些对在实践中用好“质询”“询问”监督方式是有帮助的。

民族自治地方建制的确定

民族自治地方建制遇到的新问题

我在全国人大机关工作中，在民族区域自治法律方面主要遇到这样三个问题：

第一，1997 年 3 月，第八届全国人大第五次会议批准设立重庆直辖市。重庆直辖市行政区划经过调整，下辖自治县。当时的法律规定，自治县人民代表大会制定的自治条例、单行条例由省或者自治区的人大常委会批准。也就是说，直辖市人大常委会无权批准自治县的自治条例、单行条例。从这里我们可以知道，我国现行宪法和当时的法律没有规定直辖市下辖自治县。

第二，近 30 年来，有不少县改为市。由此引出的问题是，自治县如果改为市，将失去法律规定的自治权。这使一些自治县陷入两难：一方面希望改为市；另一方面又想继续享有自治权。这里提出的问题是，我国宪法为什么没有规定设立自治市？

第三，法律规定，自治州的自治机关行使设区的市的国家机关的职权，同时行使自治权。但在现实中，自治州没有像设区的市那样设自己所辖的区，这样也就没有城乡规划的制定权等。这里提出的问题是，为什么自治州不设区？

上述这三个问题，促使我来认真梳理在 1954 年宪法制定过程中，究竟是怎样确定“自治区、自治州、自治县”民族自治地方行政区划建制这一问题的。

新中国成立之初的民族自治地方建制

在新中国成立之前的 1947 年 5 月，内蒙古自治区就成立了。这是全国第一个省级民族自治的行政区。

1949 年 9 月，在中国人民政治协商会议第一届全体会议制定《中央人民政府组织法》过程中，周恩来指出：我们国家的名称，叫中华人民共和国，而不叫联邦。我们虽然不是联邦，但却主张民族区域自治，行使民族自治的权力。这次会议通过的《中国人民政治协商会议共同纲领》规定："各少数民族聚居的地区，应实行民族的区域自治。"这是以临时宪法的形式，确立了新中国的民族区域自治制度。

我国是一个有 56 个民族、6 亿多人口（1953 年，第一次全国人口普查数）、960 万平方公里陆地面积的大国，国家结构形式是单一制，在单一制下，实行民族区域自治制度，这是新中国在政治制度上的一个创造。新中国成立 60 多年来的实践证明，民族区域自治制度是适合我国国情的，是成功的，它正确地处理了我国各民族之间的关系，维护了国家统一和民族团结。

1952 年 8 月，中央人民政府委员会批准了由政务院通过的《民族区域自治实施纲要》。按照这个实施纲要的规定，当时，设立行政地位相当于乡（村）、区、县、专区或专区以上的几级民族自治地方。可以看出，当时从乡（村）级到省级都设有民族自治地方，名称叫"自治区"。那时民族自治地方的建制与现在有相当大的区别。

宪法草案初稿设计的民族自治地方建制

1954 年 3 月 23 日，中国共产党提出的宪法草案初稿第五十条规定：（1）全国分为省、自治区或者自治省、中央直辖市；（2）省、自治区或者自治省分为自治州、县、自治县、市；（3）自治州分为县、自治县；（4）县、自治县分为乡、民族乡、镇；（5）较大的市分为区。这一条的规定，对《民族区域自治实施纲要》规定的民族自治地方建制作了调整和规范。结合宪法草案初稿第六十条的规定看，当时宪法草案初稿规定的民族自治地方建制分为：自治区或者自治省、自治州、自治县、民族乡。但没有明确市所辖的区的民族自治地方建制。另外，在民族自治地方的建制中没有自治市，民族自治地方建制中的自治州不设区和市。但在当时的讨论中，人们对宪法草案初稿关于民族自治地方建制这些规定的具体含义一时还弄不很清楚。

3 月 23 日后，在北京和全国各大城市组织各民主党派、各人民团体和社会各方面的代表人物共 8000 多人，用两个多月的时间，对宪法草案初稿进行认真的讨论。

全国政协组织的讨论宪法草案初稿的第十二次、第十三次座谈会上提出了一些疑问：第五十条中什么样的地区可以称自治区、自治省、自治州？“自治区”与“较大的市分为区”的“区”有什么区别？新疆省将来是否还叫省？西藏将来是叫自治省还是叫自治区？内蒙古地区有的盟很大，将来是否叫自治州？将来是否在自治区下设自治省？是否把盟、旗改为自治州和自治县？民族乡与自治县、自治州是不是一个性质？

在地方单位和军事单位的讨论中，也提出了一些疑问：居住于较大的市里的少数民族是成立自治区还是民族区？为什么要设自治州？自治州算哪一级政权？将来是否要把“版纳”的行政地位提升一级？为什么没有设自治市、民族市、民族镇的规定？有的建议，增加设“自治市”“民族市”“民族镇”的规定。

明确“民族乡”不是民族自治地方

1954 年 5 月 29 日，宪法起草委员会举行第四次全体会议，讨论宪法草案初稿的第二章第五节民族自治地方的自治机关。

田家英说：“这次修改交代了一下民族乡（明确它不是民族自治地方。——笔者注），过去没有交代。”

刘少奇说：“民族乡不交代一下不好。”

李维汉说：“有的同志提出是否把城市里的自治区也写在宪法里。城市里，如归绥（现在的呼和浩特。——笔者注）、包头、郑州，有少数民族聚居的地方，过去很落后、很乱。搞个自治区，就先进了，所以有的城市是要建立自治区的。但我们觉得这种自治区不很多，可以另外挂牌子解决，不必写在宪法里。民族乡将来会有很多。这种民族乡，没有财政、军事等方面的自治权。因为历史上他们的条件差，如果叫自治乡，有这些自治权，反而对他们不利。过去各地搞了好多自治乡,特别是回族人、回族自治乡,在宪法上交代一下好。这里明确了对城市内的自治区在宪法上不作规定。”

宪法草案初稿中的民族自治地方的自治机关包括民族乡,宪法起草委员会第四次全体会议讨论后,在民族自治地方的自治机关删去了“民族乡”,理由是,民族乡的国家机关是一般的国家机关,不是自治机关。但民族乡在行使职权时,可以采取适合民族特点的具体措施(指1954年《地方各级人民代表大会和地方各级人民委员会组织法》的规定。——笔者注)。在6月11日宪法起草委员会第七次全体会议上,毛泽东说:“什么叫‘民族自治地方’需要解释清楚,在第五十三条加一款(自治区、自治州、自治县都是民族自治地方),就有交代了,民族自治地方不包括民族乡。”

删去初稿中设“自治省”的规定

1954年5月31日,宪法起草委员会举行第五次全体会议。在讨论宪法草案初稿有关民族自治地方的规定时,李维汉说:“相当于省一级的民族自治地方,现在有两个名称:自治省、自治区。这几天,民族事务委员会开会,交换了一下意见,觉得‘自治省’的名称可以不要,都叫‘自治区’,免得将来对什么叫自治省、什么叫自治区,分不清楚。”

邓小平说:“没有‘自治省’的名称也同样解决问题。还是用一个形式好,简化。新疆将来可以叫自治区,省以下叫自治州。”

刘少奇说:“决定‘自治省’不列了。省以下叫什么名称,可根据各民族习惯去定,比如,叫盟、旗、宗(西藏)等,这些名称这里还要不要列上?”

邓小平说:“民族自治机关的形式已经有了总的规定了,这里可以不列。”

宪法起草委员会委员乌兰夫说:“列不全,将来在自治条例中可以去规定。”

中央人民政府委员张奚若说:“在这一条的写法看起来不大容易理解,是否可以写作:省—县—市,自治区—自治州—自治县,更清楚些。”

习仲勋说:“省以下有自治州,如甘肃省就有。”

邓小平说:“比如,新疆的维吾尔族地方有哈萨克族的自治州。像这种情形,四川、甘肃、青海都有。”

李维汉说："广东、广西、湖南、云南、贵州、西康都有这种情形。"

宪法起草委员会委员林伯渠说："自治州以下还有市，有没有自治市？"

李维汉说："自治州的都改成省辖市了，即是'市'，现在市只有两种：直辖市和市。"

经过讨论，删去了初稿中的"自治省"，省一级民族自治地方一律称为"自治区"。同时，也明确了没有"自治市"。

自治权要依照宪法、法律规定的权限行使

1954年5月29日，宪法起草委员会第四次全体会议，在讨论"各民族自治地方的自治机关按照宪法和法律规定的权限行使自治权"这一条款时，出现了不同意见。

中央人民政府委员龙云提出："这样，自治权就受到很多限制了，法律没有规定的事情就不能做了。"

刘少奇主持会议询问："自治权要不要法律规定？"

乌兰夫认为："还是规定好，不规定不好搞。从内蒙古来看，规定个范围好。自治也不能超越根本法。"

刘少奇说："我们的宪法，到底是保护了少数民族的自治权，还是剥夺限制了他们的自治权？龙云先生说是限制了，我看是保护了。恐怕要保护一下他们，因为他们人少，一挤，他们就没有办法。我也跟回民谈过话，他们说他们就怕汉人到他们那里去住。汉人住了一条河的上游，下游的回民就不能吃水了。宪法有这样的规定，是保护了少数民族，不规定他们就要吃亏。宪法上有规定对他们有利。"

龙云接着说："那规定漏了的地方就不能做了。"

邓小平发表意见说："宪法上充分保障了少数民族的权利，不能设想在宪法规定之外还可以做别的事情。要求脱离中国，加入别的国家，那不行；要求特殊，独立起来，也不行。具体的政治、经济、文化的权利，是充分保障的。可以组织公安部队，不能脱离公安司令部的领导，不能建立独立的武装；可以管理本地方的财政，宪法规定了，但他不能搞彻底压迫人民的财政制度，还不能把钱不用在人民身上。我们宪法上规定的少数民族权利是必须给的。如果现在规定得还不够完备，将来还可以补充，但也要由法律来补充。"

宪法起草委员会委员陈云说："自治权是有的，但也有限制，需要在宪法里规定。例如，内蒙古有自治权，但如果满洲里的关税、境内的森林、铁路，都归内蒙古，全国就不好办了。有自治权，也要服从总的东西。"

李维汉说："民族区域自治中，还有这样一个问题，如果让少数民族关起门来搞自治，没有国家的支援，没有汉族的支援，很多事情就不可能搞，如包头那么大的工厂。因为历史上他们都长期处于闭塞。如果让他们关起门来搞自治，对他们并无利益，事实上是使他们陷于落后状态。"

龙云说："宪法草案上有了搞自治条例、单行条例的规定，就解决了这个问题，我不坚持我的意见了。"

邓小平说："是在宪法、法律规定的范围内制定自治条例、单行条例，而不是在宪法、法律规定的范围外还可以搞什么。"

"其实哪一个民族都是自治"

1954 年 6 月 11 日，在宪法起草委员会第七次全体会议上，中央人民政府委员张治中提出："第二章第五节的标题'民族自治地方的自治机关'中的'民族'是指少数民族，标题中是否标明'少数'二字。"

毛泽东说："这里实际是讲'各少数民族自治地方'，把'少数'二字省略了。"

李维汉说："'民族自治地方'是一个专门名词，不要把它拆开来讲。"

张治中说："是否加上'少数'二字，明确些。"

毛泽东说："如果要加，则'民族乡'要改为'少数民族乡'才是完全正确，'自治区'、'自治州'、'自治县'也都要改为'少数民族自治区'、'少数民族自治州'、'少数民族自治县'了。"

张治中说："条文里可以省，标题不要省。"

李维汉说："最近几年来都是用'民族自治地方'，比如，《民族区域自治实施纲要》就没有'少数'二字，大家都明白是指少数民族。"

宪法起草委员会委员赛福鼎说："我的意见，'民族自治地方'即代表了'少数民族自治地方'，因为前面第三条已经规定了'各少数民族聚居的地方实行区域自治'，这里可以不写'少数'二字。"

乌兰夫说："第三条已经讲清楚了，第二章第五节标题可以不写'少数'

二字。”

刘少奇说：“这里是省文。比如，‘直辖市’，由什么地方直辖？是讲‘中央直辖市’，把‘中央’二字省掉了。因为除了中央直辖市就没有别的直辖市，不会误会。‘民族自治地方’也是这样，因为只有少数民族自治，不会误会为别的。”

毛泽东说：“其实哪一个民族都是自治，比如，汉族，难道不是‘自治’，而是被别人治？只不过把‘自治’二字省掉了。我看，再过几百年几千年以后，大概就可以不要讲什么‘民族自治’了。说‘民族乡’，哪一个乡也都是民族乡，难道你（指宪法起草委员会委员邓子恢）那个龙岩县白头乡不是民族乡，而是种族？部落？难道你那个乡不是自治而是被治？现在所以要特别标出少数民族自治，是因为少数民族过去是被汉族统治者治的，现在是实行自治，所以要标出来。汉人的地区就不要标出‘自治’了，因为汉人从来就是自治的，只有好人治与坏人治的不同罢了。张治中先生，经过这样解释，可以清楚了吧？”

张治中说：“我撤销我的这个意见。”

宪法确定的我国民族自治地方建制

1954 年 6 月 14 日，由中央人民政府委员会通过公布、交付全国人民讨论的宪法草案第五十三条规定：“（1）全国分为省、自治区、直辖市；（2）省、自治区分为自治州、县、自治县、市；（3）县、自治县分为乡、民族乡、镇。直辖市和较大的市分为区。自治州分为县、自治县、市。自治区、自治州、自治县都是民族自治地方。”与宪法草案初稿相比较，一是删去了“自治省”和删去了“中央直辖市”中的“中央”二字；二是增加了“直辖市分为区”的规定；三是增加了“自治州分为市”的规定。在全国人民的讨论中，也提出了涉及行政区划问题的意见和建议，对此，刘少奇在宪法草案的报告中作了说明。他说，现在，我国的经济建设正在开始，国内各行政区域的划分还不能说已经完全固定了，所以，在宪法中按照现状列举各行政区域的名称，并不是适宜的。9 月 20 日，第一届全国人大第一次会议通过的宪法对草案第五十三条的规定没作修改。

通过以上对 1954 年《宪法》的制定过程特别是 8000 多人讨论和宪法起

草委员会讨论情况的梳理,有这样几点认识:第一,在讨论中,没有明确提出在直辖市设自治县的意见;第二,明确了不设自治市;第三,在讨论中,没有明确提出自治州设区的意见。

宪法通过5年后的1959年9月,第二届全国人大常委会第九次会议决定:直辖市和较大的市可以领导县、自治县。当时的理由是,为了适应建设事业的迅速发展,密切城市和农村的经济关系,促进工农业的相互支援,便利劳动力的调配。这似乎是对宪法规定的补充或者解释。

1982年通过的《宪法》,将1954年《宪法》规定的“直辖市和较大的市分为区”,修改为“直辖市和较大的市分为区、县”,但没有明确直辖市下辖自治县。

不能不要被告人获得辩护的权利

1954 年 3 月 23 日,中共中央提出的宪法草案初稿第二章第六节,是关于法院和检察机关的规定。对这一节,在以下三个问题上进行了比较集中的讨论。

“司法权”还是“审判权”

1954 年宪法草案初稿第六十六条规定:“中华人民共和国的司法权由最高人民法院、地方各级人民法院和依法设立的专门法院行使。”

在全国政协组织的讨论中,有的提出,“司法权”与“审判权”有何区别?建议将“司法权”改为“审判机关”,因为,国家设立机关是为了做一定工作,不是为了有一定的权要它来行使,所以最好不提“权”字。

在地方单位的讨论中,有的提出,司法权是由法院和检察机关行使的,为什么只规定由法院行使?

1954 年 5 月 19 日,在宪法起草座谈会各小组召集人联席会议上,李维汉说:“有人主张把‘司法’改为‘审判’,恐怕应该这样改。过去用‘司法’是我们没有搞清楚。”

宪法草案座谈会召集人张志让说:“同意把‘司法’改‘审判’。但用‘权’字还值得考虑。苏联宪法只‘立法权’用了‘权’字,别的地方都没有用。苏联是以活动区别机关的性质,而不以权来区别,这里面也有原则问题。”

周鲠生(宪法起草工作法律顾问)说:“我原则上同意不用‘权’字。法律小组认为‘司法’不必改为‘审判’，因为苏联宪法在这里用的是‘司法’；法院要做的事情，也不只是审判，还有别的事情，所以还是用‘司法’好。”

李维汉说：“那司法部就要改为司法行政部门了。现在，对司法权这几个字，大家都倾向不用‘权’字，这是一致的，但有的主张仍用‘司法’，有的主张把‘司法’改为‘审判’。法院要做的事情，哪些不包括在审判工作中？”

周鲠生说：“例如，公证、仲裁等。”

张志让说：“用‘司法’可以，但并不是因为审判工作包括不了法院应做的工作。仲裁、公证等等，审判不包括这些，但司法也同样不包括这些。这一类事情是法院附带做的，有别的机关管不放在法院里也可以。”

周鲠生说：“这不是一个原则问题，而是一个名词问题。我们法律小组是不会坚持用‘司法’的。”

李维汉说：“那大家就倾向用‘审判’吧。”

9 月 20 日，第一届全国人大第一次会议通过的《宪法》规定：“中华人民共和国最高人民法院、地方各级人民法院和专门人民法院行使审判权。”

是否应规定“被告人有权获得辩护”

1954 年宪法草案初稿第六十九条中规定：“被告人有辩护权。”

在全国政协组织的讨论中，有的提出疑问：“被告人有辩护权”，是指被告人自己为自己辩护，还是指请人辩护？如果自己为自己辩护，限于文化程度辩护不清怎么办？

在地方单位讨论中，有意见提出，在“被告人有辩护权”后，增加规定“并可声请由国家辩护士担任辩护”，辩护士由国家统一设立。

在地方单位和军事单位讨论中，有的建议，增加规定法院对保证被告人行使辩护权负有责任。有的提出，“被告人有辩护权”是由本人还是找律师辩护，宪法上要予以明确。

有的提出疑问，“被告人有辩护权”与苏联宪法规定的“保证被告人有权获得辩护”有何区别？法院行使职权既是根据法律，为什么还要有人代为辩护？国家有无固定的人代为辩护？国家有无为被告请辩护人的任务？

1954 年 5 月 29 日，宪法起草委员会召开第四次全体会议，讨论第六十九条，有两种意见：一是维持初稿的规定：“被告人有辩护权”；二是修改为

"被告人有权获得辩护"。

宪法起草委员会委员陈叔通说:"我主张维持原文。苏联写的是'被告人有权获得辩护',上面还有'保证'二字。我们条件不够,没有律师,还是维持原文好。"

刘少奇说:"他(指被告人。——笔者注)说他不会讲话,到了法院里说不清楚,要求法院里找个人能把他要说的话说清楚,是不是给他找?不一定是律师。"

邓小平说:"照原文,好像被告人现在才有辩护权。写'有权获得辩护'比较庄严些。"

刘少奇说:"困难是有的,但不能因有困难,这项权利就不要了。宪法要公布,全世界都可看到,写'有权获得辩护'比较好些,陈叔老看怎么样?"

陈叔通说:"我并不反对这么写,就怕做不到。"

邓小平说:"找律师找不到,但可以自己辩护,也可以找别人替他辩护,也可让法院找人给他帮忙,不一定非找律师。"

6 月 14 日中央人民政府委员会通过的宪法草案、9 月 20 日第一届全国人大第一次会议通过的《宪法》都规定:"被告人有权获得辩护。"

"检察权"要不要改成"监督权"

宪法草案初稿第七十四条规定:"中华人民共和国的检察机关对政府机关、国家机关工作人员和公民的犯法行为,行使检察权。"

在 5 月 29 日宪法起草委员会第四次全体会议上,钱端升(宪法起草工作法律顾问)说:"在召集人会议上,有人主张把'检察'改为'监督',多数人主张还是用'检察'好。"

中央人民政府委员李烛尘说:"既然叫作总检察长,也就可以叫作行使最高'检察'职权。"

刘少奇说:"既然叫作总检察长,又叫了个'监督',好像不要'检察'了。检察机关只有决定逮捕之权和控诉之权,没有审判之权。它的权力很大,但也有一定的限制。"

宪法起草委员会委员黄炎培说:"还是用'检察'好。在检察的对象当中,国务院是否包括在内?"

邓小平说:"不包括在内。"

黄炎培说："'国家机关'是否包括全国人民代表大会？"

刘少奇说："不包括。全国人民代表大会代表、全国人民代表大会常务委员会委员和中华人民共和国主席、国务院总理、副总理犯了法，要经过常务委员会批准，检察机关才能办。"

邓小平说："这一条的'国家机关'指的是工作人员。"

黄炎培说："国务院的一个副总理犯了法，怎么办？"

邓小平说："副总理犯了法，总检察长可以提到全国人民代表大会或者常务委员会，逮捕不逮捕也决定于全国人民代表大会或者常务委员会。"

刘少奇说："例如一个副总理打死了人，常务委员会可以免掉他的职务，然后再按普通公民处理。"

邓小平说："副总理犯罪，可以有两种：一种是职务内的罪，另一种是个人的罪。属于个人的犯罪行为，应当按照普通公民处理，不能说成是副总理犯了罪。"

9 月 20 日通过的《宪法》第八十一条规定："中华人民共和国最高人民检察院对于国务院所属各部门、地方各级国家机关、国家机关工作人员和公民是否遵守法律，行使检察权。地方各级人民检察院和专门人民检察院，依照法律规定的范围行使检察权。"第二章第六节的标题由"法院和检察机关"修改为"人民法院和人民检察院"。

1954 年 6 月 11 日，刘少奇在宪法起草委员会第七次全体会议上

（新影厂新闻简报截图）

会议制度篇

人 民 代 表 大 会 那 些 事

第十二届全国人大第四次会议会场

（新华社记者才扬　摄）

全国政协第十二届第四次会议会场

（新华社记者张领　摄）

“两会”的提法从何而来

为何把全国人大会议和全国政协会议联系在一起叫“两会”？“两会”的提法是怎么来的？

全国人大与全国政协有着“天然”的联系

在新中国的历史上，先有全国政协，后有全国人大。

1949年9月21日至30日，召开了中国人民政治协商会议第一届全体会议，它在还不具备召开全国人民代表大会的条件下，代表全国各族人民的意志，代行全国人民代表大会职权，通过了具有临时宪法性质的《中国人民政治协商会议共同纲领》，选出了中央人民政府委员会，并赋予其行使国家政权机关的职权，作出了关于国都、国旗、国歌、纪年的重要决议，宣告了中华人民共和国的成立，开启了中国历史的新纪元。从1949年9月到1954年9月的5年里，全国政协委员会为恢复和发展国民经济、巩固新生的人民民主政权、促进社会主义革命和建设作出了重要贡献。

1952年12月24日，政协第一届全国委员会常务委员会举行第四十三次会议，向中央人民政府提出了召开全国人民代表大会和开始起草宪法草案等准备工作的建议。1954年9月15日，第一届全国人大第一次会议召开，这标志着人民代表大会制度由下至上系统地建立起来。这次会议后，组成中央国家政权的各个机构都依法产生，并按照宪法规定的新体制、新机制开始运转。

在历史上，全国人大与全国政协两者之间的联系，简而言之，就是先有全国政协后有全国人大，中国人民政治协商会议第一届全体会议代行过全国人民代表大会的职权，全国政协参与了筹备召开第一届全国人大第一次会议的工作。

全国人大与全国政协在国家政治生活中都具有重要作用

在筹备召开第一届全国人大第一次会议和制定1954年《宪法》过程中，对全国人大有了之后全国政协还要不要继续存在这个问题的议论很热烈。有的提出，政治协商会议如果存在，应处于什么地位，它和全国人大的关系如何？有的建议，在宪法中增加关于说明政协继续存在的规定。有的建议，由政协产生政府，政府下设政务院。

针对政协还要不要继续存在的疑问，我国第一代领导人作了明确回答。毛泽东明确指出："人民代表大会是权力机关，有了人大，并不妨碍我们成立政协进行政治协商。各党派、各民族、各团体的领导人物一起来协商新中国的大事非常重要。"周恩来也指出："人大既开，政协代行人大职权的政权机关作用已经失去，但政协本身的统一战线的作用仍然存在。""从过去5年来说，作为代行权力机关只是第一届全体会议，几天会散了，权力已授给中央人民政府，所以代行政权的是全体会议，经常起作用的是全国委员会、常务委员会，这是统一战线组织。今后这个组织在中国共产党领导下，继续作为团结各民族、各民主阶级、各民主党派、各人民团体、国外华侨和其他爱国民主人士的人民民主统一战线的组织，发挥它应有的作用，而不是不起作用。"

这样，1954年9月，第一届全国人大第一次会议召开后，在当年的12月，全国政协召开了第二届第一次会议，全国政协继续存在下去。

既有全国人大，又有全国政协，这两个组织都分别做什么、起什么作用呢？

人民代表大会制度是我国的根本政治制度，是我国的政体。全国人民代表大会是构成人民代表大会制度的核心国家机构。宪法规定，国家的一切权力属于人民，人民行使国家权力的机关是全国人大和地方各级人大，全国人大行使国家立法权、重大事项决定权、中央国家机构人事选举任免权和监督权。人大是依法、按程序、通过会议、集体行使职权的，如果全国人大不开会就无法行使职权，这在一定程度上就不能保证实现人民当家作主的权力。这里需要特别指出的是，宪法规定我国各国家机构每届任期5年，如果每5年任期届满，全国人大不通过召开会议按时换届、不实现国家领导层依法有序更替，国家机关的正常运转就会受到影响，国家和社会生活就会受到影响，国家政治制度的民主性、有效性就会大打折扣。可以说，每年全国人大召开会议，讨论决定国家的重大事项，对国家一年的工作乃至较长时间的工作作出安排，按期实现国家机构依法有序更替，就是人民自己管理自己国家的具体体现。

中国共产党领导的多党合作和政治协商制度是我国的基本政治制度。政协在我国的政治生活中具有重要的地位，它是统一战线的组织，多党合作和政治协商的机构，人民民主的重要实现形式，体现了中国特色社会主义制度的鲜明特点。政协的主要职能是，政治协商、民主监督、参政议政。同时，应该说明的是，政协不是国家权力机关，也不是国家行政机关，有的政协委员总结说："政协参政不执政、议政不决策、监督不强制"，政协作出的决议、决定对全社会不具有普遍约束力。

全国人大与全国政协每年的会议在同一时间段召开

按照1949年9月27日通过的《中国人民政治协商会议组织法》的规定，中央一级的政协由3个层次的机构组成：一是中国人民政治协商会议，每3年开会1次；二是政协全国委员会（以下简称全国政协），每半年开会1次；三是政协全国委员会常务委员会。从1949年9月到1954年9月，第一届全国人大第一次会议召开前这5年间，中国人民政治协商会议召开了1次全体会议，全国政协召开了4次会议。

从1954年9月到1958年2月，第一届全国人大共召开了5次会议。在这同一时期，第二届全国政协召开了3次会议。这一时期的全国人大和全国政协的每次会议分别在不同的时间段召开，这两个会议之间的联系不紧密。

从1959年4月到1963年12月，第二届全国人大与第三届全国政协分别召开了4次会议，全国人大和全国政协相对应的每一次会议都在同一时间段召开，从全国政协第三届第一次会议起，全国政协委员列席全国人大会议。1960年3月29日上午10时，全国政协主席周恩来在全国政协第三届

第二次会议开幕会上特别宣布，这次会议与第二届全国人大第二次会议同时进行。这一时期的全国政协会议早于全国人大会议半天或者1天半或者4天开幕，晚于全国人大会议的半天或者2天闭幕。

第三届全国人大和第四届全国政协只在1964年12月到1965年1月分别召开过1次会议。这次全国政协会议早于全国人大会议1天半开幕，晚于1天闭幕。全国政协委员列席了这次全国人大会议。

1975年1月，“文化大革命”期间，召开了第四届全国人大第一次会议。这时，没有产生新一届全国政协，没有召开全国政协会议，自然也就没有全国政协委员列席全国人大会议。

1978年2月26日下午，第五届全国人大第一次会议开幕，两天前的2月24日下午，全国政协第五届第一次会议开幕。这是“文化大革命”结束后，全国人大和全国政协分别召开的第一次会议，这个时间节点有着不同寻常的意义，从此以后，每年的全国人大会议和全国政协会议都在同一时间段召开，全国政协委员均列席全国人大会议，至今没有再变过。在第五届第一次到第六届第一次的6次会议中，全国政协会议早于全国人大会议2天或者3天开幕，晚于半天或者1天或者2天或者3天闭幕。

从以上我们看到，自1959～1983年的11次全国政协会议，开幕日期均早于全国人大会议，闭幕日期均晚于全国人大会议，全国政协会议的会期均长于全国人大会议的会期。

从1984年第六届第二次会议起，发生了一个变化，这就是每年的全国政协会议的开幕和闭幕的日期都早于全国人大会议，绝大多数全国政协会议的会期短于全国人大会议的会期。开幕早半天、1天、1天半、2天、3天的情况都有；早闭幕的情况更不一致，早1天、2天、2天半、3天、4天、4天半、5天、5天半、6天、8天半的都有。这种全国政协会议早于全国人大会议开幕和闭幕，且不规律的情况一直延续到1997年的第八届第五次会议。

从1998年第九届第一次到2016年第十二届第四次共计19次，全国政协会议在每年的3月3日下午开幕、全国人大会议在3月5日上午开幕，这两个会议开幕的时间固定了下来；全国政协会议闭幕的日期也都早于全国人大会议闭幕的日期，至于早几天，一般规律是：由于全国政协委员不列席每届全国人大第一次会议选举任命中央国家机关领导人员的议程，每届全国政协第一次会议闭幕的时间早于每届全国人大第一次会议闭幕的时间要长一些。

有人问:为何现在每年的全国政协会议在 3 月 3 日开幕?这与每年的全国人大会议在 3 月 5 日开幕密切相关。第一,便于全国政协委员列席全国人大会议。《全国人民代表大会议事规则》规定,全国人大会议于每年第一季度举行。依照这个规定,考虑到新一年的国家预算等工作需要尽早安排,每年全国人大会议逐步固定在 3 月 5 日上午开幕。与此相衔接,全国政协会议在 3 月 3 日下午先开幕,在开幕会上,常务委员会作工作报告和一年来提案工作情况的报告,之后的 3 月 4 日全天,全国政协委员分界别分组审议这两个报告。3 月 5 日上午,全国政协委员列席全国人大会议的开幕会,听取政府工作报告,接下来,全国政协委员集中讨论政府工作报告、计划报告、预算报告、“两高”工作报告等,这样比较顺畅。第二,党和国家领导人都参加这两个会议的开、闭幕会,将两个会议错开安排,便于领导人的活动。另外,在第一届、第二届、第三届、第五届全国人大时,一部分全国人大常委会副委员长同时担任全国政协副主席,两个会议的全体会议错开安排,也便于这部分副委员长的活动。第三,第五届全国政协委员人数为 1988 人,比第四届增加了 2/3,第六届以后每届全国政协委员人数均超过 2000 人,全国政协会议的全体会议也需要在会场座位多的人民大会堂大礼堂举行,这两个会议的全体会议需要错开安排。

新中国有这样一个会议习惯,就是开幕会多安排在下午举行。中国人民政治协商会议第一届全体会议于 1949 年 9 月 21 日下午 7 时开幕,历时 4 小时;第一届全国人大第一次会议于 1954 年 9 月 15 日下午 3 时开幕,接下来在下午 4 时开始举行第一次全体会议,下午 7 时 25 分结束,共历时 4 小时 25 分;第五届全国人大第一次会议于 1978 年 2 月 26 日下午 3 时开幕;全国政协第五届第一次会议于 1978 年 2 月 24 日下午 4 时开幕(开幕前举行了预备会议),此后直到 2016 年共 39 次全国政协会议都在下午开幕。

“两会”的提法较早出现在 1978 年

1978 年 2 月 28 日,《人民日报》刊发的《醉春风 · 庆祝人大政协两会同开》一文,这里比较早地把全国人大会议和全国政协会议合称为“两会”。1984 年 5 月 20 日,《人民日报》刊发的新华社报道《政协委员继续分组讨论人大和政协两会文件》,使用了“两会”的提法。1985 年、1986 年,特别是

1987 年的全国人大会议和全国政协会议报道中，媒体使用“两会”的提法多了起来，由此，用“两会”称呼“全国人大会议”和“全国政协会议”逐渐普遍。现在，也约定俗成地将“地方人大会议”和“地方政协会议”称为“地方两会”。“两会”是媒体为了表述简洁、方便所使用的提法，在官方的正式文件中，一般不用“两会”的提法。这里提一句，很早的时候，“两会”指的是“中国民主建国会”和“中华全国工商业联合会”。

全国人大会议制度是这样形成的

近年来，全国人大会议和会议组织工作越来越程式化、固定化、规范化和公开化，这是制度化本身的要求，是中国的程序民主，是政治进步。在我国，如果没有这样的全国人大会议制度，人民民主是难以保障的。

新中国的第一个国家议事规则

1949年9月21日至30日，在北京（当时称北平）召开的中国人民政治协商会议第一届全体会议，是中国共产党、各民主党派、各人民团体、各界民主人士、国内少数民族和海外华侨等各方面代表人物共同协商建立新中国、建立新政权的会议。这么一个重要会议怎么个开法？怎样才能确保会议有秩序地进行，确保每位代表的民主权利，确保会议产生的中华人民共和国中央人民政府是代表全国人民的政府并得到国际社会的承认？

中国共产党和中国人民是有智慧的。为了开好这次会议，制定了《中国人民政治协商会议第一届全体会议议事规则》，确定了议事规矩，这样就使代表议事、会议运行有章可循，有法可依。

这个议事规则规定，全体会议由主席团常务委员会主持，有全体代表1/2以上出席始得宣布开会，通过议案须有出席会议1/2以上代表赞成，赞成与反对人数相同时，由主席决定；代表有表决权，候补代表有发言权无表决权；议案除由政协筹备会提出外，有代表3人连署也可以提出。该议事规则还对表决方式和代表发言的次数与时间限制等问题作了规定。在今天看来，这个议事规则也还是比较完备的。

中国人民政治协商会议第一届全体会议设有主席团和秘书长，会议期间的每次全体会议由执行主席（每次 5 人）轮流主持，会议的议程有听取《中国人民政治协商会议组织法》《中央人民政府组织法》《中国人民政治协商会议共同纲领》起草经过的报告等和表决通过各项议案、人选，安排了大会发言，还有分组讨论。会议设有提案审查委员会。

这次会议的议事规则以及会议日程的安排、会议工作机构的设立等实际运作，为后来全国人大会议制度的建立提供了极其宝贵的经验。

全国人大会议制度的初步建立

全国人大成立之初 10 余年的会议制度是由 1954 年《宪法》和 1954 年《全国人民代表大会组织法》（以下简称全国人大组织法）的相关规定以及在这期间历次会议形成的一些惯例构成的。

1954 年 9 月，第一届全国人大第一次会议制定的宪法和全国人大组织法对召开全国人大会议的有关问题作了原则规定。经过从 1954 年第一届第一次会议开始，到 1964 年第三届第一次会议（这是“文化大革命”前召开的最后一次会议）的实际运作，全国人大会议制度初步建立。

第一，基本做到每年举行一次会议。全国人大会议在一年中何时召开，是由全国人大常委会决定的。这一时期，全国人大常委会作出的召开会议的决定，对会议的议程有时提出建议，有时不提出建议。从 1954 年至 1964 年的 11 年间，全国人大召开了 10 次会议（1961 年没有召开会议），基本符合宪法关于全国人大会议每年举行一次的规定。但每次会议开幕的时间不确定，早的在 2 月，晚的在 12 月，并且在 1957 年后有 4 次会议（第一届第四次、第二届第一次、第二届第三次、第二届第四次）召开的时间确定后又更改延期，其中，1962 年，第二届第三次会议经过 3 次延期才召开，也就是这一次次延期，1961 年，没有召开会议；会期（包括预备会议）长短悬殊，长的 26 天，短的 12 天；前 7 次会议公开举行，后 3 次会议秘密举行（另外，“文化大革命”期间召开的唯一的一次会议——1975 年，第四届第一次会议也是秘密举行的）。这些既反映了当时国家政治生活的状况，反映了 1957 年下半年以后人大工作受到损害，也说明全国人大建立之初 10 余年的会议制度还处在探索建立阶段。

第二,形成了预备会议制度。从第一届第一次会议开始,每次正式会议举行前都召开预备会议,这一做法延续了下来。但这一时期的预备会议会期长短不一,长的 7 天,短的 1 天,预备会议的议程也不固定。从 1959 年第二届第一次会议开始,在预备会议上选举大会主席团和秘书长(1975 年,第四届第一次会议主席团和秘书长由正式会议选举产生)、通过会议议程。这一做法也延续了下来。

第三,设主席团并明确规定主席团会议和主席团的主要任务。设主席团是苏联的做法,1918 年的苏俄宪法和 1924 年、1936 年的苏联宪法对此都有专门规定。

全国人大每次会议主席团第一次会议是为召开全国人大会议作准备的,它有两项主要任务:一是互推主席团常务主席若干人,负责召集并主持主席团会议;二是决定大会副秘书长。

1964 年 12 月 30 日,第三届第一次会议主席团第二次会议通过该次大会的《无记名投票办法》,规定大会的选举事项采取无记名投票方式作出决定。而在 1954 年 9 月第一届第一次会议时,当次会议的《无记名方式投票办法》是由大会全体会议而不是由主席团会议通过的。

主席团的重要任务是主持全国人大会议,具体由主席团执行主席实施。每次全体会议执行主席的人数不同,少的 6 人,多的 41 人(分在两个会场)。1960 年,第二届第二次会议开幕、闭幕会议的执行主席,由委员长、副委员长担任。

主席团的另外一项任务是提出国家领导机构人选名单。在 1954 年 9 月第一届第一次会议时,考虑到国家主席、副主席,全国人大常委会组成人员,最高人民法院院长和最高人民检察院检察长的人选有很大一部分是主席团成员,主席团自己提出不大好,决定这些人选由代表提出(1954 年全国人大组织法规定上述人选由代表联合提出或单独提出)。在 1959 年 4 月第二届第一次会议时,国家机构领导人员的人选,是主席团成员和各代表组组长、副组长举行联席会议,根据各代表组讨论的结果提出的。

第四,安排大会发言。第一届第一次会议时在全体会议上发言的 164 人;第一届第二次 147 人;第一届第三次 163 人发言,1 人提交书面发言;第一届第四次 408 人;第一届第五次 294 人;第二届第一次 455 人(包括人大代表和政协委员）；第二届第二次 514 人；第二届第三次 164 人。第二届第一次、第二次会议曾分两个会场同时进行大会讨论发言。

第五，表决方式还不固定。第一届第一次会议通过宪法，选举和决定国家机构领导人员，都采用了无记名投票的方式。第三届第一次会议选举和决定国家机构领导人员也采用的是无记名投票方式。而在 1975 年第四届第一次会议上，修改宪法和通过政府工作报告采用的是举手表决方式，选举全国人大常委会组成人员采用的是无记名投票方式。表决其他事项多是采用举手表决方式。

第六，开展提案和提案审查工作。在新中国成立初期的地方各界人民代表会议上就已经开展提案工作。从 1954 年第一届第一次到 1964 年第三届第一次共 10 次会议都设有提案审查委员会，负责审查代表提出的提案。提案审查委员会一般划分为工业、农业、财贸、文教、综合 5 个专业审查组。第一届全国人大召开了 5 次会议，代表共提出提案 753 件；第二届全国人大召开了 4 次会议，代表共提出提案 335 件；第三届全国人大召开了 1 次会议，代表提出提案 188 件。第一届第二次会议期间，青海省代表组提出提案，提议将全国人大代表和省（市）、州、县（市）人大代表的视察工作定为制度。因此，1955 年 8 月 6 日，第一届全国人大常委会第二十次会议作出决定，规定全国人大代表和省级人大代表一般每年视察两次。决定还对代表视察的其他具体问题作了规定。

第一届全国人大第一次会议，根据张治中的建议，毛泽东致开幕词。

人民代表大会制度在 10 年“文化大革命”中遭到严重损害，当时全国人大的法定任期是 4 年，第三届全国人大实际任期延长至 10 年，全国人大会议不能正常举行。1978 年，第五届第一次会议是在“文化大革命”结束之后、党的十一届三中全会召开之前这样一个过渡时期召开的会议，一些议程的安排和会议的开法带有特定时期的印迹。

从 1959 年第二届第一次会议开始，全国政协委员列席全国人大会议（1975 年第四届第一次会议除外）。

全国人大会议制度走向规范

经历从 1979 年第五届第二次至 1989 年第七届第二次的 11 次会议，全国人大会议制度逐项恢复、不断改进并走向规范。在这期间的1982年，第五届第五次会议修改通过的宪法和全国人大组织法，对全国人大会议制度建设的阶段性重要成果予以肯定，作出规定。

第一，鉴于“文化大革命”期间全国人大不能按时换届、会议不能正常举行的教训，1982年《宪法》规定，如果遇到不能进行全国人大换届选举的非常情况，须由全国人大常委会以全体组成人员的2/3以上的多数通过，方可推迟选举，延长全国人大的任期。在非常情况结束后一年内，必须完成下届全国人大代表的选举。

第二，全国人大常委会须在全国人大会议举行一个月前，将开会日期和建议大会讨论的主要事项通知代表。

第三，将1954年规定的全国人大代表按照选举单位分别组成“代表小组”，修改为组成“代表团”。

第四，一个代表团和30名以上的代表联合可以提出“议案”，代表还可以提出对各方面工作的“建议、批评和意见”（通常简称“建议”）。第一届至第五届时，不区分“议案”和“建议”，统称为“提案”，由提案审查委员会向大会提出审查报告，大会通过。第四届第一次和第五届第一次会议没有提出提案。从1983年第六届第一次会议开始，由大会秘书处向主席团提出关于代表提出议案处理意见的报告，主席团通过。

上述规定和做法，在全国人大会议制度建设中具有划时代的重要意义。

1989年，第七届全国人大第二次会议制定了《全国人民代表大会议事规则》（以下简称全国人大议事规则），至此，全国人大会议制度实现了系统化、规范化、法制化，这是全国人大会议制度发展史上的重要里程碑。

第一，会议固定在每年第一季度举行。在1979年至1989年的11次会议中，前6次会议举行的时间不固定，在5月、8月举行的各一次，在6月、11月举行的各两次。后5次会议均在3月举行，据此，全国人大议事规则规定，全国人大会议于每年第一季度举行（1954年讨论宪法草案过程中，有意见提出，应当规定每年全国人大会议开会的日期）。同时还规定，必须有2/3以上代表出席，方可举行会议。另外，自1984年以来，全国人大常委会连续6次关于召开全国人大会议的决定，都是在全国人大会议开幕前的两个月作出的。

第二，明确了预备会议的会期和议程。预备会议在大会开幕的前一天举行，议程是选举主席团和秘书长、通过大会议程。预备会议由全国人大常委会主持；每届第一次会议的预备会议，由上届全国人大常委会主持。举行预备会议时，委员长会议组成人员在主席台上就座。

第三，主席团会议和主席团的任务具体化。主席团第一次会议的任务：一是推选主席团常务主席若干人，通常常务主席由全国人大常委会委员长会议组成人员担任（每届第一次会议除外）；二是推选主席团成员若干人分别担任每次大会全体会议的执行主席；三是决定副秘书长；四是决定会议日程；五是决定表决议案的办法；六是决定代表提出议案截止日期；七是决定其他需要由主席团第一次会议决定的事项。

主席团会议由主席团常务主席召集并主持。主席团第一次会议由全国人大常委会委员长召集。主席团常务主席可以对属于主席团职权范围内的事项向主席团提出建议，并可以对会议日程安排作必要的调整。

主席团的主要任务是，主持全国人大会议，提出议案。

第四，确定了审议议案的三种形式。一是代表团全体会议，二是代表小组会议，三是大会全体会议。大会全体会议由主席团召集，安排代表作大会发言，就议案和有关报告发表意见。另外，主席团常务主席可以召集代表团团长会议和有关代表参加的会议，讨论有关问题。

第五，对发言和表决方式作出规定。代表在全国人大各种会议上的发表和表决，不受法律追究。代表在大会全体会议上发言的，每人可以发言两次，第一次不超过 10 分钟，第二次不超过 5 分钟。大会全体会议表决议案，由全体代表的过半数通过。宪法的修改，由全体代表的 2/3 以上的多数通过。会议表决议案采用投票方式、举手方式或者其他方式，由主席团决定。宪法的修改，采用投票方式表决。

第六，规定了决定全国人大会议秘密举行的特别程序。全国人大会议公开举行为“一般”，公开举行的会议，需整理代表发言印发简报，会议设立旁听席，举行记者会；会议秘密举行为“例外”，这须经主席团征求各代表团的意见后，由有各代表团团长参加的主席团会议作出决定。

全国人大会议的组织工作越来越精细

全国人大议事规则施行近 30 年来，全国人大会议组织工作的各个环节、各个细节都形成了工作惯例。2005 年 8 月，总结梳理以往的经验，形成了《全国人民代表大会会议工作程序》，并经委员长会议同意。全国人大机关各部门都熟悉自己担负的会议组织服务的具体任务和要求。这些有力地保障了会议合法、合理、高效、有序地运行。

第一，全国人大任期届满前一年，作出关于下届全国人大代表名额和选举问题的决定。1992 年第七届第五次会议、1997 年第八届第五次会议、2002 年第九届第五次会议、2007 年第十届第五次会议、2012 年第十一届第五次会议，都是在本届任期届满前一年，作出关于下届代表名额和选举问题的决定，要求在新一届第一次会议召开当年的 1 月完成新一届全国人大代表的选举。在实践中做到了每届任满五年，届满按时换届。这从法律制度和实际操作上，避免了“文化大革命”时期全国人大长期不开会、届满多年不换届的非正常情况，实现了国家政治的正常、良性运转。

第二，召开全国人大会议的决定在头一年的 12 月作出。为了符合法律关于在 1 个月前作出召开全国人大会议决定的规定，1991 年 2 月 25 日，第七届全国人大常委会第十八次会议在开幕的当天作出决定（通常常委会都是在闭幕会议上通过议案、作出决定）：第七届全国人大第四次会议于 1991 年 3 月 25 日召开；1992 年 2 月 20 日，第七届全国人大常委会第二十四次会议也是在开幕的当天作出决定：第七届全国人大第五次会议于 1992 年 3 月 20 日召开，这样的安排无疑是太匆忙了。更有引以为戒的情况是，1993 年 2 月 22 日，第七届全国人大常委会第三十次会议在闭会日作出决定：第八届全国人大第一次会议于 1993 年 3 月 15 日召开，这没有做到提前 1 个月作出召开会议的决定，不符合法律规定。但此后，没有做到在全国人大会议召开前 1 个月作出决定的问题就彻底解决了，从 1994 年第八届全国人大第二次会议至今第十二届全国人大第四次会议共计 23 次会议，除 1999 年 3 月 5 日开幕的第九届全国人大第二次会议（第九届全国人大常委会第七次会议在当年的 1 月 30 日作出召开这次大会的决定，这符合法律规定）外，22 次关于召开全国人大会议的决定是全国人大常委会在头一年的 12 月作出的，也就是在全国人大会议举行的两个月前就作出了召开这个会议的决定。这样，便于全国人大代表和全国人大会议工作机构及有关机关提前做好各方面的准备。

第三，2 月的全国人大常委会会议为当年的全国人大会议做准备工作。准备工作包括：提出会议议程草案；提出主席团和秘书长名单草案；决定列席会议人员名单,等等。如果是换届之年,还要审查新一届的代表资格,公布代表名单。这样,在会议之前,代表资格和列席人员名单都得到确认,既符合法理又方便工作。

第四,在3月4日上午10时举行预备会议。议程是选举主席团和秘书长、通过大会议程。会议由全国人大常委会主持。曾有人提出,预备会议的时间比较短,近3000名代表从各代表团驻地聚集到人民大会堂,动作大,对北京市区的道路交通有影响,建议预备会议在各代表团驻地举行。研究这个问题需要考虑的是,预备会议的开法,必须符合法律规定、符合法理,同时又要可操作性。

第五,合理安排主席团第一次会议的议程。曾在较长时间,这个会议安排的顺序是,先推选主席团成员若干人担任大会执行主席,然后再决定会议的日程。后来研究认为,这样安排合法不合理。应该先决定会议日程,明确了在本次会议中召开几次全体会议,这些全体会议都安排在哪天,才能对执行主席轮流主持会议作出具体安排。现在,主席团第一次会议先决定会议日程,后推选执行主席。

在大会后期,主席团常务主席和主席团要举行若干次会议,对拟提交会议表决的修改后的各项议案和决议草案等作出提交代表审议的决定,时间紧、工作节奏快、程序复杂,但井然有序,环环相扣。

第六,全国人大会议安排在3月5日开幕。1989年通过的全国人大议事规则规定了每年的全国人大会议在第一季度举行,对具体在第一季度的几月几日或几月的第几个星期的星期几举行没有规定,但当时就已考虑举行会议的日期要逐步提前。这样,全国人大会议从1991年第七届第四次在3月25日开幕,到1998年第九届第一次提前到3月5日开幕(除1997年第八届第五次会议在3月1日开幕)后,每年全国人大会议都在3月5日开幕。大会开幕、闭幕的全体会议由主席团常务主席主持。

第七,会议一般分为五个单元进行。每一单元安排一次至数次全体会议和若干次代表团全体会议、代表小组会议。从2005年第十届第三次会议开始,会议单元的大体划分是:第一单元,会议开幕,听取和审议政府工作报告,审查国民经济和社会发展计划执行情况与计划草案的报告、审查预算执行情况与预算草案的报告。不安排全体会议听取计划报告和预算报告。第二单元,审议法律案。第三单元,听取和审议全国人大常委会工作报告、最高人民法院工作报告和最高人民检察院工作报告。第四单元，选举和决定任命。第五单元，审议拟提请大会表决的各项决议草案和法律草案的表决稿，大会表决各项决议和议案，会议闭幕。

第八，会议选举和决定任命的办法、专委会人选的表决办法、表决议案办法这三个办法各自的内容和作出决定的主体有严格的区分。自 1990 年第七届第三次会议始，每届一次会议（换届的会议）的选举和决定任命的办法由大会全体会议通过，选举和决定任命，都采用无记名投票方式；届中会议的选举和决定任命的办法也是由大会全体会议通过，选举还是采用无记名投票方式，但决定任命采用无记名按表决器方式。会场设秘密写票处。自 1990 年第七届第三次会议始，表决议案办法由主席团第一次会议通过，表决各项议案采用无记名按表决器方式。自 1993 年第八届第一次会议始，专门委员会组成人员人选的表决办法由大会全体会议通过，采用无记名按表决器方式，分别对每个专门委员会整个名单合并表决。自 1993 年第八届第一次会议始，考虑到审查计划和预算的需要，在会议的前期先产生财政经济委员会，其他专门委员会在会议的后期产生；如果该次会议有审议法律案的议程，法律委员会也在会议的前期产生。

第九，安排多场新闻采访活动。2009 年以前，全国人大常委会办公厅在当年的 2 月 4 日，也就在大会召开的一个月前通过新闻媒体宣布：欢迎中外媒体记者届时前来采访全国人大会议。从 2010 年开始提前到 2 月 1 日对外宣布，以便给记者更长的报名时间。总理记者会、大会发言人新闻发布会、外交部部长记者会是每年全国人大会议固定安排的新闻采访活动。此外，还安排多场记者会、集体采访、网络访谈、对中外记者开放的代表团组审议活动等。这是会议公开举行的重要体现。

2011 年 3 月 5 日 8 时，境外记者领取到第十一届全国人大第四次会议政府工作报告后，在人民大会堂走廊上查到关心的信息立即发新闻稿

（本书作者　摄）

全国人大会议程序的几个细节

2014 年 3 月 4 日上午，我作为工作人员在第十二届全国人大第二次会议预备会议现场。会议结束后，紧接着以全国人大会议秘书处议案组组长的身份，我又列席全国人大会议主席团第一次会议。这天上午，我再一次感受了全国人大会议严谨有序、环环相扣的程序民主。

预备会议前举行委员长会议

在 3 月 4 日上午预备会议举行前，按照《全国人民代表大会议事规则》（以下简称全国人大议事规则）的规定，第十二届全国人大常委会第二十次委员长会议举行，听取各代表团 3 月 3 日下午对主席团和秘书长名单草案、大会议程草案审议情况的汇报，决定将这两个草案分别提请于 10 时举行的预备会议选举、表决。这是全国人大常委会委员长会议为大会的召开做最后的准备工作。

预备会议上谁在主席台上就座

10 时，举行预备会议。按照全国人大议事规则的规定，会议由全国人大常委会主持。在主席台上就座的是全国人大常委会委员长会议组成人员。没有会标，主席台上的幕布落在第三排后，遮挡住后六排桌椅。由于主席团人选的大多数都在主席台下就座，代表在会场一楼装有表决器的位置上自由就座，以保证参加表决。3 月 5 日，开幕会及以后的全体会议，主席团成员在主席台上就座，其他代表按代表团顺序在排定的位置上就座。每位代表的座位在这次会议中是固定的。

每届全国人大第二次会议主席团组成上有什么变化

2013 年，第十二届全国人大第一次会议时，现在的国务院总理、副总理、国务委员以及最高人民法院院长、最高人民检察院检察长都是主席团成员。第二次会议及以后的第三次、第四次、第五次会议上，由于这些人已是“一府两院”组成人员，不再进入主席团。另外，由于一些省、区的主要领导人发生变化，相应的代表该省、区的这第二次会议的主席团成员也发生变化。

主席团第一次会议第一阶段由谁主持

全国人大议事规则规定，主席团常务主席召集并主持主席团会议，主席团第一次会议由委员长召集。10 时 33 分，主席团第一次会议开始，委员长一个人在主席台上就座，主持进行会议的第一项议程：推选主席团常务主席。常务主席推选出后，常务主席到主席台上就座，共同主持会议。接着，继续进行主席团第一次会议的其他议程。

这勾起我对 21 年前的一段回忆。1993 年 3 月 14 日上午 9 时 40 分，第七届全国人大常委会委员长万里，主持第八届全国人大第一次会议主席团第一次会议。他宣布：“根据全国人大议事规则的有关规定，我们七届全国人大常委会委员长会议组成人员参加今天的会议，就是一项任务：提出八届全国人大一次会议主席团常务主席的建议人选，请主席团会议推选。”主席团常务主席推选出后，时针指向 9 时 58 分。这时，万里说：“我的任务已经完成。我预祝八届全国人大一次会议圆满成功！现在，请常务主席主持主席团会议。我就告退了。”在人们的亲切注视下，万里缓步退出会议厅。这一经典的画面刻在了我的脑海中。

谁担任大会执行主席

本次大会召开4次全体会议，由执行主席主持。主席团第一次会议推选出的执行主席包括：全国人大常委会委员长、副委员长、秘书长，各代表团团长，全国人大各专门委员会主任委员。

上午10时55分，主席团第一次会议结束。

第十二届全国人大第二次会议主席团第三次会议现场

（新华社记者李学仁　摄）

全国人大会议主席团的一天有多忙

2014 年 3 月 12 日上午 9 时，全国政协第十二届第二次会议在北京人民大会堂举行闭幕会。会议采取按表决器方式，分别通过了关于全国政协常委会工作报告的决议和政治决议。当会议主持人宣布现在付表决，请按表决器后，表决器上按键旁的小红色指示灯立即快速闪动，提示委员表决，按键后指示灯停止闪动，表示已参加表决。会议还用鼓掌方式，通过了关于提案审查情况的报告。完成各项议程后，会议闭幕。

与往年不同，2014 年全国政协会议的新闻稿，在有关出席委员人数情况的表述上有个变化，原来的表述是“符合法定人数”，这次改为“符合规定人数”，这是准确的。这是我在 2013 年全国政协会议期间向新华社提出的建议。

政协闭幕会一结束，参加会议的全国人大常委会委员长、副委员长马上离开会议主席台，赶往全国人大常委会委员长会议室，出席第十二届全国人大第二次会议主席团常务主席第二次会议。委员长、副委员长是主席团成员、主席团常务主席。

上午 9 时 50 分，举行主席团常务主席第二次会议，听取关于各代表团审议常委会工作报告和“两院”工作报告情况及三个决议草案代拟稿、关于确认常委会接受两位委员辞职请求的决定草案代拟稿的汇报，听取关于代表提出议案处理意见的报告。会议同意将上述决议草案、决定草案和报告提请主席团第三次会议审议。

上午 10 时 30 分，在人民大会堂全国人大常委会会议厅举行主席团第三次会议。会议决定,将关于常委会工作报告和“两院”工作报告的三个决议草案和确认辞职决定草案提请各代表团审议。会议听取了关于代表提出议案处理意见的报告。报告提出,各承办议案的专门委员会要围绕实现全面深化改革的总目标、站在立法为了人民立法依靠人民的高度、着眼于推动人民代表大会制度与时俱进来审议代表提出的议案。这个内容是第一次出现在议案处理意见的报告中,这是大会议案工作的新进展。

下午,各代表团召开全体会议或代表小组会议,审议了关于政府工作报告、年度计划、年度预算、全国人大常委会工作报告、最高人民法院工作报告、最高人民检察院工作报告的六个决议草案和关于确认常委会接受王晓、陈斯喜辞去委员职务的请求的决定草案。大会秘书处汇总了审议情况,各代表团一致同意将六个决议草案和一个决定草案提请大会全体会议表决。

下午 4 时 30 分,举行主席团常务主席第三次会议。接着在下午 5 时,举行主席团第四次会议,决定将六个决议草案和一个决定草案提请明天上午 9 时举行第十二届全国人大第二次会议闭幕会表决。

在这一天中,召开了两次主席团常务主席会议、两次主席团会议,连同 3 月 8 日召开主席团常务主席第一次会议和 3 月 9 日召开的主席团第二次会议,一共召开六次会议,主席团常务主席和主席团才作出上述决定。

人大是依法按程序办事。民主就不能怕麻烦,民主需要时间。

全国人大会议 3 月 5 日开幕的由来

许多人都注意到，近年来每年的全国人大会议都是在 3 月 5 日开幕的。那么，这样安排有什么特殊意义吗？全国人大会议在 3 月召开与在 3 月以外的其他月份召开有什么区别吗？

全国人大是最高国家权力机关，每年度全国人大常委会、国务院、最高人民法院、最高人民检察院的工作安排等，包括国民经济和社会发展计划、国家的预算，都要通过全国人大召开会议予以批准。“一年之计在于春。”一年一度的全国人大会议在每年较早的时候召开对这一年国家的工作是有利的。如果召开得晚，特别是到了 11 月、12 月再召开，就谈不上批准当年国家的工作安排，基本上就是对已经做过的工作事后确认了。

我国的预算年度是自然年度，也就是每年的预算自 1 月 1 日起至 12 月 31 日止。合适的开会时间应当是预算年度开始前的某一个时间，至迟不晚于上一年的 12 月底批准下一年的国家预算，这样从 1 月 1 日起就可以开始按照全国人大批准后的预算执行。但我国预算的编制要考虑上一年预算执行情况，上一年的预算执行没有结束，汇总这一年的预算执行情况、编制新一年的预算在实际工作安排上还有困难。同时，我国是在同一次全国人大会议上，既审查批准当年的预算，又审查批准上一年预算执行情况，这就需要确定一个既有利于工作又能行得通的每年全国人大会议召开的合适时间。

这个问题很早就被注意到了。1958 年 6 月 29 日，第一届全国人大常委会第九十八次会议决定，为了便于及时制订国民经济计划和国家预算，第二届全国人大第一次会议于 1959 年 1 月召开。后来,由于 1959 年国民经济计划发展的主要指标需要根据党的八届六中全会要求进行重新编制,全国人大常委会决定,第二届全国人大第一次会议推迟到 1959 年 4 月召开。

按照宪法的规定,全国人大应每年举行一次会议。由于处在“文化大革命”时期,在 1978 年以前有一些年度全国人大没有举行会议。从 1978 年开始,全国人大严格按照宪法的规定做到了每年举行一次会议,这是我们国家政治生活正常化的一个很重要的标志。

据统计,自 1954 年 9 月 15 日,第一届全国人大第一次会议开幕,到 2016 年 3 月 5 日,第十二届全国人大第四次会议开幕,在全国人大这 63 个会议年度中,共召开了 50 次会议,其中,在 1 月开幕 1 次(以正式会议的第一天为准,下同),在 2 月开幕 2 次,在 3 月开幕 34 次,在 4 月开幕 1 次,在 5 月开幕 1 次,在 6 月开幕 4 次,在 7 月开幕 1 次,在 8 月开幕 1 次,在 9 月开幕 1 次,在 11 月开幕 3 次,在 12 月开幕 1 次。在 10 月全国人大没有举行过会议。

在 3 月开幕的 34 次会议中,从 1985 年第六届全国人大第三次会议至 2016 年第十二届全国人大第四次会议,连续 32 次(年)会议在 3 月开幕(另两次是 1960 年第二届全国人大第二次会议和 1962 年第二届全国人大第三次会议)。从 1985 年开始,全国人大会议都是在 3 月开幕的。这 32 年的实践表明,全国人大会议在 3 月开幕比较可行。

从 1985 年开始,每年全国人大会议都安排在 3 月开幕,具体开幕的日期逐步向前提,例如,1985 年是 3 月 27 日,1986 年、1987 年、1988 年连续 3 年都是 3 月 25 日,1989 年是 3 月 20 日。

经过几年的实践,根据全国人大代表的意见,1989 年 4 月 4 日,第七届全国人大第二次会议通过的《全国人民代表大会议事规则》(以下简称全国人大议事规则)规定:全国人大会议于每年第一季度举行。这从法律上将每年全国人大举行会议的时间固定了下来。

全国人大议事规则规定了每年的全国人大会议在第一季度举行,但没有规定具体在第一季度的几月几日或几月的第几个星期的星期几举行。全国人大议事规则制定第二年的 1990 年的全国人大会议与 1989 年的会议同样也是安排在 3 月 20 日开幕。虽然 1991 年的会议又比 1990 年的会议推后 5 天在 3 月 25 日开幕,但在这之后 1992 年至 1997 年连续 6 年会议开幕的日期 5 次向前提:1992 年是 3 月 20 日,1993 年是 3 月 15 日,1994 年是 3 月 10

日,1995 年首次在 3 月 5 日开幕(1961 年 12 月 25 日,全国人大常委会曾决定:第二届全国人大第三次会议于 1962 年 3 月 5 日召开,但实际上这次会议是在 1962 年 3 月 27 日召开的);1996 年,继续在 3 月 5 日开幕;1997 年提前到 3 月 1 日,这是全国人大会议从 1985 年在 3 月开幕以来,第一次在 3 月 1 日开幕。这 6 年中 5 年的全国人大会议开幕的时间每年比前一年提前 5 天(1996 年会议开幕的时间没有提前,与 1995 年全国人大会议同样都是在 3 月 5 日开幕)。

这里,要特别说明的是,在 1994 年 9 月 5 日召开的全国人大常委会秘书长办公会议上,曹志秘书长提出:"1995 年的八届全国人大三次会议可不可以比 1994 年的八届全国人大二次会议提前 10 天开幕,也就是在 3 月 1 日开幕。这要征求一下国务院的意见。"这是在前 3 年每年比上一年提前 5 天开幕的情况下,打算一次提前 10 天开幕。最后还是只提前了 5 天。总之,全国人大会议的开幕时间逐步提前,是有意识而为之的。特别是曾考虑提前的步子要大一些,一次提前 10 天。

1998 年,第九届全国人大第一次会议又改在 3 月 5 日举行,这次是换届的会议,会议召开的时间要与当年 2 月 25 日至 26 日召开的党的十五届二中全会相衔接,也就是中央全会提出国家机构领导人选建议后,尽快召开全国人大会议进行选举和任命。此后,每年全国人大会议都在 3 月 5 日开幕。

这样,从 1954 年第一届全国人大第一次会议召开到 1998 年第九届全国人大第一次会议召开,经历 45 年、32 次会议之后,全国人大会议开始相对固定安排在每年的 3 月 5 日开幕。从 1998 年算起至 2016 年,全国人大会议已连续 19 年在 3 月 5 日开幕(如果包括 1995 年、1996 年两年,全国人大会议有 21 年是在 3 月 5 日开幕的)。虽然每年全国人大会议在 3 月 5 日开幕并没有法律规定,但已成为了惯例,这有利于作为最高国家权力机关的全国人大依照宪法规定行使职权,及早对当年国家各方面的重要工作作出安排,也有利于中央各机关、省级机关等有关方面统筹安排自己的工作,集中精力参加全国人大会议。这是个不小的进步,是我国政治文明的一个体现。

另外,自 1954 ~2016 年,农历的正月初一是在公历的 1 月 21 日至 2 月 20 日之间。春节是法定休假日,为了错开春节休假时间,全国人大会议召开的时间相对固定在 3 月是很自然的。

全国人大常委会会议厅

（档案图片资料）

全国人大常委会的三次表决

我在全国人大机关工作的30年中，对全国人大常委会会议的几次表决记忆深刻。这既是因为我见证了中国民主制度的运作，也是因为我一直在思考人大的表决制度问题。

无论是在全国人大机关工作，还是在地方人大机关工作，大家都非常熟悉和常说的一句话是："人大依法、按程序、通过会议、集体行使职权"，而行使职权的最终表现形式就是"表决"，按照少数服从多数的原则作出决定。

在几次全国人大换届后，我都看到这样一种情况：一些从国务院领导岗位转到全国人大常委会工作的领导同志，他们在上任之初会表达这样的感觉：第一，全国人大与国务院的工作方式不同，人大会议的主持词的格式和用语是固定的，主持人不在这个主持词上"自由发挥"。比如，全国人大常委会表决法律案，主持词的固定格式和用语一般是："现在进行第×项议程，表决《中华人民共和国××法(草案)》。××法草案表决稿已经印发，现在付表决，请按表决器。(表决结束后)现在请工作人员宣读表决结果。(宣读完毕)通过。"第二，全国人大常委会委员长与副委员长、秘书长、委员享有平等的表决权，一人一票，全国人大常委会委员长个人不决定问题。第六届全国人大常委会委员长彭真说过，包括委员长在内，无论哪个法律和议案，都不是个人说了就可以决定的。人大工作的这个特点通常被概括为：集体有权，个人无权。这与政府首长的最后决定权是不同的。

全国人大及其常委会的表决有多种方式：默示表决，比如，每次通过常委会会议的议程，主持人询问是否对议程草案有意见，常委会组成人员不作声，即表示赞成；按表决器表决，比如，每次常委会闭幕会通过各项议案；投票表决，比如，换届时决定国务院组成人员。

根据宪法和有关法律的规定，全国人大是以全体代表、全国人大常委会是以全体组成人员作为计票基数。表决计票方式分为两种：一是宪法的修改以全体代表的2/3以上的多数赞成为通过，延长全国人民代表大会任期的议案以常委会全体组成人员的2/3以上的多数赞成为通过；二是其他所有议案，以全体代表或常委会全体组成人员的过半数赞成为通过。另外，全国人大会议始得举行的法定人数是全体代表的2/3以上出席，全国人大常委会会议始得举行的法定人数是全体组成人员的过半数出席。

这里，我回顾一下印象深刻的三次表决。

第一次，1988年7月1日，第七届全国人大常委会第二次会议表决全国人大外事委员会的一位顾问人选。常委会组成人员有155人，出席129人。表决结果是：73票赞成，4票反对，48票弃权，有4人未按表决器。赞成票没有超过155人的半数。这是我到全国人大机关工作后第一次遇到的表决未获通过的情况，这颠覆了我以前形成的思维定式：所有的表决都不言而喻地会顺利通过。

第二次，1989年10月31日，第七届全国人大常委会第十次会议在表决城市居民委员会组织法草案前，有的委员对草案第四条第二款“居民委员会可以兴办便民利民的生产生活服务事业”的规定有不同意见，建议删去这一款中的“生产”2字。鉴于这种情况，会议就是否删去“生产”2字进行了表决。常委会组成人员实有150人，119人出席会议。表决结果是：65票赞成，0票反对，6票弃权，48人未按表决器，这一表决未获通过。这可以说是全国人大常委会历史上对法律草案单独一个条款的一次表决，是个尝试，也需要加以总结。两个月后的12月26日，第七届全国人大常委会第十一次会议再次审议了城市居民委员会组织法草案，修改后的草案规定：“居民委员会应当开展便民利民的社区服务活动，可以兴办有关的服务事业”，删去了“生产生活”4个字。常委会组成人员实有150人，116人出席会议。表决结果是：113票赞成，0票反对，1票弃权，2人未按表决器，通过了《城市居民委员会组织法》。

第三次，1999年4月29日，第九届全国人大常委会第九次会议表决关于修改公路法的决定草案。表决结果是：赞成77票，反对6票，弃权42票，有29人未按表决器，尽管赞成票数已经超过出席会议人数125人的半数，但是，由于没有超过实有常委会组成人员154人的半数，这项决定草案未获得通过。第二天，《人民日报》报道，有的委员在会后表示，一票之差，说明了委员们认真负责的工作态度，也说明公路法修正案草案还需要作出进一步修改完善。

时光流逝。这些表决距离今天，短的已经17年，长的已达28年，但当时会议对表决结果的确认、有的委员在会后表达的看法等现场情况都清晰地印在我的脑海里，特别是后来来自我的家乡吉林省延边州的全国人大常委会委员吴长淑因事请假未出席当次会议，而关于修改公路法的决定草案因一票之差未能通过所表达的情感。他说，如果他参加会议他会投赞成票，这个决定就通过。这些是我见证的全国人大及其常委会数百次表决中记忆深刻的几次。我以为，全国人大和全国人大常委会表决每一项议案，无论是通过还是没有通过，都是人民当家作主、人民管理国家的具体体现。

在这里，我披露一个与全国人大常委会表决相关的新闻报道上细节变化。在相当长的时间里，全国人大常委会会议新闻稿有关出席、列席会议人员情况的表述是：委员长主持会议，副委员长出席会议；国务院、最高人民法院、最高人民检察院负责人，全国人大各专门委员会成员，各省（区、市）人大常委会负责人，部分全国人大代表等列席会议。这里唯独没有说明有多少全国人大常委会委员出席会议，而这恰恰与会议的举行是否合法、对会议表决结果的认定都有着直接的关系。从2010年10月第十一届全国人大常委会第十七次会议开始，会议新闻稿增加了“常委会组成人员出席会议人数”这一新闻要素。这算是我在担任全国人大常委会办公厅新闻局局长后期补上的以往会议新闻稿中的一个不足。

延伸阅读

对全国人大及其常委会表决计票制度的一些思考

表决是人大及其常委会决定问题的关键环节，具有最后抉择的作用，敲一锤而定音。表决，就其本身而言，它是民主的，因为它采取少数服从多数的原则，以多数人的意志为转移，按照多数人的意志办事。表决作为民主的必经程序，同时应该是科学的。科学的表决计票制度，有利于发扬民主，准确地反映表决人的意志，这样才会有完整意义上的民主、科学的决策。

一般来说，少数服从多数的原则有两种实现形式，即相对多数制和绝对多数制。相对多数制又称比较多数制、简单多数制，它只要求一点，持哪种态度的人多就按哪种人的意见办，即使只多一票也可以。绝对多数制除了要求是多数外，同时还要求这个多数要达到一定基数的一定比率，比如，全体组成人员或参加表决人员的1/2以上，2/3以上，等等，这个比率都需要在50%以上，所以称之为绝对多数制。显然这两者的结果会大相径庭。绝对多数制又分为应到基数制和实到基数制。应到基数制是以全体组成人员的人数作为计票的基数；实到基数制是以实际到会参加表决的人数作为计票的基数。实到基数制又可细分为三类：按实到人数、按有效票数（将废票和虽然出席会议但不参加投票的除外）、按赞成票与反对票之和（将弃权票、废票和虽然出席会议但不参加投票的除外）作为基数。

全国人大及其常委会现行的表决计票制度

根据宪法和有关法律的规定，全国人大及其常委会都是以全体代表或常委会全体组成人员作为计票基数。表决计票方式分为两种：一是宪法的修改以全体代表的2/3以上的多数赞成为通过，延长全国人民代表大会任期的议案以常委会全体组成人员的2/3以上的多数赞成为通过；二是其他所有议案，以全体代表或常委会全体组成人员的过半数赞成为通过。全国人大会议始得举行的法定人数是全体代表的2/3以上，全国人大常委会会议始得举行的法定人数是全体组成人员的过半数。

全国人大及其常委会的现行表决制度，对保证表决的顺利进行，具有重要作用。但在实际操作过程中，也看出一些问题：

首先,《全国人民代表大会常务委员会议事规则》把出席会议的法定人数规定为全体组成人员的过半数,这从我国的实际情况来看,标准似有些偏低。我们知道,由于现行的有关法律没有专门的条款规定对无正当理由不参加会议的组成人员采取必要的惩戒措施,这就无法从根本上约束组成人员参加会议。全国人大常委会组成人员虽不担任行政、审判、检察机关的职务,但他们中有相当一部分人仍担任其他一些职务,并没有将主要精力放到人大工作上。此外,还由于有些组成人员的身体原因,使常委会每次举行会议时,都有一些人缺席。从第六届全国人大常委会以来的情况看,少则一二十人缺席,多则三四十人缺席,最多时有过六十人缺席。在这种情况下进行表决,往往使表决结果难以全面、准确地体现大多数人的意愿。

其次,按照法律规定,以全国人大全体代表或者常委会全体组成人员的过半数作为计票基数,容易造成表决结果的"失真",甚至可以导致某项议案在反对票很少或者根本没有反对票的情况下被否决。例如,前文所述的第七届全国人大常委会第二次会议在表决任命全国人大外事委员会的一位顾问时,由于缺席的、未按表决器的和弃权的多达 78 人,在只有 4 票反对的情况下,这项任命案未获通过。再如,前文所述,1999 年 4 月,第九届全国人大常委会第九次会议表决修改公路法的决定草案,由于缺席的和弃权的多达 71 人,这一法律草案在仅有 6 票反对的情况下,以 1 票之差未获通过。这个问题应引起重视。

再次,以全体组成人员作为计票基数,实际上是把未出席会议、出席会议但未参加表决以及弃权这三种情况,同反对票同等对待。从法理的角度来说,前三者同后者有着本质区别。未出席会议和虽然出席会议但未参加表决是对表决权的一种放弃,既然是放弃表决权,也就不应该对表决结果产生实质性影响。而我们现在的做法,实际上是把这两种情况作为影响议案通过的阻碍性因素。也就是说,它和反对票的作用是相同的,这显然不尽合理。而弃权所表明的是投票者对表决事项所持的一种既不赞成也不反对的中立态度。有的学者认为,弃权有多方面的原因:(1)投票者对所要表决的事项持一种冷淡态度,对要表决的事项漠不关心,认为与己无关。(2)投票者对所要表决的事项缺乏了解或一无所知,因而无从表达赞成或反对的意见。(3)当投票者只能在表决的对象中作出肯定性的选择(赞成),而他又对所有的对象都不满意时,所采取的一种应付的办法。(4)投票者对组织者或表决程序不满以至反感，通过弃权来表达自己的对抗心理和抵触情绪。这种弃权往往和表决对象本身无关。(5)投票者不愿意流露出自己的真实意图和选择，而采取的一种规避手段。(6)当两种意见针锋相对、势均力敌，投票者的赞成或反对意见直接决定表决结果时，投票者通过弃权来保持善意的中立。(7)当投票者面临两难选择时，不得已而采取的一种回避选择的手段。正因为如此，把弃权简单地同反对归为一类，不尽合理。

外国议会的表决计票制度

外国议会的表决计票制度主要有四种模式：

第一，以出席会议的议员为计票基数，不论其是否参加表决。许多国家议会在表决普通议案时都采用这种计票制度，以过半数或相对多数通过。甚至有的国家议会对一些重要议案也以出席会议议员为计票基数。例如，阿根廷弹劾总统以出席会议议员的2/3多数通过，奥地利投不信任票和弹劾政府成员以出席会议议员过半数通过，等等。

第二，以出席会议并参加投票的议员为计票基数，出席会议但不参加投票的不计算在内（有的国家把弃权作为不参加投票处理）。这类国家也不少，例如，芬兰议会通过普通议案，爱尔兰议会通过普通议案、选举案、批准人事任命案、议会程序的改变，比利时议会通过选举案，等等，都以出席并参加投票的议员为基数，以过半数或相对多数通过议案。

第三，以法定议员或实有议员数为计票基数，而不问其是否出席会议或参加表决。在表决普通议案时采用这种计票方法的国家很少，但对特殊重要的议案采用此种计票方法的国家却很多。宪法修正案一般都以全体议员为计票基数，并且要求特别多数通过。对其他一些重要议案也有采用这一办法的，例如，德国议会通过选举案、不信任案和弹劾案，法国国民议会通过不信任案、弹劾案，意大利议会选举两院议长的头两轮投票、弹劾案和现行法令的修正案，古巴全国人民政权代表大会的批准任命案，塞浦路斯众议院对总统的弹劾和涉及议会程序变化的议案（如举行秘密会议），等等，都以全体议员为计票基数。这是一种较为严格的计票制度。

第四，以赞成与反对的票数之比来确定表决结果，只要赞成票比反对票多，议案就获通过；否则，议案就被否决。这种方式实际上是把未出席会议、出席会议未参加表决以及弃权排除在计票基数之外。极少数国家议会及美国的州议会采取这种计票办法，联合国教科文组织也采取这种计票办法。为了防止少数票就能决定议案是否通过，在这类计票办法中一般要规定通过议案的最低法定票数，通常是全体议员的1/3或1/4。

基于以上，可以得出这样的结论：就普通议案而言，绝大多数国家采用以出席会议的议员或参加投票的议员为计票基数的方法；就重要议案而言，一些国家采用以全体成员为计票基数的方法。

据资料统计，世界上多数国家的议会把开会的法定人数确定为1/2，即过半数。那么，采用以出席会议的议员或参加投票的议员为计票基数的方法，会不会因为参加会议或者表决的人数太少，而使表决结果"失真"？这种情况一般不会出现，这是因为在许多国家的议会有一套完整的机制约束议员出席会议：(1)政党的竞争。在国外，议会是政党竞争的舞台，谁也不会轻易放弃这个舞台。再说，不少国家有议会党团协调投票或有党团纪律约束。(2)议员直接选举，议会活动公开，这样议员是否出席会议和投不投票，都处在选民和社会舆论的监督下，有不少国家议会对缺席议员要公开挂牌。(3)议会纪律约束，不少国家议会纪律规定，议员不得无故缺席，否则要受到纪律处分。还有不少国家规定了议员有投票的义务。必要时对议员实行强制投票。以上这些措施保证议员出席会议，即使有的议员偶尔不参加会议，但不敢不参加投票。既然议员的出席率和投票率都较高，为什么还对议员出席会议的法定人数和计票基数规定得较低呢？主要是因为一些国家实行两党制或多党制，有时执政党和反对党在议会的力量十分接近，若对出席会议和通过议案的基数规定得太高，就容易导致反对党议员稍加抵制，就开不成会议或通不过议案的状况。采取"两个过半数"（有半数以上议员出席召开会议就合法，出席会议的议员过半数赞成议案就通过）或相对多数的计票方法，可保证在突发情况下，议会多数党也能开会和通过议案，从而保证议会正常运转。

完善我国现行的表决计票制度的考虑

根据我们国家目前的实际情况，借鉴国外的一些有益的做法，对我国现行的表决计票制度及相关的一些制度进行必要的调整，有利于充分发扬民主，提高议事效率和质量，规范议事程序。

第一，在《全国人民代表大会常务委员会议事规则》或《全国人民代表大会常务委员会组成人员守则》中明确规定，除因病或人大工作特殊需要，全国人大常委会组成人员连续若干次不参加会议，应终止其常委会组成人员的资格。这样，就以法律的形式明确了参加会议是常委会组成人员的一项义务，任何人不履行这项义务，都要受到惩戒。采取这种做法，有利于提高到会率。需要指出的是，所谓参加会议，是指自始至终地参加大会全体会议审议、分组会议讨论以及对各项议案的表决，而不是仅仅是签到。

第二，在表决普通议案时，如法律案，采取以出席会议的人数为计票基数的办法，即全国人民代表大会全体会议表决普通议案，由出席会议的代表的过半数赞成通过；全国人大常委会表决普通议案，由出席会议的常委会组成人员的过半数赞成通过。采取以上做法，比较符合我国的实际，有利于体现民主原则，效率原则，真实原则。至于为什么不采取以参加投票的人数为计票基数的办法呢？主要是考虑到出席会议但未参加投票的人很少，并且这部分人往往把不参加表决视为弃权。所以，以参加投票的人数为计票基数和以出席会议的人数为计票差别不大，而后者更合理一些。

第三，在表决重要议案时，采取以全体成员为计票基数的办法。重要议案包括：(1)宪法修正案；(2)重大事项决定案，例如，决定兴建三峡工程，通过国民经济和社会发展远景规划纲要，宣布战争状态等；(3)重大人事任免案，指国家主要领导人员的任免；(4)有关监督方面的议案等。宪法的修改以全体代表的2/3赞成为通过，其他重要议案以全体代表或全国人大常委会组成人员的过半数赞成为通过。此外，在采取这种计票办法时，为了防止缺席人数太多，而致使表决结果“失真”，作为一种必要的补充，应规定表决重要议案时，缺席的达到一定人数，则对该议案暂缓表决。

第四，规定弃权票达到一定数量，某项议案暂缓表决。弃权是投票者所表明的一种中立态度，虽然它既不是赞成，也不是反对，但弃权票过多，使表决结果难以反映投票者的真实意愿，也说明议案本身可能不够成熟。在这种情况下，通过或者否决某项议案，都不尽合理。所以，弃权票达到一定数量，应规定由会议主持人宣布表决结果无效，待将议案作修改后，择日另行表决。

（本文系与汪铁民合作）

乡镇人代会如何由每月一次演变为每年一次

在人大的历史发展中,60多年来,乡镇人大每年举行会议的次数逐渐减少,这对乡镇人大作用的发挥是有些影响的。那么,为什么1979年修改的《地方各代人民代表大会和地方各级人民政府组织法》(以下简称地方组织法)规定乡镇人大每年举行1次会议就可以了呢?乡镇人大会议次数逐渐减少经历了怎样一个过程?

人民代表会议组织的规范化

新中国成立初期,我国的行政区划大体上分为六级:省、市、大城市的区、县、县设的区、乡(行政村)。除这六级外,还有大行政区,1954年撤销了大行政区。

按照《中国人民政治协商会议共同纲领》的规定,在普选的地方人民代表大会召开之前,由地方各界人民代表会议逐步地代行人民代表大会的职权。大行政区不设各界人民代表会议。1949年12月,中央人民政府委员会制定了《省各界人民代表会议组织通则》《市各界人民代表会议组织通则》《县各界人民代表会议组织通则》,从1950年11月到12月政务院又先后制定了《大城市区各界人民代表会议组织通则》《区各界人民代表会议组织通则》《乡(行政村)人民代表会议组织通则》,对地方各级人民代表会议的组织问题分别作出了规定。这对于新中国地方政权的规范化、制度化建设起了重要作用。

在中央人民政府委员会通过省、市、县三个各界人民代表会议组织通则后，毛泽东指出，颁布这三个组织通则很重要，这些通则就是目前适合的通用的法律，各地方人民政府虽然可以按照具体情况有所增益，但是已规定的必须无例外地执行。

组织通则对举行人民代表会议次数的要求

这些组织通则有关举行会议的规定有三种情况：

第一种情况是，省各界人民代表会议每届任期两年，每年举行 1 次会议。省各界人民代表会议设立的协商委员会（大体上相当于现在的人大常委会），每 3 个月举行 1 次会议。

第二种情况是，市、大城市区、县、县辖区这 4 级各界人民代表会议都是每届任期 1 年、每 3 个月举行 1 次会议。有关协商委员会的规定，又具体分为四种情况：一是市各界人民代表会议设立的协商委员会，每月举行 1 次会议；二是大城市区各界人民代表会议也设立协商委员会，但对它每年举行会议的次数没有作规定；三是县各界人民代表会议设常务委员会（不称为协商委员会），没有规定它每年举行会议的次数；四是县辖区的各界人民代表会议不设常驻机关。

第三种情况是，乡（行政村）人民代表会议每届任期 1 年，每月举行 1 次会议，不设常驻机关。

综合以上，有两个特点：第一，任期短，省级人民代表会议的任期为 2 年，其他 5 级人民代表会议的任期都是 1 年；第二，召开会议的频度高，例如，规定乡级人民代表会议每年召开 12 次；市级各界人民代表会议每年召开 4 次，还要召开 12 次协商委员会会议。

1951 年 4 月，政务院发布的《关于人民民主政权建设工作的指示》明确要求，各级人民政府必须依照各级人民代表会议组织通则，按期召开人民代表会议，其中大城市每年至少须开会 3 次，县至少召开 2 次。此外，为了解决某一个专门的问题，并应召开简短的临时会议。

从总体上来看，政务院的这个指示是督促各地按期举行人民代表会议，以便很好地发挥人民代表会议的作用。同时，我们也看到，这个指示把人民代表会议组织通则关于市、县两级人民代表会议每年举行 4 次的规定，修改为市可以举行3次、县可以举行2次,降低了要求。

从1949~1954年,还有不少地方对举行人民代表会议不够重视。1954年9月,在第一届全国人大第一次会议上,董必武代表在发言中对有些地方借口工作忙,不按规定举行人民代表会议的现象进行了批评。他说,在我们人民民主国家中,任何不重视人民民主权利、违反人民民主制度的现象都是不能容许的。

需要着重指出的是,这一时期,没有降低对乡人民代表会议召开次数的要求,每月须召开1次会议,每年召开12次。

地方人大举行会议次数的初次确定

1954年9月,第一届全国人大第一次会议的召开,标志着地方各级人民代表会议已由地方各级人民代表大会代替。这次会议通过的宪法规定,省人大每届任期4年,直辖市、县、市、市辖区、乡镇人大每届任期2年。《地方各级人民代表大会和地方各级人民委员会组织法》规定,省、直辖市、县、市、市辖区的人大会议每年举行2次,交通不便的省可以每年举行1次;乡镇的人大会议每3个月举行1次、每年举行4次。

与《县各界人民代表会议组织通则》的规定相比较,1954年制定的《地方各级人民代表大会和地方各级人民委员会组织法》降低了对人大每年举行会议次数的要求。需要特别指出的是,这一时期地方各级人大均不设常委会,那就谈不上举行人大常委会会议了。

在实践中,《地方各级人民代表大会和地方各级人民委员会组织法》规定的省、直辖市人大每年举行2次会议的规定没有得到严格执行。1957年11月,全国人大常委会作出决定,省、直辖市人大会议可以每年举行1次。按照这个决定,省、直辖市人大会议每年减少了1次。对此,国务院总理周恩来解释说,最近2年,不少省反映,由于人大会议的一些议题具有年度性质,有的一经规划就按计划执行,很难在半年时间内找出一个明显反映全面结果的段落作为议程、提到人大会议上讨论和决定。又由于多数省的区域辽阔,代表参加会议旅途较长,费时较久,加上很多代表是下一级党委、政府的负责人,有些是各个生产战线上的工作骨干,到省开会次数多了,会使他们完成所担负的任务受到一定的影响。

虽有上述变化，但乡镇的人大会议每3个月举行1次、每年共举行4次的要求没有变化。

加强乡镇人大工作的路径选择

1979年7月以来，地方组织法虽几经修改，但省级、设区的市级、县级、乡级人大会议统一规定为每年至少举行1次，这一规定没有作过修改。

对这一规定有两点应予注意，第一，会议每年"至少"举行1次，不是每年"只能"1次，举行"1次"是最低要求，没有限制多次举行会议。第二，1979年下半年以来，省、设区的市、县这3级人大设立了常委会，法律要求常委会会议每两个月至少举行1次。这3级人大由于设立了常委会，每年举行1次人大会议，可以说还不影响人大作用的发挥，不影响国家机关的正常运转。

根据1979年修改的地方组织法，乡镇人大不设常委会，地方组织法的本义是乡镇人大应适当多举行会议，把每年举行1次会议作为最低要求，这是下限不是上限。

据近年粗略统计，在全国3万多个乡镇人大中，1年举行1次会议的约占91.9%，1年举行2次及2次以上会议的约占7.2%，1年内没有举行会议的约占0.9%。可以看出，近92%的乡镇人大每年只举行1次会议。这虽然做到了不违法，但只是简单地守住了"下限"，这不是法律规定的本义。据了解，有一些乡镇人大1年只开1次会议，会期还是短短的半天，没有深入审议报告或根本就没安排审议。有人把这种情况戏称为"吃馒头（午饭）、举拳头（举手表决）"。会期短、审议不深入，容易使人大会议流于形式。这反映出一些领导干部只满足于不违法的"底线思维"，对如何发挥人大作用考虑不够。这提示我们，今后制定修改法律时，尽量不作"至少"性的规定，作"多少"的具体的、明确的规定。

据记载，1954年8月，北京市举行第一届人大第一次会议，原定会期5天。在会议上，代表们讨论热烈。毛泽东了解到这一情况后，建议延长会期，使所有代表把意见讲完、讲充分。这样，会期延长了两天。彭真在这次会议上说："民主是要时间的。如果是市长'专政'，根本不要这样长的时间。""民主不是形式，是实质问题。代表们讲话的作用很大，我们看不出的缺点，代表们看出来了。这是动力。"这清楚地告诉我们，开好人大会议十分重要。

从以上可以看到,60 多年来,乡镇人大举行会议的次数逐渐减少。在事实上,先是由每年举行 12 次会议减少到每年举行 4 次会议,再减少到每年举行 1 次会议。

乡镇人大离人民群众最近,基层群众是通过乡镇人大的工作来直接了解、认识人民代表大会制度和实现自己当家作主政治权利的。加强乡镇人大工作和人大建设,既是坚持人民代表大会制度的具体体现,也是发挥乡镇人大作用的现实需要。具体路径可以考虑这样三个方面:第一,适当增加举行会议的次数、天数;第二,加强组织和工作能力建设;第三,在法律上确认主席团在人代会闭会期间的活动,使其规范化、制度化、法律化。

本书作者的全国人大会议工作证件

（毕楠　摄）

我的 30 张全国人大会议工作证

我一直珍藏着我的 30 张全国人大会议工作证。我和我的这些证件，见证了这些年发生在全国人大会议上的国家重大事件，见证了国家的发展，见证了我国民主法治的进步。

1987 年，第六届全国人大第五次会议工作证是横式纸质的，长 85 毫米，宽 55 毫米。工作证上的信息有：会议的届次、工作组别、姓名、序号和 1 寸黑白照片。工作组别和姓名是人工用钢笔书写的，照片是贴上的，塑封。这是我的第一张全国人大会议工作证。

那一年全国人大会议在审议村民委员会组织条例草案过程中，讨论十分热烈，焦点是乡镇政府与村委会的关系应该是领导与被领导的关系，还是乡镇政府指导村委会的工作、村委会协助政府工作的关系。鉴于意见分歧大，大会没有表决这部法律草案，而是作出决定，授权全国人大常委会根据宪法的原则，参照大会审议意见，进一步调查研究，总结经验，审议修改后颁布村民委员会组织法（试行）。1987 年 11 月，全国人大常委会通过了这部法律，它在我国基层民主政治建设中具有重要的地位和作用。

那一年，我在大会秘书处简报组，简报组多在夜间工作，会议前两天都是在后半夜 3 点多钟回宿舍休息，头昏沉沉的。大会结束后补休，不少同事都大睡两天。

1988 年，第七届全国人大第一次会议工作人员证件与上一年几乎一样。我的证件从当初的蓝色换成了绿色。我对这次会议的三件事情记忆深刻。

第一，首次对 1982 年《宪法》进行了修改，规定：国家允许私营经济在法律规定的范围内存在和发展，私营经济是社会主义公有制经济的补充；土地的使用权可以依照法律的规定转让。这是我国经济体制改革的重大举措，意义深远。同时，确立了此后都以修正案的形式修改宪法的模式。1993 年、1999 年、2004 年 3 次对宪法进行修改。现在，4 个宪法修正案共有 31 条。

第二，首次差额选举全国人大常委会委员。选出 135 人，提名 144 人，差额 9 人。公布票数以得票多少为序。4 月 8 日，选举那天，我们在主席台工作区，我快速记录着大会播音工作人员宣读每位人选得票情况。宣读完 135 人时，我们意识到后面的人落选了。差额选举在得票上有上有下，极为正常，这就是民主。一位副委员长说，9 位委员人选尽管落选了，但在 10 多亿人中能够被提名已是很光荣了。此后，第八届、第九届、第十届、第十一届、第十二届的全国人大常委会委员都是差额选举产生的。

第三，增设内务司法委员会。这是 1982 年《宪法》通过后，全国人大设立的第七个专门委员会，由此形成了全国人大第六届 6 个专门委员会、第七届 7 个、第八届 8 个、第九届 9 个的设置专门委员会的格局，这有力地加强了全国人大的组织建设。

1990 年，第七届全国人大第三次会议首次使用电子表决器。这比起举手表决，既提高了工作效率，更重要的是能够对赞成、反对、弃权的投票情况进行精确统计。

2006 年，第十届全国人大第四次会议秘书处工作人员的证件早已改为竖式，材质改用环保 PVC，长 100 毫米，宽 67 毫米，工作组别和姓名都是机器打印的，用 1 寸彩色照片。证件上的信息增加了“北京 2006”字样。采用计算机管理大会证件。从这次全国人大会议开始，我连续 6 年在新闻报道组工作。我们人大新闻组工作人员同时配发政协新闻组工作证，有了“双证”，真是方便了工作。我 5 次与大会发言人和外交部新闻司司长一起在主席台上服务总理记者会。在全国人大会议新闻报道组工作 6 年，有许多难忘的故事。

近几年的大会证件改用电子照片，内置有记载持证人有关信息的芯片，可以远距离验证，便于快速通过安检门。另外，还加贴了防伪标识。30 年全国人大会议工作证件，记录着我国经济技术的发展和进步。

我的 30 张工作证件分别是：简报组 12 张，秘书组 7 张，新闻报道组 6 张，法工委 1 张，议案组 2 张，法案组 2 张。

如果问我：“这些年时间都去哪儿了？”“我 1986 年到全国人大机关工作，到现在已经 30 年。这 30 年的时间都用在服务全国人大会议、服务代表依法履职上了，太有意义了。”我会这样回答。

“全国人大常委会0001”号证件

在2015年的全国“两会”上，我有3个证件：第一个是全国政协委员的会议出席证；第二个是全国人大会议的列席证；第三个是全国人大会议秘书处议案组的工作证。

在全国13.6亿人口中，第十二届全国政协委员只有2227人，我作为其中的一员，深知自己的责任；我是全国人大常委会法制工作委员会副主任，2月27日，第十二届全国人大常委会第十三次会议通过的第十二届全国人大第三次会议列席人员名单中，我的名字在其中，我的全国人大会议列席证号为“全国人大常委会0001”；全国人大会议秘书处制发的议案组工作证，赋予我在人民大会堂内全部的通行权限：可以通行大礼堂主席台区、一楼、二楼和三楼，这是要求我尽到一名全国人大会议工作人员的职责。

会议开始后，我按照事先根据两个会议日程排出的工作安排表，奔波在人民大会堂、北京国际饭店社科界政协委员驻地、全国人大机关办公楼和全国政协礼堂之间，调配好时间，尽最大可能参加全部工作。

3月4日上午，因参加全国人大会议预备会议和列席全国人大会议主席团第一次会议，我请假没有参加政协小组讨论会议。9日下午，出席全国人大会议新闻中心安排的人大立法工作专场记者会，回答记者提问（回答的内容见延伸阅读），我请假没有出席政协的第二次全体会议。晚上，我补了课，阅读大会当天的全部发言材料。我是政协提案委员会委员，11日上午，政协小组会议我请假提前离会，赶往全国政协礼堂三楼大厅，参加上午10时开始的提案委员会全体会议，审议提案委员会关于政协第十二届第三次会议提案审查情况的报告草案。在 11 日下午，政协第四次全体会议即将结束时，我赶赴全国人大会议主席团常务主席第一次会议现场。

在出席 3 月 9 日下午记者会前一天的晚上，我仔细阅读学习了张德江委员长所作的全国人大常委会工作报告，在网上查阅了《人民日报》关于 1954 年 9 月 15 日第一届全国人大第一次会议开幕会的相关报道，核实了 1990 年参加全国人大常委会总结人大工作从 1949 年以来 40 年经验的工作笔记，为出席记者会、回答记者提问做比较充分的准备。对各项工作我不敢有丝毫的怠慢，要求自己不能出任何差错。

我担任过全国人大常委会办公厅新闻局局长，与记者打交道多，非常理解、体谅记者，他们太不容易了。在政协小组会议期间，不断有记者采访我。我尽量满足，配合他们做好“两会”报道。

本书作者在 2015 年全国“两会”上的 3 个证件

（《法制日报》记者王建军　摄）

延伸阅读

在第十二届全国人大第三次会议记者会上回答记者提问

（2015 年 3 月 9 日下午 · 全国人大会议新闻中心）

开场白

阚珂：各位记者朋友，大家下午好！时间过得真快，去年（2014 年）的今天，我和我的同事袁杰女士来到这里出席记者会，回答大家的问题。去年（2014 年）和今年（2015 年）两次有关人大立法工作的记者会都安排在 3 月 9 日同一天，也都是安排在张德江委员长作常委会工作报告之后。现在人大会议的各项议程正按计划有序地进行。这些说明全国人大的会议制度越来越完善，全国人大的工作安排越来越规范，这是民主的制度化。

全国人大依法通过会议行使职权。大家知道，每年全国人民代表大会都在 3 月 5 日开幕，对当年的工作乃至今后五年的工作作出安排，今年（2015 年）还审议立法法修正案草案，这是我国人民自己管理国家的具体体现，也是人民当家作主的具体体现。

去年（2014 年）在这个场合，我讲了一句话：2014 年，全国人大常委会的立法工作将继续朝着精细化的方向发展。《法制日报》的记者非常敏感，捕捉到了这句话，在他们第二天的报道上把它作了标题。昨天张德江委员长在作常委会工作报告时明确指出，要增强立法针对性，推进立法精细化，不断提高立法工作水平。这是对立法工作的要求，也是立法工作的一个新常态。

在昨天全国人大的全体会议上，李建国副委员长作了立法法修正案草案的说明。修改立法法具有重要的现实意义和长远意义。

意未尽，言已多。下面，请大家就立法法的修改和人大的立法工作问题提问，我和我的同事愿意回答大家的问题。

立法工作面临新任务

中国国际广播电台和国际在线记者：我是中国国际广播电台和国际在线的记者。我想问一下，2015 年是贯彻落实党的十八届四中全会全面推进依法治国基本方略的开局之年，也是贯彻落实党的十八届三中全会各项重要举措的关键一年,依法治国和依法行政都需要有法律的支撑,那么与各界的期待相比,中国的法治建设还存在哪些方面的不足?在立法工作方面,全国人大常委会有哪些安排和部署?将重点考虑哪些法律的修改和制定呢?

阚珂:张德江委员长在作常委会工作报告时指出,常委会的工作还存在一些差距和不足:有的法律解决实际问题的有效性不足,可操作性不强。我想这就是这一届常委会对过去一年工作在立法上存在的不足查找到的一个问题。在新的一年里,全国人大常委会将在各个方面推进立法工作。

第一,立法要适应改革的需要,要坚持立法先行,实现立法和改革决策相衔接,做到重大改革于法有据,发挥立法的引领和推动作用,改革举措涉及法律立改废的,要及时启动立法程序。具体来讲,实践证明行之有效的要及时上升为法律;立法条件还不成熟的,需要先行先试的,要按照法律规定的程序作出授权;对不适应改革要求的法律,要及时修改和废除。这是新的一年立法工作努力的一个方向和要完成的重要任务。

第二,2015 年,全国人大常委会有以下重要立法任务:一是完善社会主义市场经济法律制度。要修改《证券法》《促进科技成果转化法》《种子法》《农村土地承包法》《广告法》等,还要抓紧研究启动民法典的编纂工作。这也是大家非常关注的一件重大事情。二是健全民主政治方面的立法。修改《全国人民代表大会和地方各级人民代表大会选举法》《地方各级人民代表大会和地方各级人民政府组织法》《全国人民代表大会和地方各级人民代表大会代表法》,通过这些法律的修改,加强地方人大特别是县乡人大的工作和县乡人大建设。还要修改《行政复议法》,推进反腐败国家立法,研究修订《行政监察法》。三是推进社会领域的立法。制定《社区矫正法》《反家庭暴力法》《中医药法》《慈善事业法》,修改《食品安全法》《红十字会法》,还要通过刑法修正案(九)。四是加强文化、教育、生态领域的立法。要制定《公共文化服务保障法》《国家勋章和国家荣誉称号法》,修改《大气污染防治法》,还要修改有关教育方面的几部法律。五是推进国家安全法治建设。制定《国家安全法》《反恐怖主义法》《境外非政府组织管理法》《网络安全法》等。

第三,2015 年,全国人大常委会的立法工作与 2014 年比较,主要有以下三个特点:一是新的一年初次审议的和过去已经审议了还要继续审议的法律案总的数量比 2014 年多,这是适应全面推进依法治国的要求,也是全面推进依法治国在立法工作上的一个重要体现。二是新制定的法律数量比 2014

年多。这体现了要在继续完善现行法律的同时，适应新的形势发展，把一些方面的工作纳入法治化的轨道。大家知道，制定新的法律要从一张白纸、从第一步开始，无论是工作难度还是工作量都是很大的。三是由人大自己提请审议的法律案比2014年多。这体现了全国人大常委会贯彻党的十八届四中全会决定的要求，人大在立法中要发挥主导作用，综合性的、全局性的、基础性的法律由人大有关部门起草和提请审议。

坚持党对立法工作的领导

日本亚洲通讯社记者：昨天张德江委员长在人大工作报告当中特别提到一点，就是要健全请示制度，也就是说，人大要向中央请示。那么，人大如何在日常或者重大的工作当中接受党的领导，如何处理好国家最高权力机构与党中央之间的关系，我想请教一下专家。

阚珂：感谢日本媒体的提问。我讲几件事。第一，在1954年9月15日，召开了第一届全国人大第一次会议。在这个会议的开幕式上，当时毛泽东主席致了一个非常著名的开幕词，在这个开幕词中，他讲到“领导我们事业的核心力量是中国共产党”，话音一落，全场爆发了热烈的掌声。这个情节看当时的《人民日报》会很清楚。我想这个掌声就表达了第一届全国人大代表对中国共产党是我们国家的领导党的认同、认可和接受。

第二，我到全国人大工作之后，经历了现行的宪法的四次修改。修改宪法的过程大致是这样，首先由中共中央提出建议，全国人大常委会接受建议，由全国人大常委会把它转化为一个议案，在全国人大常委会会议审议之后，提请全国人大会议审议。经过代表大会审议，最后表决通过。

第三，1990年，我参加了当时全国人大机关总结人大从1949年以来40年经验的工作。在总结的过程中，大家有一个深刻的认识和共识就是：在中国，要加强社会主义民主法治建设，要充分发挥人大的作用，必须坚持党的领导。党重视了，加强了这方面的工作，人民当家作主就有保障。第六届全国人大常委会委员长彭真曾经说过，在法律体系比较健全之前，既依靠政策，也依靠法律办事。法律越制定越多，法律体系越来越完善、越来越健全，那么就由既依靠政策又依靠法律办事过渡到依靠法律办事。

第四，党的十八大和党的十八届三中全会、四中全会都明确法治是治国理政的根本方式，我体会这句话是对人治的根本否定，要善于运用法治思维和法治方式治国理政。社会主义法治的本质和核心是人民当家作主，共产党在国家和社会生活当中起领导作用。怎么起领导作用呢？就是通过法定程序把党的主张变为法律、成为国家意志，把党组织推荐的人选通过法定程序成为国家机关领导人员，通过国家政权实现对国家和社会的领导。这讲的就是共产党的领导要依靠社会主义法治来实现。在我们的具体工作当中遇到重大的问题要向中央请示，中央有了原则的意见，人大常委会通过法定的程序，经过充分的审议，听取各方面的意见，最终变成国家意志。在工作当中，我体会很深：党的领导和人民当家作主，党的领导和社会主义法治是完全一致的。我们将坚定不移地坚持党的领导这样一个重大的政治原则。

要做到重大改革于法有据

中国新闻社和中国新闻网记者：我是来自中国新闻社和中国新闻网的记者。我们注意到官方把今年（2015 年）作为深化改革的关键之年，中国的改革必然要向纵深挺进，打响“攻坚战”。而在党的十八届三中全会又提出了凡是重大改革必然要于法有据。我们想问如何能够做到立法与改革决策相衔接？

阚珂：在我们国家新时期也就是党的十一届三中全会以来，国家的立法工作和改革是相伴而行的，立法适应和保障了改革。当然，在不同的阶段，立法与改革的关系也呈现不同的特点。改革开放之初，我们制定了中外合资经营企业法，授权国务院在经济体制改革和对外开放方面制定暂行的规定和条例，这是改革开放之初的特点。接下来到 1988 年第七届全国人大第一次会议对现行的宪法第一次作修改，在这之后又做了三次修改，到现在一共是做了四次修改。其中就规定土地的使用权可以依法转让，国家实行社会主义市场经济，这是改革进行到一定时期的特点。党的十八届三中全会决定提出，凡属重大改革都要于法有据。按照决定的要求，立法要和改革相衔接，要主动地适应改革和经济社会发展的需要。现在的做法是对于重大的改革，党中央决策，国务院或者最高人民法院、最高人民检察院拟订方案，全国人大常委会就相关的立法问题作出决定，包括作出授权。

这些年来，全国人大常委会每两个月如期举行一次会议，党的十一届三中全会以来一直是这样，国家的政治生活非常正常，全国人大的工作有序进行。由于每两个月就可以举行一次会议，能够及时就改革的事项作出法律的规定，完全能够适应改革对立法的要求，能够很好地发挥立法的引领和推动作用。在当前立法和改革的关系上有新的特点和新的做法：一是一次一授权。比如，2013 年，授权国务院在上海自由贸易试验区暂时调整有关法律规定的行政审批的决定，2014 年，针对上海自由贸易试验区扩展区域再次作出授权，当然还包括广东、天津、福建的自由贸易试验区。二是明确授权期限。比如，关于授权“两高”在部分地区开展刑事案件速裁程序试点工作的期限就规定为两年。三是要求实施授权决定后的一定时期要向全国人大常委会报告情况。比如，关于在北京、上海、广州设立知识产权法院的决定实施满 3 年，最高人民法院要向全国人大常委会报告实施情况。在作出改革授权时，对相关的改革方案也起到了完善的作用。在新的一年里，适应改革的需要，全国人大常委会将在这方面做更多的努力和更多的工作。

本书作者在全国人大会议期间的记者会上回答记者提问

（《法制日报》记者王建军　摄）

立法监督篇

人 民 代 表 大 会 那 些 事

十二届全国人大常委会立法规划

（共68件）

第一类项目：条件比较成熟、任期内拟提请审议的法律草案（47件）

法律名称	提请审议机关或牵头起草单位
1. 立法法（修改）	委员长会议
2. 人民法院组织法（修改）	全国人大内司委
3. 人民检察院组织法（修改）	全国人大内司委
4. 商标法（修改）	已提请审议
5. 专利法（修改）	国务院
6. 著作权法（修改）	国务院
7. 消费者权益保护法（修改）	已提请审议
8. 证券法（修改）	全国人大财经委
9. 行政复议法（修改）	国务院
10. 职业教育法（修改）	国务院
11. 促进科技成果转化法（修改）	国务院
12. 公共图书馆法	国务院

第十二届全国人大常委会立法规划

（首页影印件）

回望全国人大常委会的立法规划工作

1954 年《宪法》规定，全国人民代表大会是行使国家立法权的唯一机关。当时国家建设和国家工作急需制定法律，而全国人民代表大会 1 年举行 1 次会议，需要由全国人民代表大会常务委员会在全国人民代表大会闭会期间适时地制定一些单行法规。鉴于此，1955 年 7 月，全国人民代表大会通过决议，授权全国人民代表大会常务委员会在全国人民代表大会闭会期间制定部分性质的法律，即单行法规。1982 年《宪法》扩大全国人大常委会的立法权，明确规定，全国人大和全国人大常委会行使国家立法权。

自 1954 年以来，全国人大常委会的立法规划工作经历了从无到有、从尝试探索到逐步规范的过程。伴随这一过程，全国人大机关对立法规划工作体制进行了几次调整。到目前，基本形成了适应需要的立法规划工作体制机制。

立法规划工作的提出

全国人大从 1954 年一成立就重视国家立法工作。“文化大革命”期间，国家立法工作基本停滞。1978 年 12 月召开的党的十一届三中全会提出，从现在起，应当把立法工作摆到全国人大及其常委会的重要议程上。按照这一重大决策要求和现实迫切需要，全国人大快节奏地进行立法工作。1979 年 2 月成立了全国人大常委会法制委员会。经过 3 个多月夜以继日的工作，在 7 月 1 日第五届全国人大第二次会议上一次就通过了 7 部重要法律，为恢复和重建国家机构、建立和维护正常社会秩序、促进对外开放，提供坚实的法制保障。

从党的十一届三中全会到20世纪80年代中期，对外开放、经济体制改革的形势发展很快，有一系列新问题需要及时立法予以规范，但又缺乏经验，在这种情况下，对立法工作进行统筹规划问题提到了全国人大常委会的议事日程。1985年1月，第六届全国人大常委会召集省级人大常委会的负责同志开了两天座谈会，请各地提出在对外开放和经济体制改革中，需要制定哪些法律。彭真委员长就如何做好立法工作讲了话。全国人大常委会提出，要分轻重缓急，有计划地根据具体情况努力加快经济立法工作。在这一时期还提出，立法要从我国的实际情况出发，按照社会主义法制原则，逐步建立有中国特色的独立的法律体系。

立法规划工作的初步尝试

1988年4月，万里委员长在第七届全国人大常委会第一次会议上的讲话中提出，要制定出一个五年立法规划。1988年7月1日，第七届全国人大常委会第二次会议通过的常委会工作要点明确提出，立法工作要制定规划，抓住重点，有计划、有步骤地进行。在这次会议上，全国人大法律委员会提出了《关于五年立法规划的初步设想》，在6月28日的全体会议上，法律委员会副主任委员宋汝棼汇报了这个五年立法规划初步设想的有关情况。第七届全国人大第二次会议以后，全国人大常委会秘书处提出了《关于七届全国人大立法工作的安排意见》，明确了列入安排意见的法律草案的起草单位和提请审议的时间。这些是全国人大常委会立法规划工作的初步尝试。

1991年2月，党中央印发了《关于加强对国家立法工作领导的若干意见》，提出全国人大常委会的立法规划要报经中央审定。同年11月，《全国人大常委会立法规划(1991年10月~1993年3月)》出台，这是报经中央同意的第一个立法规划。1990年10月和1992年6月，第七届全国人大常委会两次召开了立法工作会议，推动落实立法工作安排。

立法规划工作逐步规范

第八届全国人大常委会十分注重立法工作的计划性，1994 年 1 月，制定了五年立法规划并报经中央同意，列入规划的立法项目分为“届内提请审议的”和“研究起草、成熟时安排审议的”两大类，共计 152 件。从第八届开始，每年都制定年度立法计划，逐年落实立法规划安排审议的立法项目。1995 年12 月，第八届全国人大常委会召开立法工作座谈会，推动如期实现五年立法规划，乔石委员长出席会议并发表讲话。到 1998 年 3 月第八届全国人大任期结束，初步形成了中国特色社会主义法律体系框架。

第九届全国人大在以往工作的基础上，进一步改进立法规划工作，提出要“年度有计划、五年有规划、长远有纲要”，并确定了到本届任期结束实现初步形成中国特色社会主义法律体系的立法工作目标。1998 年 12 月，第九届全国人大常委会的立法规划报经党中央同意，列入规划的立法项目仍分为“届内提请审议的”和“研究起草、成熟时安排审议的”两大类，共计 89 件，第一大类的立法项目再按照法律部门分类依序排列（在宪法之下，七个法律部门是宪法相关法、民法商法、行政法、经济法、社会法、刑法、诉讼与非诉讼程序法）。为了如期完成 1997 年党的十五大提出的到 2010 年形成中国特色社会主义法律体系的立法任务，全国人大常委会成立了中国特色社会主义法律体系问题专题研究组，开展相关研究工作。1999 年 4 月，专题研究组提出了关于中国特色社会主义法律体系的研究报告，内容涉及法律体系的构成、法律分类、今后的立法任务等内容。可以说这个研究报告是我国法律体系形成的一个重要指南，也可以把它看作到 2010 年立法工作的“长远纲要”。2000 年 11 月，第九届全国人大常委会召开立法工作会议，检查立法规划执行情况，时任全国人大常委会委员长李鹏出席并讲话，强调要进一步加强和改进立法工作，提高立法工作的质量和效率，努力构建中国特色社会主义法律体系。

第九届全国人大及以前的几届全国人大常委会的立法规划，都是由全国人大常委会秘书处拟定的。

体制首次调整后的立法规划工作

第十届全国人大常委会期间的立法规划、立法计划的拟定工作改由全国人大常委会办公厅负责。这是立法规划工作体制的首次调整。2003 年 11 月，中央批准了第十届全国人大常委会立法规划，立法项目大类、小类的划分仍沿用第九届的做法，列入规划的立法项目共计 76 件。这一届立法工作目标确定为基本形成中国特色社会主义法律体系。2003 年 12 月，第十届全国人大常委会召开立法工作会议，时任全国人大常委会委员长吴邦国在讲话中强调，要落实立法规划，努力实现立法目标，为形成中国特色社会主义法律体系奠定坚实基础。2005 年 11 月，第十届全国人大常委会召开第二次立法工作会议，总结本届人大近 3 年的立法工作，研究部署下一阶段的立法任务。

经过 4 届立法规划的编制工作，实行计划立法的重要性、必要性越来越得到广泛认同。实行计划立法，并加强对立法规划、立法计划执行情况的检查督促，可以使立法工作突出重点，使立法活动适应改革开放和现代化建设的需要；能够增强立法工作的主动性；有利于防止立法工作中的重复、分散现象，避免不必要的立法活动；有助于各部门之间的协调和有准备地参加立法活动，提高立法质量和立法工作效率。

进一步理顺体制后的立法规划工作

第十届全国人大后期，总结以往的立法以及立法规划工作，更加深刻地感到，立法工作要全局思考，应该做到：有一个经过充分论证和可行性研究的立法规划；立法工作全过程有一个统一的管理部门；立法工作有一个权威的协调机构；有一套科学的立法技术规范；全国人大常委会在立法工作中要充分发挥主导作用。

2007 年 2 月，全国人大机关召开立法工作通报会，决定对全国人大机关立法工作体制作出调整。根据新的调整方案，全国人大常委会法制工作委员会负责统筹立法工作全过程，履行规划、组织、协调、指导和服务等职能。规划是指负责拟定立法规划、立法计划；组织是指负责整个立法工作的组织工作;协调是指负责立法工作部门之间的协调;指导是指要在统一国家法制、统一立法技术规范上履行指导职责;服务是指为全国人大和全国人大常委会的立法工作提供服务。做这样的调整,有利于立法工作更加符合客观规律,更好地适应立法工作的实际需要。

第十一届全国人大常委会的立法规划首次由全国人大常委会法制工作委员会负责具体编制拟定工作。2008 年 9 月,党中央批准了第十一届全国人大常委会的立法规划。在规划中,立法项目大类、小类的划分与第九届、第十届的做法相同,列入规划的立法项目共计 64 件。这一届立法工作的目标是,确保到 2010 年形成中国特色社会主义法律体系并不断加以完善。2008 年 10 月,第十一届全国人大常委会召开立法工作会议,时任全国人大常委会副委员长王兆国出席并讲话,对贯彻立法规划、进一步做好立法工作提出明确要求。

2010 年是中国特色社会主义法律体系形成的一年。为了从理论上、思想上、舆论上做好准备,自 2009 年以来,全国人大法律委员会和常委会法制工作委员会加大法律体系形成相关工作的力度。2010 年 7 月,全国人大法律委员会围绕常委会法制工作委员会提出的相关研究材料,专题研究和讨论中国特色社会主义法律体系问题。为了推动法律体系形成在舆论氛围上渐次升温,常委会法制工作委员会提出建议并经常委会领导批准,召开了三个会议。第一个会议是座谈会,于 2010 年 8 月召开,时任全国人大常委会副委员长李建国出席会议并讲话,要求加强对中国特色社会主义法律体系的研究,抓紧制定在法律体系中起支架作用的法律,确保到年底如期形成中国特色社会主义法律体系。第二个会议是于 2010 年 11 月召开的第十六次全国地方立法研讨会,时任全国人大常委会副委员长王兆国出席,他在讲话中着重阐述了中国特色社会主义法律体系形成的标志,法律体系的基本特征,形成法律体系的重大意义。第三个会议是于 2011 年 1 月召开的立法工作座谈会,时任全国人大常委会委员长吴邦国出席并讲话,全面阐述了形成中国特色社会主义法律体系的若干重大问题。随后,在 2011 年 3 月召开的第十一届全国人大第四次会议上,吴邦国在作全国人大常委会工作报告时宣布:到 2010 年年底,党的十五大提出的形成中国特色社会主义法律体系的立法工作目标如期完成。这是我国社会主义民主法制建设史上的重要里程碑,具有重大的现实意义和深远的历史意义。

2013年9月，党中央批准了第十二届全国人大常委会的立法规划。列入规划的立法项目分为三大类：第一类是任期内提请审议的；第二类是条件成熟时提请审议的；第三类是研究论证的。这是立法规划首次将立法任务划分为三类。列入规划第一类、第二类的立法项目按法律部门的顺序排列，但不标出法律部门的名称，第一类、第二类立法项目共计68件。这一届全国人大立法工作的目标是，不断完善中国特色社会主义法律体系。

2013年10月30日，第十二届全国人大常委会召开立法工作会议，深入贯彻党的十八大精神和习近平总书记系列重要讲话精神，分析我国立法工作面临的新形势，全面部署第十二届全国人大常委会的立法工作。张德江委员长出席并讲话，他强调，要加强和改进立法工作，提高立法质量，确保立法规划顺利实施，不断完善中国特色社会主义法律体系，为全面建成小康社会、坚持和发展中国特色社会主义、实现中华民族伟大复兴的中国梦提供更加有力的法制保障。这个重要讲话对做好今后五年乃至更长时期的立法工作具有重要的指导意义。

2013年11月，党的十八届三中全会作出了《关于全面深化改革若干重大问题的决定》；2014年10月，党的十八届四中全会作出了《关于全面推进依法治国若干重大问题的决定》。这两个决定对立法工作提出了新的任务、新的要求。为了完成好这两个决定涉及的立法任务，确保重大改革于法有据、立法与改革决策相衔接，2015年6月，对第十二届全国人大常委会立法规划进行了调整，这是全国人大常委会党组第一次以报请党中央批准的方式调整立法规划。调整后的立法规划列入的立法项目由68件增加到102件。第十二届全国人大常委会的立法任务是极其繁重的。

延伸阅读

中国法律体系是一个有机统一整体

中国特色社会主义法律体系，是指适应我国社会主义初级阶段的基本国情，与社会主义的根本任务相一致，以宪法为统帅和根本依据，由部门齐全、结构严谨、内部协调、体例科学、调整有效的法律及其配套法规所构成，是保障我们国家沿着中国特色社会主义道路前进的各项法律制度的有机的统一整体。这个体系由法律、行政法规、地方性法规三个层次，宪法相关法、民法商法、行政法、经济法、社会法、刑法、诉讼与非诉讼程序法七个法律部门组成。

从法的制定和法的实施上来考量，中国特色社会主义法律体系只有一个。全国人大专门委员会、国务院的部门和地方都没有自己独立的"法律体系"，这些机构既没有必要更没有可能在国家法律体系之下或以外建立自己独立的"法律体系"。

第一，这是由我国的政体——人民代表大会制度决定的。人民代表大会制度是我国的根本政治制度。刘少奇在1954年《关于中华人民共和国宪法草案的报告》中指出："人民代表大会制既规定为国家的根本政治制度，一切重大问题都应当经过人民代表大会讨论，并作出决定。"人民代表大会制度之所以规定为国家的根本制度，一个重要的原因是，人民代表大会"可以相应地制定各种制度和法律，而其他任何制度则必须经过人民代表会议或人民代表大会批准，或由它所授权的机关批准，才能生效。"现行宪法规定，国家立法权由全国人大和全国人大常委会行使。从人民代表大会制度的内涵来看，只有全国人大及其常委会才能制定构成法律体系全部七个部门的法律。换言之，凡是应当由法调整的社会关系，全国人大及其常委会都有权制定法律。全国人大及其常委会在法律体系形成中起主导作用，全国人大及其常委会制定的法律是法律体系的主体。形成法律体系的关键，是全国人大及其常委会将在法律体系中起支架作用的法律制定出来。在法律体系形成和完善过程中，全国人大及其常委会肩负着重要责任，立法工作任务仍然十分繁重。

第二，这是由我国统一的单一制的国家结构形式决定的。我国的幅员辽阔、人口众多、有56个民族。根据我国的历史传统和民族情况，为了维护我国各民族的共同利益和促进各民族共同繁荣，宪法规定，中华人民共和国是全国各族人民共同缔造的统一的多民族的国家。中央和地方的国家机构职权的划分，遵循在中央的统一领导下，充分发挥地方的主动性、积极性的原则。宪法的这些规定表明，我国的国家结构形式采取的是单一制。我国的这种国家结构形式要求国家的法制必须是统一的，而统一的法制必然要求法律体系是统一的、唯一的。这种社会主义法制的统一性、中国特色社会主义法律体系的唯一性，是保证国家统一、民族团结和长治久安的法律基础。

第三，这是由建立社会主义市场经济体制决定的。市场经济是法制经济。建立和完善社会主义市场经济体制，建立和维护统一开放竞争有序的现代市场体系，更好地发挥市场在资源配置中的基础作用，必须有与相适应的统一的法律制度来规范、引导和保障，这样才能避免全国统一的大市场被分割，才能避免为保护地方利益而在经济活动中设置壁垒和障碍、排斥竞争，才能避免强化部门利益，从而使社会主义市场经济按照内在的规律在法制的轨道上健康发展。有机统一的中国特色社会主义法律体系，是建立社会主义市场经济体制的法制保障。

第四，这是由我国的立法体制决定的。我国现行的立法体制既是统一的，又是分层次的，是由国家立法权和行政法规制定权、地方性法规制定权、自治条例和单行条例制定权以及授权立法权构成的。全国人大修改宪法，全国人大及其常委会制定法律，有关主权等11个方面的事项是全国人大及其常委会的专属立法权；国务院根据宪法和法律制定行政法规，行政法规主要是为实施法律和行使宪法规定的国务院的行政管理职权作出的规定，另外，国务院可以根据全国人大及其常委会的授权决定就应当制定法律的事项先制定行政法规；地方性法规主要是为实施法律、行政法规和对地方事务作出的规定。这种立法体制是根据我国国情确立的，既保证立法权集中在中央，又充分考虑到了改革开放和现代化建设的现实以及各地情况的差异和发展的不平衡。在这种立法体制下，行政法规不涉及刑事、国家机构等方面的法律，地方性法规涉及有限的几个法律部门。

第五，这是由我国法律的效力等级决定的。法律、行政法规、地方性法规三者之间，不仅它们调整的社会关系的范围是有区别的，而且它们的效力也是不同的。它们的效力等级由高到低依次是宪法、法律、行政法规、地方性法规。宪法具有最高的法律效力，一切法律、行政法规、地方性法规、自治条例和单行条例、规章都不得同宪法相抵触。法律的效力高于行政法规、地方性法规、规章。行政法规的效力高于地方性法规、规章。法律、行政法规、地方性法规如果有超越权限或下位法违反上位法规定的情形的，将依法予以改变或者撤销。法律的这些规定，就是要求下位法与上位法相衔接、相协调、相配套，从而构成法律体系的有机统一整体，有效地调整社会关系，保证社会生活的正常秩序。

第六，这是由坚持党对国家事务的领导这一政治原则决定的。党对国家事务领导的重要方式之一，是使党的主张通过法定程序成为国家意志。只有国家法制的统一，只有中国特色社会主义法律体系是一个有机统一的整体，才能保证党对国家事务的集中统一领导，保证坚持党的领导、人民当家作主、依法治国的有机统一。

哲学:立法人应具备的理论素养

恩格斯的《路德维希·费尔巴哈和德国古典哲学的终结》是大学哲学专业必读的经典著作,笔者于2013年在中央党校再一次捧读,既有因熟悉而生的亲切感,也有温故而知新的收获。联系工作实际学习,笔者切实感觉到,良好的哲学理论素养对我们立法工作者来说是不可或缺的。

哲学是关于世界观的学说,探究世界的本原。它追问世界从何处来。唯物主义告诉人们,世界是物质的,存在是客观的,一切要从实际出发,不能"头脚倒立",否则站不稳、站不住,回头找不到来时的路,低头看不清脚下的路。

哲学探寻规律。在人类社会上活动的是有思想、有主观意志的一个个主体。在个体主观意志支配下的活动,何谓客观?规律又从何谈起?马克思主义经典作家在被重重叠叠主观意志支配下个体活动掩盖的表面现象中,拨开"云雾",深刻地指出,"社会经济形态的发展是一种自然历史过程",社会历史发展是"无数个力的平行四边形"交互作用的结果,这不以人的主观意志为转移。恩格斯还积极评价古希腊哲学家赫拉克里特的"人不能两次踏进同一条河流"的思想。我们认识和改造世界,一定要"不畏浮云遮望眼",透过现象看本质,发展地看问题。

哲学是关于思维的科学。德国古典哲学家黑格尔把哲学比喻不在白天翱翔、而在黄昏起飞的"密涅瓦的猫头鹰"。他还说,同一句格言,从年轻人嘴中说出时,总没有从饱经风霜的老年人嘴中说出所具有的意义和广袤性。他形象化、拟人化地说明哲学的深邃特性。一位在大学任哲学教师、当年高我两年级的同学,几年前的一次演讲是这样开始的:"学科学,我不说,你糊涂;我一说,你明白。而学哲学,我不说,你明白;我一说,你糊涂。"这也是在通俗地说明哲学的特性。哲学是认识和改造世界的思想武器,哲学使人思想深刻,学哲学受用终生。

有人说,法律的力量在于强制,道德的力量在于舆论,而哲学的力量在于真理。哲学虽不直接创造物质财富,不直接产出GDP,但真理(正确的哲学理论)可以解放社会生产力,为发展社会生产力开辟道路。当年实践是检验真理标准问题的讨论最能说明问题。

法律是以一种特殊的形式来规范社会生活、社会关系,它有固定的逻辑结构(假定、行为模式和法律后果)。如果抛开具体法律抽象地谈法律,法律是一种形式。从这个意义上来说,立法需要法学基本理论和专业法学理论的支持。而法律的内容是丰富的社会生活和复杂的社会关系。作为政治的上层建筑的法律必须与经济基础相适应。自然,立法人“不是在制造法律,不是在发明法律,而仅仅是在表述法律”。在实际立法工作中实现这些要求,必须从实际出发,深入了解社会生活,使主观与客观相统一,认识与实践相一致,抓住主要矛盾,统领全局,纲举目张,确保法律立得住、行得通、真管用,能解决实际问题。良好的哲学素养可以使立法人的认识深刻些、全面些、准确些,有助于认识事物本质、把握客观规律、无限接近真理。

马克思主义哲学是指导我们做好立法工作的锐利思想武器。

国家税务总局

国税函发[1993]139 号

国家税务总局关于报送税收立法规划的函

全国人大常委会秘书处[illegible]：

根据全国人大常委会办公厅常办[1993]秘字第34号通知要求，现将我局拟由全国人大或全国人大常委会在1995年4 月至1998年3 月期间审议的法律草案计划报上，请审核。

附件：（ 见下页）

国家税务总局

一九九三年七月十三日

主题词：税收 立法 规划 函

国家税务总局办公室　　　　一九九三年七月十四日印发

附件：

1. 中华人民共和国税收基本法立法计划
2. 中华人民共和国产品税法立法计划
3. 中华人民共和国增值税法立法计划
4. 中华人民共和国营业税法立法计划
5. 中华人民共和国资源税法立法计划
6. 中华人民共和国城镇土地使用税法立法计划
7. 中华人民共和国企业所得税法立法计划
8. 中华人民共和国城乡维护建设税立法计划
9. 中华人民共和国房地产增值税法立法计划
10. 中华人民共和国证券交易税法立法计划
11. 中华人民共和国社会保险税法立法计划
12. 中华人民共和国房产税法立法计划
13. 中华人民共和国车船使用税法立法计划
14. 中华人民共和国印花税法立法计划
15. 中华人民共和国遗产和赠与税法立法计划

国家税务总局税收立法建议函

（影印件）

税法立法规划35年

改革开放初期的税收立法

改革开放以来，全国人大的税收立法是从制定涉外税收法律和个人所得税法起步的。1980年9月10日，第五届全国人大第三次会议通过了《中外合资经营企业所得税法》和《个人所得税法》；1981年12月13日，第五届全国人大第四次会议通过《外国企业所得税法》。此后，由于城市经济体制改革的推进，经济形势发展很快，国家迫切需要制定相关的税法，但又缺乏这方面的经验。在这种情况下，全国人大常委会于1984年9月18日作出决定，授权国务院在实施国营企业利改税和改革工商税制的过程中，拟定有关税收条例，以草案形式发布试行。1985年4月10日，全国人大又作出决定，授权国务院在经济体制改革和对外开放方面可以制定暂行的规定或者条例。根据这两个授权决定，国务院先后制定了若干个税收的条例。

以上全国人大的税收立法以及国务院按照全国人大及其常委会的授权，有计划制定的若干个税收条例，可以看作我国新时期实施税法立法规划的第一步。

全国人大常委会初步规划税收立法

1988年，第七届全国人大常委会任期之初就明确提出，立法工作要制定规划，抓住重点，有计划、有步骤地进行。按照这个要求，当年6月，第七届全国人大法律委员会向全国人大常委会提出了《关于五年立法规划的初步设想》，将“制定和修改有关税法”和制定统一的“外商投资企业所得税法”的立法项目列入其中。

1991 年 11 月，第七届全国人大常委会制定了任期届满前一年多时间的立法规划，这是全国人大常委会第一个正式的立法规划，将制定税收征收管理法和修订个人所得税法两个税法立法项目列入其中。

在第七届任期中，全国人大常委会于 1991 年完成了制定外商投资企业和外国企业所得税法，于 1992 年完成了制定税收征收管理法这两项有关税收的立法任务。

将制定“若干单行税法”列入立法规划

1993 年夏，开始着手制定《八届全国人大常委会立法规划》。在征集立法项目的过程中，国家税务总局于当年 7 月，提出了制定税收基本法和增值税法等另外 14 个单行税法的建议。对制定税收基本法，税务总局作了这样的说明：我国至今没有一个为各个单行税法共同遵守并受其制约的最基本的税收法律，致使现行税法还存在法律体系不健全、立法工作不规范、法律效力不高、涉及国家征税的某些重要事项尚缺乏明确规定等问题，已经出现不适应社会主义市场经济发展需要的情况，因此，建议制定税收基本法。国家税务总局的税法立法建议有一个特点，就是内外资企业要统一适用有关的税法。

在制定立法规划过程中，对是否制定税收基本法问题作了认真研究。为慎重起见，1994 年 1 月出台的《八届全国人大常委会立法规划》列入了“税法（及若干单行税法）”的立法项目。这里的“税法”有“税收基本法”的意思，但没有规定死，有灵活性。这里的“单行税法”究竟指的是哪些税法没有明确，原因是要制定哪些单行税法、哪些单行税法的立法条件成熟了，当时还没有研究很清楚，还不是很有把握。虽然这里的税收立法项目不是很明确，但为有关方面开展相关税法的起草工作提供了依据。在这个规划出台前的 1993 年 10 月，第八届全国人大常委会完成了对个人所得税法的首次修改任务，为了保持规划的完整性，将其一并列入了立法规划。这届全国人大常委会于 1995 年对税收征收管理法作了首次修改。

立法规划尝试明确单行税法的具体项目

1998年12月出台的《九届全国人大常委会立法规划》，将制定遗产税法和修改个人所得税法两个具体的单行税法立法项目列入了规划。这里将制定遗产税法这一单行税法立法项目列入规划，可以看作立法规划明确单行税法立法项目的首次尝试。同时，这个立法规划还延续了第八届的做法，继续将制定"税法（若干单行税法）"立法项目列入了规划。第九届全国人大常委会在任期内完成了立法规划确定的修改个人所得税法的立法任务，修改税收征收管理法虽然没有列入规划但对其进行了修改，还作出了《关于外商投资企业和外国企业适用增值税、消费税、营业税等税收暂行条例的决定》。但列入立法规划的制定遗产税法的立法任务没有完成，这表明是否开征这一税种，如果开征在何时开征，都是相当复杂和需要慎重对待的。

2003年11月出台的《十届全国人大常委会立法规划》，将制定统一适用各类企业的企业所得税法、修改个人所得税法、制定税收基本法列入了规划。这届全国人大及其常委会完成了制定企业所得法和修改个人所得税法的立法任务。

2008年9月出台的《十一届全国人大常委会立法规划》、2013年9月出台的《十二届全国人大常委会立法规划》都将制定增值税等若干单行税法和修改税收征收管理法列入其中。

2011年2月25日，第十一届全国人大常委会第十九次会议以106票赞成、15票反对、36票弃权通过了车船税法。随后，全国人大常委会办公厅举行新闻发布会，财政部税政司副司长王晓华在回答记者提出的为什么表决这部法律草案不赞成率很高问题时说："在全国人大常委会审议过程中，有的认为税负高了，有的认为低了，存在一些争议和不同意见是正常的。"我补充说："学者认为弃权是既不赞成也不反对。计算表决这部法律草案的不赞成率，应是106票赞成与15票反对相比较。"

立法规划明确具体的单行税法立法项目

2013年11月，党的十八届三中全会提出，要落实税收法定原则，加快房地产税立法并适时推进改革，加快资源税改革，推动环境保护费改税。

2015 年 6 月，根据党的十八大和十八届三中全会、四中全会精神，调整后的《十二届全国人大常委会立法规划》，将 2013 年编制的立法规划中的制定增值税等若干单行税法的立法项目，具体明确为制定环境保护税法、增值税法、资源税法、房地产税法、关税法、船舶吨税法、耕地占用税法。对单行税法立法项目，从 1988 年 6 月的立法规划作概括性、原则性的表述，到 2015 年 6 月将具体的立法项目在立法规划中确定下来，经历了整整 27 年。

通过以上回顾，我们有这样的认识：第一，国家税务总局 1993 年提出的税法立法建议，与当前单行税种的设计总体上是一致的，是具有前瞻性的，国家税务总局对由全国人大及其常委会尽快制定税法持积极态度。第二，制定税法有很大的难度，立法规划即使在 2008 年就列入了制定增值税法这样的单行税法立法项目，但也迟迟没有提请审议，这与我国正处于改革过程中密切相关。第三，这次调整的立法规划能够明确具体的税法立法项目，是经济社会发展的迫切需要，是党中央的决策和推动的结果。人们期待全国人大及其常委会按照党的十八大关于落实税收法定原则的要求，按计划制定出切实可行的各个单行税法。

延伸阅读

我国市场经济立法的总体走向

市场经济是法治经济，它离不开法律的调整。从党的十四大正式确立建立社会主义市场经济体制的战略目标以来，我国的立法工作有什么变化？

第一，从宪法上确认社会主义市场经济体制和我国在社会主义初级阶段的基本经济制度、分配制度。1993年，第八届全国人大第一次会议通过的宪法修正案规定，国家实行社会主义市场经济。1999年，第九届全国人大第二次会议通过的宪法修正案规定，国家发展社会主义市场经济，坚持公有制为主体、多种所有制经济共同发展的基本经济制度，坚持按劳分配为主体、多种分配方式并存的分配制度。宪法是国家的根本法，具有最高的法律效力和最大的权威性，是全体公民和一切组织的行为准则，是制定一切法律的依据。这些规定，从根本法上确认了社会主义市场经济体制，为我国社会主义市场经济体制的建立和市场经济的发展，提供了宪法保障，也为我国经济立法指明了方向，提供了依据。

第二，确定了建立社会主义市场经济法律制度的立法目标。根据建立和发展市场经济的需要，按照宪法关于国家加强经济立法的要求，第八届全国人大以来，全国人大常委会都把经济立法作为立法工作的重点，在每届全国人大常委会的立法规划中，市场经济方面的立法项目都占有相当的比重。这些市场经济立法项目基本构成了我国社会主义市场经济法律制度。从立法规划来看，我国社会主义市场经济法律制度是由规范市场主体、调整市场主体关系和维护市场秩序、加强和改善宏观调控、建立和健全社会保障制度、发展基础产业等方面的立法项目构成。市场经济法律制度的总体设计同市场经济体制的基本框架是一致的。

第三，在实际立法工作中，还采取一些具体措施。比如，要求起草法律、法规从建立社会主义市场经济体制的大局出发，避免通过立法不适当地强化部门权力和扩大地方利益；要求制定法律要立足我国国情，大胆吸收和借鉴世界各国立法的成功经验和积极成果，注意与国际惯例相衔接；通过加强立法调研，公布重要法律草案征求意见、吸收专家学者参加立法工作等多种形式，广泛听取各方面意见，以使制定的法律符合发展市场经济的客观需要，体现人民意志，代表人民利益。

我国市场经济立法的总体走向是什么？

第一，确立了按企业的出资形式和责任形式制定企业组织法的立法新思路。在早些时候，我国的企业立法是按照企业不同的所有制形式分别立法，制定了《全民所有制工业企业法》《私营企业暂行条例》《乡村集体所有制企业条例》《城镇集体所有制企业条例》以及《城乡个体工商户管理暂行条例》。这种企业立法模式，既区分不同的所有制，又区分不同的行业，如工业与其他行业，还区分企业所在的不同地域，如乡村与城镇。这种立法有它的历史原因，但已不适应发展市场经济的需要。自1993年以来，我国企业立法依照企业的出资形式（公司、合伙、独资）和责任形式（有限、无限、无限连带），分别制定了《公司法》《合伙企业法》《个人独资企业法》。这是我国立法上的重大变化，它符合市场经济的规律和要求，有利于不同企业之间的平等竞争。

第二，不再按内外资分别立法。党的十四大之前，在我国的企业、合同、税收立法中，对涉外与国内实行分别立法。从1993年以后，历届全国人大常委会的立法规划中，都没有制定新的有关外资的单独的立法项目，这些年来，也没有再制定单独的有关外资新的法律。1993年12月，全国人大常委会决定，外商投资企业和外国企业适用统一的增值税、消费税、营业税等税收暂行条例。1999年，第九届全国人大第二次会议将涉外经济合同法纳入统一的合同法中。2007年，第十届全国人大第五次会议制定了统一适用内外资的企业所得税法。有关内外资的立法逐步并轨。

第三，市场经济方面有关平等主体的法律贯彻公开、公平、公正、平等、竞争、自愿、等价有偿和诚实信用等市场经济的基本原则。《合同法》《保险法》《担保法》《拍卖法》《广告法》《商业银行法》《合伙企业法》《反不正当竞争法》《消费者权益保护法》和《证券法》等都对这些市场经济通行的基本原则作了规定，这有力地维护了市场经济的秩序，保护了各方当事人的合法权益，促进了市场经济的健康发展。

第四，市场经济法律起草主体多元化。自1993年以来，全国人大专门委员会、常委会工作委员会、地方人大以及专家学者较多地承担和参加起草法律，特别是一些有关平等主体的重要的民商法律，是由全国人大的专门委员会和常委会工作委员会起草的，比如，《公司法》《合伙企业法》《证券法》《担保法》《合同法》《信托法》《物权法》《个人独资企业法》等法律。法律起草主体的多元化，一方面有利于调动各方面的积极性，加快立法步伐；另一方面民商事方面的法律是有关平等主体之间的法律，属于私法，不是行政管理方面的法律，由人大的有关机构起草更为合适。

2012 年 12 月 4 日，首都各界纪念现行宪法公布施行 30 周年大会在北京人民大会堂举行

（新华社记者兰红光　摄）

国家宪法日为何定在 12 月 4 日

国家宪法日为何定在 12 月 4 日?

回答这个问题,需从全国人大常委会作出这个决定的过程说起。

2014 年 10 月 23 日,党的十八届四中全会通过了《关于全面推进依法治国若干重大问题的决定》,决定明确提出:“将每年 12 月 4 日定为国家宪法日。”

四中全会闭会的第二天,也就是 24 日上午,全国人大常委会机关党组组织部级干部传达学习四中全会精神。下午全国人大常委会党组召开会议,专题学习贯彻四中全会精神,全国人大机关各部门负责人列席会议。全国人大常委会党组会议提出,贯彻落实四中全会精神,最为急迫的一项任务就是全国人大常委会要作出设立国家宪法日的决定。

依据《全国人民代表大会常务委员会议事规则》的有关规定,10 月下旬,将举行第十二届全国人大常委会第十一次会议。在此前的 10 月 17 日,全国人大常委会委员长会议已经确定在 27 日举行这次常委会会议,并提出了关于会议议程的建议。但在当时,四中全会尚未举行,因此委员长会议建议的这次常委会会议议程中没有审议设立国家宪法日的议案这一项。

按照《全国人民代表大会常务委员会议事规则》关于全国人大常委会每两个月举行一次会议的规定和工作惯例,如果 10 月底召开的这次会议不能就设立国家宪法日作出决定,就要等到 12 月下旬举行常委会第十二次会议时再作决定。这样安排就来不及以法定形式将 2014 年 12 月 4 日确立为首个国家宪法日了。因此,全国人大常委会党组决定,立即启动法律程序,确保将设立国家宪法日的议案提交10月27日开始举行的全国人大常委会第十一次会议审议。

24日是星期五，加上星期六、星期日，到27日只有短短3天时间，必须以最快速度完成议案的准备和提交工作。24日下午4点多全国人大常委会法制工作委员会研究室接到任务，6点半提交了议案初稿。法制工作委员会对议案初稿研究讨论后，全国人大常委会有关负责同志召集会议，从晚上7点一直讨论到10点多，对议案稿进行逐字逐句审改，并研究了首个宪法日的活动安排和工作分工。与此同时，全国人大常委会党组向党中央作出请示，建议这次全国人大常委会会议增加这项议程。

全国人大常委会会议的议程是，要由全国人大常委会委员长会议先提出建议。中央批准后，10月27日星期一早上8时45分，在第十二届全国人大常委会第十一次会议开幕之前，张德江委员长主持召开第十二届全国人大常委会第三十三次委员长会议，委员长会议组成人员一致赞成将关于设立国家宪法日的决定草案提请第十二届全国人大常委会第十一次会议审议。

我在法制工作委员会具体负责这项立法工作。27日下午，我在全国人大常委会会议分组会议的第一组列席。审议过程中，全国人大常委会组成人员赞成设立国家宪法日。同时，在第一组有5位委员提出，是否以1954年新中国第一部宪法通过的日期——9月20日作为国家宪法日更好。还有几位委员提出，为什么将国家宪法日定在12月4日要讲清楚。开始我不准备发言，听到这些意见后，我认为有必要介绍些情况，于是作了发言。这是我担任全国人大常委会法制工作委员会副主任期间，列席全国人大常委会会议唯一的一次发言。以下是整理后的我发言的主要内容。

为何决定草案将国家宪法日定在12月4日？

第一，《中国人民政治协商会议共同纲领》（以下简称《共同纲领》）在新中国立宪史上有什么地位？

1949年9月29日，中国人民政治协商会议第一届全体会议通过了《共同纲领》。《共同纲领》在新中国的立宪史上具有重要地位，起了重要作用。毛泽东在1950年6月23日全国政协第一届第二次会议上说：“我们现时的根本大法即共同纲领。”刘少奇在1954年《关于中华人民共和国宪法草案的报告》中说：“共同纲领‘起了临时宪法的作用’。”《共同纲领》解决了在还不具备召开全国人民代表大会条件的时候建立和治理新中国的宪法依据问题。《共同纲领》还是1954年新中国第一部宪法的基础。但由于中国人民政治协商会议的代表不是由选举产生的，它制定的起临时宪法作用的《共同纲领》还不能说就是宪法。这样，没有将《共同纲领》通过的日期确定为国家宪法日也就是很自然的了。

第二，为什么没有把第一届全国人大第一次会议通过、公布和施行中华人民共和国第一部宪法的日期9月20日定为国家宪法日？

有意见提出，1982年是修改宪法，不是制定宪法，应当把1954年制定新中国第一部宪法的日期确定为国家宪法日。我认为，这个意见是有道理的。

1954年9月15日至28日，第一届全国人民代表大会第一次会议召开。到这时，新中国刚成立5年，还处于从新民主主义到社会主义的过渡时期。这次会议所制定的宪法的一个重要任务，就是为全国人民指出一条清楚的、明确的和正确的前进道路——社会主义道路。1954年9月20日通过的宪法，是一部社会主义类型的宪法，但还不是完全社会主义的宪法，它是一个过渡时期的宪法。毛泽东设想：过渡时期大概是3个五年计划的时间，即15年左右，这部宪法大概可以管15年左右。1954年《宪法》是一部好的宪法。

在"文化大革命"中，1975年1月，第四届全国人大第一次会议对1954年《宪法》进行修改，形成了1975年《宪法》。这部宪法有严重的缺陷和问题，比如，它肯定了无产阶级专政下继续革命的理论和实践，用"文化大革命"中通过夺权建立的革命委员会代替地方各级人民委员会（政府）等。1975年《宪法》施行后，1954年《宪法》自然就不再施行了。这样一部有严重缺陷的宪法，很难说它是人民当家作主的法律保障。1978年3月，第五届全国人大第一次会议对1975年《宪法》进行修改，形成了1978年《宪法》。这时，虽然已经粉碎了"四人帮"、结束了"文化大革命"，但党的十一届三中全会还没有召开，对"左"的思想还没有来得及进行系统地清理，1978年《宪法》也存在严重缺陷。

设立国家宪法日的目的，不仅是纪念《中华人民共和国宪法》的诞生，更重要的是为了增强全社会的宪法意识，弘扬宪法精神，加强宪法实施，全面推进依法治国，建设社会主义法治国家。现在施行的就是1982年12月4日第五届全国人大第五次会议通过的宪法，把12月4日设立为国家宪法日是合适的，更具有现实意义。

第三，第一届全国人大第一次会议制定宪法后，全国人大还有制定宪法的权力吗?

有人有这样一个疑问:1982 年《宪法》文本题注中用了“通过”一词,即“1982 年 12 月 4 日第五届全国人民代表大会第五次会议通过”,而没有用“修改”或者“修正”,那么第一届全国人大第一次会议制定宪法后,全国人大还有制定宪法的权力吗?

1954 年 3 月 23 日,中共中央提出的宪法草案初稿规定全国人大有“修改宪法”的职权,在讨论过程中形成的宪法草案修改稿加上了“制定宪法”,后来又删去了这一规定。为什么删去呢?宪法起草工作的法律小组说明的理由是:本宪法的制定,已经在宪法序言中庄严地宣布了,以后情况发生重大变化需要修改现行宪法的话,这已经包括在修改宪法的职权范围内,无须另外再规定制定宪法的职权。因此,1954 年 6 月 14 日,中央人民政府委员会第三十次会议通过向社会公布、交付全体人民讨论的宪法草案的序言中写道:“中华人民共和国第一届全国人民代表大会,　年　月　日在首都北京,庄严地通过我国的第一个宪法。”

3 个月后的 9 月 14 日,即第一届全国人大第一次会议开幕的头一天,中央人民政府委员会召开临时会议对宪法草案作最后审议,将序言中的“第一届全国人民代表大会”后面加上了“第一次会议”,将“庄严地通过我国的第一个宪法”改为“庄严地通过中华人民共和国宪法”。9 月 20 日,第一届全国人大第一次会议通过的《宪法》第二十七条规定,全国人大有修改宪法的职权,但没有规定制定宪法。

可以肯定地说,1954 年《宪法》制定后,后来都是对宪法的修改。1975 年《宪法》修改了 1954 年《宪法》,1978 年《宪法》修改了 1975 年《宪法》,1982 年《宪法》以 1954 年《宪法》为基础修改了 1978 年《宪法》。同时,应该看到,1975 年、1978 年、1982 年三次都是对宪法的全面修改。正是因为如此,才在 1954 年《宪法》制定后,在事实上 1975 年、1978 年、1982 年这三次修改后分别形成了一部新的宪法。还需要说明的是,1978 年《宪法》通过后,在 1979 年、1980 年作了两次个别条文的修改,但不形成新的宪法。

第四,1982 年《宪法》经过了 1988 年、1993 年、1999 年、2004 年四次修改,还能说是现行宪法吗?

《关于设立国家宪法日的决定(草案)的说明》指出,将现行宪法公布施行的日期,即 12 月 4 日设立为国家宪法日。也就是说,1982 年《宪法》经过

1988 年、1993 年、1999 年、2004 年四次修改仍然是现行宪法。那这怎么理解呢?

1988 年 4 月,第七届全国人大第一次会议第一次修改 1982 年《宪法》。当时对究竟用什么方式修改进行深入研究,确定采用“修正案”的方式,提请审议时草案的名称是“中华人民共和国宪法修正案草案”,通过后去掉“草案”两个字,宪法的原文不动,也不重新公布宪法。这样,1982 年《宪法》仍然是现行宪法。彭真说:这次对宪法的修改采取修正案的方式,这是美国的修宪方式,比法国、苏联和我国过去的修改宪法办法好。这种修宪方式,有利于维护宪法的稳定和尊严。

1993 年 3 月,第八届全国人大第一次会议第二次修改 1982 年《宪法》。1992 年 12 月 5 日,在宪法修改小组第一次会议上,有同志提出,宪法修改采取后附修正案的方式,原文不作改动,没有一部经过修改的完整的宪法,使用起来很不方便。后经研究确定,仍采用修正案的方式,但出版两个文本:一个是 1982 年通过的《宪法》并附修正案;另一个是按照修正案修正后的宪法。前一个是法定文本;后一个是工作文本,以便于人们使用查阅。1999 年、2004 年两次修改宪法采用的都还是这种方式。这样,1982 年《宪法》仍然是现行宪法,现行宪法包括 1982 年通过的宪法和之后的每个宪法修正案。

我作了以上发言后,会议召集人说,如果是决定草案的说明这样讲就清楚了。我自己明白,受会议时间的限制,决定草案不可能作这样长篇幅的说明。事后我想,我分工负责这项立法,如果事先考虑周全,准备一个参阅材料,对会议审议这个议案会有些帮助,但当时的时间太紧张。

2014 年 11 月 1 日,第十二届全国人大常委会第十一次会议作出决定,将现行宪法通过、公布、施行日期 12 月 4 日设立为国家宪法日。

本书作者出席第十二届全国人大第三次会议记者会

（《法制日报》记者王建军　摄）

立法法修改的“税率之争”

在2015年3月第十二届全国人大第三次会议期间,赵冬苓代表说过有种想哭的感觉。中央人民广播电台记者庄胜春说:“参加修改立法法的报道,是参与了‘过山车似的’过程。”

在这次全国人大会议期间,关于修改立法法的新闻报道有这样一些题目:《立法法三审稿删税率法定引争议》(中央人民广播电台),《存废前后96小时,“税率法定”重回立法法修正案草案》(中央人民广播电台),《“辩法”四天,立法法“税收法定”修订逆转背后》(《南方周末》),《两字删增见证“中国式立法”》(新华时评),《立法法修正案草案“税率法定”被删96小时后恢复》(《人民日报》)。

这次全国人大会议上究竟发生了什么?

2015年的全国人大会议和往年一样,还是在3月5日开幕,有一项议程是修改《立法法》。为了让全国人大代表提前了解熟悉立法法修正案草案的内容,会前把全国人大常委会审议的立法法修正案草案二次审议稿印发给了代表。草案中有一条是这样规定的:“税种、纳税人、征税对象、计税依据、税率和税收征收管理等税收基本制度只能由法律规定。”也就是说,这是全国人大及其常委会的专属立法权,不能由国务院通过制定行政法规来规定。

3月8日下午3时,在北京人民大会堂万人大礼堂,全国人大常委会副委员长李建国作了关于立法法修正案草案的说明。在会议现场,人大代表刚刚拿到新的草案。草案将二次审议稿中的“税种、纳税人、征税对象、计税依据、税率和税收征收管理等税收基本制度”只能由法律规定，修改成了“税种的开征、停征和税收征收管理的基本制度”只能由法律规定。

一石激起千层浪！这在人大代表和政协委员产生了强烈的反响。有的代表说，看到这一稿删去了关于“税率”的规定吓了一跳。

3月9日上午从9时开始，全国政协会议分组讨论立法法修正案草案。讨论十分热烈。一些委员对删去了关于“税率”的规定提出了意见。在社科界别的讨论中，全国政协委员、中华律师协会副会长朱征夫率先发言。在他看来，这一次修改立法法的亮点就是把税收单独拿出来规定，“但是我们比较第二稿，二审稿规定了税种的开征、税率、纳税人、纳税依据，为什么在这次讨论的时候把这三样拿掉了呢，拿掉之后还是不是税收法定，这个值得我们研究。”朱征夫表示，税率是最基本的东西，增税拿多少，向谁拿，纳税依据，这些最基本的内容都去掉了，“税收法定”可能要打个折扣。

全国政协委员、南开大学法学院教授侯欣一认为，草案的有关表述是一种倒退。他提出，税率一定要法定。

我是全国政协委员，在社会科学界。对立法法的这一最新修改，事先我很清楚。作为全国人大常委会法制工作委员会副主任，在我们的委务会上，我参加了草案的研究修改工作。草案为什么这么改，我们是有理由的。在全国政协会议上，我的身份是政协委员，不承担解释立法法修正案草案的任务，也没有必要发表与其他委员不同的意见。我可以向全国人大方面反映政协委员的意见。在会上我没有发言，但记者没有放过我。在接受采访时，我的意见被逼出来了。

3月10日，《中国青年报》第2版头条报道了3月9日上午政协社科界委员讨论立法法修正案草案的情况。这篇新闻报道的标题是：《阚珂：原来的写法把“父亲”和“儿子”写到了一块》。

下面是我摘录的几段：

“你制定一个关税法，能不包括税率吗？原来的写法，把这个‘父亲’和‘儿子’写到一块去了。”在今天上午全国政协社科界别的小组讨论会宣布休息15分钟后，全国人大常委会法制工作委员会副主任阚珂就被四五个记者围在了座位上，问题无一例外都是关于“税收法定”。

阚珂表示，税种里面包括了税率，开征一个税种自然也是要规定税率的，这并不违背法治的精神。“你说制定现有的三个税法，个人所得税法、企业所得税法、车船税法，里面当然有税率了。”

“就是你认为这个税率的调整权还是在全国人大这边?”《中国青年报》记者问。“对啊。”阚珂说，“十八届三中全会写得那么清楚，税收法定，那还担心啥，傅莹（本次全国人大会议发言人。——笔者注）不是讲了，2020 年全部收回来，那还可能把一个税率授给政府吗，这是不可能的。”

阚珂进一步解释称，即使按照原来的立法法，也早就有了税收法定的原则，这次单列出来实际上就是为了强调，但实际上税率是包含在税种里面的，因此写上去显得重复了。

阚珂告诉记者，立法法是 2000 年制定的，之前给国务院的授权是 1985 年作出的，是在立法法之前，立法法出台后就再没有授过权了。

“当时是改革开放初期，确实没有经验。”阚珂介绍说，当时的授权有特殊的历史背景，和现在不同，而之前傅莹也已经介绍，到 2020 年，所有的权力都收回，“一步步走呗”。

接受采访时，阚珂特别强调，自己是以政协委员的身份谈看法。而休息结束后，阚珂就提前离开了，并没有继续参加下半场的小组讨论。

以上是《中国青年报》那篇报道的几段内容。

作为政协委员，在会议期间，我的一言一行、一举一动，都在记者的监督之下。

我没有参加下半场的小组讨论，而是向小组秘书请了假，提前离会，为代表全国人大常委会法制工作委员会出席下午的记者会做必要准备。

9 日下午 3 时，在全国人大会议新闻中心，我与我的同事——全国人大常委会法制工作委员会副主任郑淑娜、行政法室主任袁杰、刑法室主任王爱立、国家法室主任武增，一同出席记者会，回答记者的提问。

《中国青年报》的同一篇报道还说：“而在今天下午，全国人大常委会法制工作委员会副主任郑淑娜也在发布会上作出类似解释：草案二审稿有关表述经过专家论证认为不够科学。实际上税种就包括纳税人、征税对象、计税依据和税率。为了表述更科学，三审稿草案作了改正。”

3 月 10 日，全国人大代表们讨论了一整天，我们全国人大常委会法制工作委员会的工作人员，分在各个代表团，听取代表们的意见。从下午开始，我们的工作人员通过网络、传真、电话，向总部报告代表的意见。

10日晚，总部整夜灯火通明，工作人员在逐条整理汇总代表的意见，并且根据代表的意见修改完善立法法修正案草案。

第二天，也就是11日，代表休会一天。而上午9时，法律委员会就开始开会，统一审议由法制工作委员会根据代表的意见提出的新的立法法修正案草案。

法律委员会对代表提出的在立法法中明确规定“税率”问题的意见十分慎重。

11日下午，全国人大会议主席团常务主席第一次会议，讨论修改立法法的问题，决定采纳代表的意见。会后，立即请示中央。中央办公厅告全国人大常委会办公厅：在晚上12时前中央将作出批复。

12日上午，召开大会全体会议，听取“两高”的工作报告。大会全体会议结束后，接着召开主席团第二次会议，会议同意采纳代表提出的修改立法法的意见，在修正案草案中写上“税率”。

12日下午3时，修改后的立法法修正案草案发到代表手里。代表们继续审议。

记者说的“‘税收法定’写入立法法的四天四夜”，就是指从3月8日下午3时到3月12日下午3时这一段时间。

12日这天下午3时，全国政协会议分小组讨论将要提交大会表决的政治决议草案、政协常委会工作报告决议草案和提案审查情况的决议草案，不讨论《立法法》的修改。我们小组讨论会在下午接近5时时结束，我马上回到宾馆我的房间收拾衣物，准备退房，以便第二天从单位办公室直接到人民大会堂参加政协闭幕会。

我虽事先知道立法法修正案草案有关“税率”的规定已作了修改，但并不希望这时记者来采访我。因为尽管我是全国人大常委会法制工作委员会的副主任，但不具体负责修改立法法的工作，没有发布信息的任务，还是谨慎一些为好。

但你不希望啥，就来啥。记者的消息真是灵通，这时，中央人民广播电台的记者从全国人大代表方面知道立法法修正案草案已经写上了“税率”，急匆匆地追到我的房间来采访我。

13日，中央人民广播电台中国之声频道的《新闻纵横》播出了《存废前后 96 小时，“税率法定”重回立法法修正案草案》的报道，其中有我讲的这样一段话：“立法要很慎重，提到大会上的法律草案都是经过常委会审议过的，在每一次提请审议之前都会做修改，在审议过程中还会做修改。我们这次开会让代表审议，就是让人家充分发表意见，尊重代表的意见才是尊重人民的意见。谁立法？是代表立法！修改是太正常的，而且是应该的。”

15 日上午，第十二届全国人大第三次会议表决通过了关于修改立法法的决定。修改后的立法法规定“税种的设立、税率的确定和税收征收管理等税收基本制度”只能由法律规定。

这个故事说明：第一，我们国家是科学立法、民主立法，依照法定程序立法；第二，全国人大代表是立法的主体，要十分尊重代表的意见；第三，这次修改立法法就是贯彻党的十八届三中、四中全会精神，就是一次立法引领改革的实践。

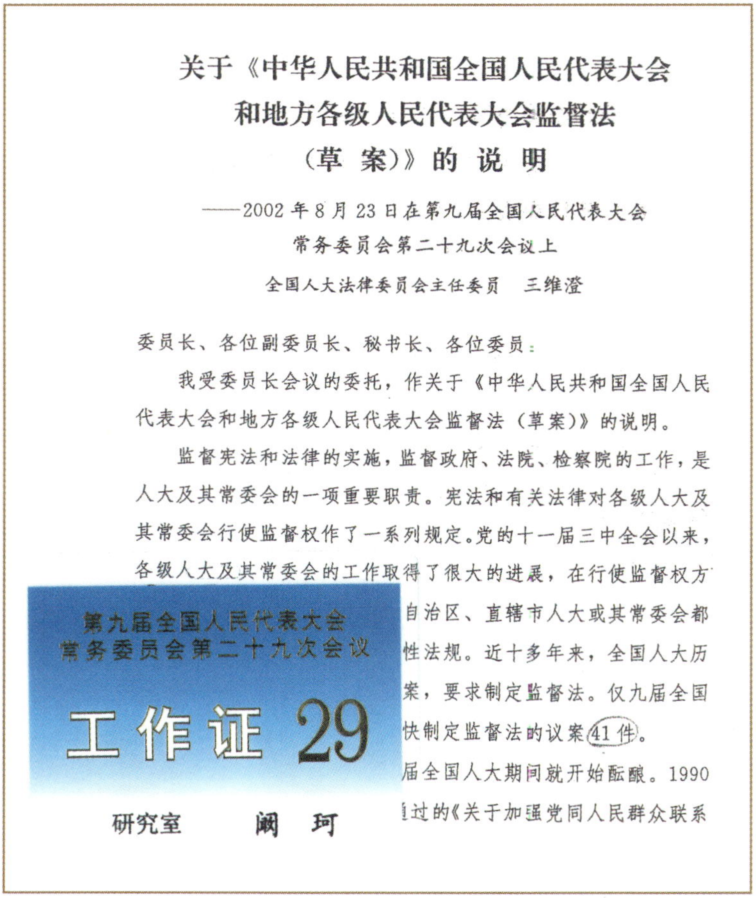

关于《中华人民共和国全国人民代表大会和地方各级人民代表大会监督法（草 案）》的 说 明

——2002 年 8 月 23 日在第九届全国人民代表大会常务委员会第二十九次会议上

全国人大法律委员会主任委员　王维澄

委员长、各位副委员长、秘书长、各位委员：

我受委员长会议的委托，作关于《中华人民共和国全国人民代表大会和地方各级人民代表大会监督法（草案）》的说明。

监督宪法和法律的实施，监督政府、法院、检察院的工作，是人大及其常委会的一项重要职责。宪法和有关法律对各级人大及其常委会行使监督权作了一系列规定。党的十一届三中全会以来，各级人大及其常委会的工作取得了很大的进展，在行使监督权方

自治区、直辖市人大或其常委会都

性法规。近十多年来，全国人大历

案，要求制定监督法。仅九届全国

快制定监督法的议案 41 件。

届全国人大期间就开始酝酿。1990

通过的《关于加强党同人民群众联系

2002 年 8 月 23 日监督法草案首次提请审议的说明

（首页影印件，档案资料）

左下图为本书作者参加该次会议的工作证件

监督法草案出台的前前后后

经过17年的调研、起草工作,2002年8月23日,全国人民代表大会和地方各级人民代表大会监督法草案提请第九届全国人大常委会第二十九次会议首次审议。

前期酝酿

党的十一届三中全会以来,各级人大及其常委会的工作有很大进展,但监督工作一直是人大工作的一个薄弱环节。在1985年3月召开的第六届全国人大常委会第十次会议和紧接着召开的第六届全国人大第三次会议上,许多代表和常委会委员对全国人大常委会的监督工作提出了批评。同年9月,全国人大常委会办公厅研究室的一份调查报告,反映了地方人大工作特别是监督工作中遇到的一些问题和困难。根据有关领导同志的意见,全国人大常委会办公厅组织力量,到各地就人大工作问题做进一步的调查,并于1986年8月起草了关于加强人大工作的文件。第六届全国人大常委会委员长彭真在反复考虑后提出,现在正在进行政治体制改革,在涉及体制上的一些问题没有解决前,全面讨论人大问题的条件还不具备。他提出,当前要对人大监督问题,人大常委会联系代表、代表联系选民问题,健全全国人大常委会办事机构问题,加强人大机关法律和理论学习问题开展调查研究。根据全国人大常委会委员长会议的决定,在第六届全国人大常委会陈丕显、黄华副委员长的主持下,进行专题的人大监督问题调查研究,在总结各级人大开展监督工作经验的基础上，提出了加强人大监督工作的初步意见。在1988年3月召开的第七届全国人大第一次会议上，第六届全国人大常委会副委员长陈丕显在所作的全国人大常委会工作报告中指出，要从政治体制改革和建设社会主义民主政治的高度，进一步提高对人大监督工作的认识。从人大来讲，需要认真总结这几年来开展监督工作的经验，建立监督工作的专门机构，制定监督工作条例，对监督的内容和范围、监督的程序和方式作出更加明确的规定，使监督工作逐步制度化、规范化。同年7月通过的第七届全国人大常委会工作要点提出，要制定有关监督方面的法律。这两个法律性文件明确提出了制定人大监督法的任务。

1989年3月，第七届全国人大常委会彭冲副委员长代表全国人大常委会所作的工作报告中提出了改进人大监督工作的一些建议：每两个月一次的全国人大常委会会议可以根据需要，听取和审议国务院及其部委、最高人民法院、最高人民检察院的工作汇报，一般不需要作出决议，委员提出的质询和询问，有关部门应认真负责地作出答复；每年第三季度，由国务院向全国人大常委会分别作关于计划、预算执行情况的报告（1994年预算法制定后，改为每年6月的常委会会议听取和审议国务院的决算报告；审计法实施后，从1996年起，每年6月的常委会会议还听取和审议国务院的审计工作报告。从此，听取和审议国务院计划执行情况的报告、决算报告和审计工作报告，成为每年全国人大常委会会议的法定议程）；人大在监督法院和检察院的工作时，不直接处理具体案件，如果对法院、检察院的工作有意见，可以提出质询和询问，纠正错案应由法院、检察院严格按照法律程序去办，人大如果对法院、检察院处理的特别重大的案件有意见，可以听取法院、检察院的汇报，也可以依法组织调查，如确属错案，可以责成法院、检察院依法纠正或处理。这是全国人大常委会在总结监督工作经验的基础上作出的监督工作制度化、规范化的规定。

从1986年到1990年年初，全国人大常委会办公厅系统地收集、整理了关于各级人大及国外议会开展监督工作的情况、经验、案例等方面的大量材料，为起草监督法做了一定的准备工作。

第一个内部修改稿

1990年3月，中共中央关于加强党同人民群众联系的决定中指出，要建立和完善党内监督与党外监督，自上而下的监督与自下而上的监督的制度，建议全国人大常委会拟定实行工作监督和法律监督的监督法。这是党中央以公开的正式文件的形式对全国人大常委会制定监督法提出的具体明确的要求。同月，时任总书记江泽民在人大、政协"两会"党员负责人会议上的讲话中指出，在我们国家生活的各种监督中，人大作为国家权力机关的监督是最高层次的监督。监督"一府两院"的工作是人大及其常委会的一项重要职责。这种监督，既是一种制约，又是一种支持和促进。人大既要敢于监督，又要善于监督。只有把两者很好地结合起来，才能达到监督的目的。

按照党中央的要求，1990年5月，由全国人大常委会办公厅研究室、北京市人大常委会法工委、吉林省人大内司委抽调的人员和法学专家组成的监督法起草组成立，开始监督法的起草工作。起草组在原来工作的基础上，先集中一个多月的时间，对起草监督法的指导思想，人大监督的理论和原则，监督的对象、内容和范围，监督的形式和程序以及宪法监督、计划和预算监督、人事监督、司法监督等专题进行了反复研讨和论证，并召开了一系列座谈会，听取专家学者及有关部门的意见，在此基础上起草了《关于全国人大及其常委会监督法草案框架设想的汇报提纲》，提纲被批准后，起草组用两个月的时间，拟出了全国人民代表大会及其常务委员会监督法草稿，经修改后，于1990年8月中旬，形成了全国人民代表大会及其常务委员会监督法征求意见稿。接着，全国人大常委会办公厅先后在北京和济南召开了北京政治学、法学专家座谈会和华东、东北10省(市)人大常委会秘书长和研究室主任座谈会征求意见，并将征求意见稿分送全国人大各专门委员会、全国人大常委会法制工作委员会、全国人大常委会办公厅各局，在党员领导干部中征求意见。同时，还由全国人大财政经济委员会专门召集国务院有关部、委、局的负责人座谈征求意见。大家总的认为，全国人民代表大会及其常务委员会监督法征求意见稿基础比较好，希望进一步修改后尽快出台。起草组根据大家的意见和建议对该监督法征求意见稿作了修改，形成了全国人民代表大会及其常务委员会监督法(1990年10月27日修改稿)。这个修改稿共6章89条,它所规定的是全国人大及其常委会的监督工作,没有规定地方人大的监督工作。

起草工作第二次提上日程

从20世纪80年代的中后期开始,一些地方人大在监督工作方面做了许多新的探索和尝试,创造了执法检查、评议"一府两院"的工作、执法责任制等多种新的监督形式。1991年年底,第七届全国人大常委会委员长万里在一次谈话中提出,要把对法律执行情况的监督检查同制定法律放在同等重要的地位。从1992年,全国人大常委会开始进行执法检查工作。这些工作都为新一轮监督法的起草工作提供了经验。

1991年11月制定的《全国人大常委会立法规划(1991年10月~1993年3月)》和1994年1月制定的《八届全国人大常委会立法规划》都被列入了制定监督法的立法项目。1992年的全国人大常委会工作报告提出,要继续抓紧制定人大监督法。在第八届全国人大常委会成立后3年多的时间里,全国人大常委会办公厅研究室集中主要人员和精力,对人大监督的理论问题进行研究,对地方人大及其常委会行使监督职权的做法和经验进行调查和总结,同时研究了国外议会监督的做法,整理出30多份各种论证和参考资料。其间,第八届全国人大常委会于1993年9月制定了关于加强对法律实施情况检查监督的若干规定。这是第一个全国人大常委会监督工作方面的单行法律。在做了大量准备工作的基础上,1996年10月,全国人大常委会党组关于起草人大监督法的请示经党中央批准后,新一轮监督法的起草工作全面启动。

监督法起草办公室由全国人大常委会办公厅研究室、全国人大内务司法委员会司法室、全国人大财政经济委员会计划预算室、全国人大常委会法制工作委员会国家法行政法室和经济法室、山东省人大常委会研究室、陕西省人大常委会研究室抽调的人员组成。起草办公室开展深入的调查研究,同国务院有关部委、最高人民法院、最高人民检察院有关同志座谈,赴黑龙江、吉林、内蒙古、福建、浙江、上海、湖南、广东、广西等省、自治区、直辖市广泛征求意见,经过近1年的紧张工作,七易其稿,于1997年8月完成了全国人民代表大会和地方各级人民代表大会监督法(内部试拟稿)。这个试拟稿共10章116条，与1990年的内部修改稿相比，它不仅对全国人大及其常委会的监督工作作了规范，而且对地方各级人大的监督工作也都作规范，特别是总结吸收了地方人大在监督工作中创造的经验和做法。

草案最终形成

第九届全国人大常委会对加强人大监督和制定监督法的工作十分重视。1998年3月换届不久，在4月初，听取全国人大法律委员会工作汇报时，第九届全国人大常委会委员长李鹏就明确提出要制定监督法。当年底制定的《九届全国人大常委会立法规划》继续列入了制定监督法的立法项目。李鹏从1998年起，每年都就制定监督法的问题到地方进行调查研究，特别是调研对司法机关重大违法案件进行监督的问题，提出了对审判、检察工作的监督要遵循坚持党的领导的原则，集体行使监督权的原则，不代行审判权、检察权的原则。监督的目的是推动司法机关启动内部的监督机制，督促和支持审判机关、检察机关依法办案、公正司法的指导性意见，全国人大常委会工作报告确认了这个意见。同时，第九届全国人大常委会肯定地方人大监督工作的新做法，支持和鼓励地方人大积极探索，创造性地开展监督工作。

在1999年3月第九届全国人大第二次会议上，代表们再次对全国人大常委会的监督工作提出意见并又提出抓紧制定监督法的多件议案。会议期间，李鹏在浙江等代表团参加审议时提出，人大要把监督工作放在与立法工作同等重要的位置。不久后制定的1999年全国人大常委会工作要点确认了这一监督工作指导方针。在这次全国人大会议结束后，李鹏立即与部分副委员长、全国人大有关专门委员会、全国人大常委会机关负责人专门研究代表们的意见和建议，提出了一些改进和加强全国人大常委会监督工作的措施。在随后于4月召开的第九届全国人大常委会第九次会议闭幕会上的讲话中，李鹏指出，全国人大常委会根据近几年来人代会上代表们集中反映的意见和提出的议案，决心做好制定监督法的工作。监督法是一部非常重要的法律，起草的工作量很大，有一定难度，出台要有一个过程。但即使有难度，也必须努力去做。首先组织专门起草小组，进行监督法的调研、论证和起草工作。在监督法出台前，为了使各级人大的监督工作按照一定的规范和程序来进行，全国人大常委会要抓紧制定若干专项监督的决定。通过专项监督决定的实施进一步规范监督工作，也为监督法的制定积累经验、创造条件。

此后，由全国人大法律委员会、全国人大常委会法制工作委员会和全国人大常委会办公厅人员组成的监督法起草班子在前几届工作的基础上开始了第三轮监督法起草工作。在3年多的时间里，起草班子做了大量工作，李鹏多次与起草班子研究监督法草案的具体内容，全国人大常委会党组几次讨论监督法草稿。在这期间，全国人大常委会于1999年12月制定了关于加强中央预算审查监督的决定，2000年2月制定了关于加强经济工作监督的决定，还两次审议了对审判、检察工作中重大违法案件监督的决定草案。这既是监督法起草工作的阶段性成果，也为监督法草案的最终形成打下了良好的基础。

2002年8月16日，第九届全国人大常委会第六十二次委员长会议决定将全国人民代表大会和地方各级人民代表大会监督法草案提请第九届全国人大常委会第二十九次会议审议。这个草案以宪法为依据，以邓小平理论和党的基本路线为指导，贯彻“三个代表”重要思想，总结我国人大监督工作的实践经验，吸收各级人大监督工作的好做法，从我国的国情和现阶段的实际情况出发，对人大行使监督权应当遵循的基本原则、监督的内容、监督的形式、监督的程序等问题作了具体规定，共7章73条。

监督法草案是在党中央的领导下，在第六届、第七届、第八届全国人大常委会工作的基础上，经过第九届全国人大常委会锲而不舍的努力出台的。从1985年开始，对人大监督工作做专题调研到监督法草案提请审议，经过了17年。这17年的调研、起草过程，既是人大监督工作探索实践的过程，又是深化对人大监督问题认识的过程。

2006年8月27日，第十届全国人大常委会第二十三次会议通过了《各级人民代表大会常务委员会监督法》。

小平同志不当元帅

1988 年 4 月 12 日，中央军委主席邓小平签署了中央军委关于提请全国人大常委会审议的中国人民解放军军官军衔条例草案的议案。由此，制定新的军官军衔条例正式进入国家的立法程序。

早在 1955 年 2 月 8 日，第一届全国人大常委会第六次会议通过了《中国人民解放军军官服役条例》，从那时起新中国正式实行军官军衔制度。当时，军官军衔设置元帅、将官、校官、尉官 4 等 14 级，元帅包括中华人民共和国大元帅、中华人民共和国元帅两级。条例规定，对创建全国人民武装力量和领导全国人民武装力量进行革命战争、立有卓越功勋的最高统帅，授予中华人民共和国大元帅军衔。依据这个条例，当年的 9 月 23 日，第一届全国人大常委会第二十二次会议通过决议，决定授予朱德等 10 人中华人民共和国元帅军衔。10 年后，1965 年 5 月 22 日，第三届全国人大常委会第九次会议通过决定，取消了军衔制度。

在取消军衔制度 23 年后的 1988 年 4 月 13 日，第七届全国人大常委会第一次会议听取了《关于〈中国人民解放军军官军衔条例（草案）〉若干问题的说明》。根据我军军官队伍的实际和目前处于和平时期的状况，该条例草案将军官军衔设置为将官、校官、尉官 3 等 11 级，最高军衔为一级上将，比 1955 年简化了一些。按照议程，这次常委会会议对这个草案只听取说明，不作决定，留待常委会以后的会议再继续审议决定。

1954 年《宪法》规定，由国家主席统率全国武装力量。在 1954 年讨论宪法草案过程中，中国民主同盟中央副主席罗隆基提出，统率全国武装力量的国家主席相当于外国的大元帅。根据罗隆基的这个意见，在 1954 年制定宪法过程中，已经注意到授予全国武装力量的最高统率大元帅军衔的问题。我国 1955 年的军官服役条例设置了大元帅军衔，但没有授予过。

1988 年 6 月 25 日至 7 月 1 日，召开第七届全国人大常委会第二次会议。在 25 日下午、27 日上午分组审议军官军衔条例草案时，全国人大常委会李学智等委员、广西壮族自治区人大常委会副主任黎济武提出，应当设置元帅军衔。主要理由，一是 10 亿人民的军队应当有自己的元帅；二是我们的军队有优良的革命传统，老一辈革命军事家不多；三是许多国家都设有元帅军衔。有全国人大常委会委员提出，小平同志担任军委主席，应当授予元帅军衔。中央军委法制局的同志在现场解释说，在条例草案起草过程中，对这个问题进行了慎重研究，请示了小平同志。小平同志提出和平时期不设元帅军衔，并明确表示他自己不当元帅。当时，我在全国人大常委会办公厅工作，这次会议期间在分组会议现场负责记录发言并整理会议简报。

1988 年 6 月 29 日，第七届全国人大法律委员会召开第八次会议审议军官军衔条例草案，着重讨论了中央军委主席、副主席的职务编制军衔如何授予问题。30 日，常委会举行联组会议，法律委员会副主任委员项淳一在汇报关于这个条例草案的修改意见时，对不设元帅、大将军衔问题作了说明。他说："和平时期同战争时期有所不同，根据我军军官当前实际情况，并参考一些国家军队的做法，和平时期最高军衔设上将，不设元帅、大将，是适宜的。"7 月 1 日，全国人大常委会举行全体会议，全国人大常委会组成人员 129 人出席，会议以 122 票赞成、1 票反对、4 票弃权、2 人未按表决器，通过了《中国人民解放军军官军衔条例》，该条例对中央军委主席、副主席职务编制军衔没有作具体规定，授权全国人大常委会另行规定。这从法律上确定了我国在和平时期不设元帅军衔的制度。从这里我们体会到，小平同志提出不当元帅，体现了伟人的崇高品德、博大胸怀、远见卓识、高风亮节。他是从大局上，从根本性、稳定性、长期性上来考虑国家的军官军衔制度建设。

1982 年通过的《宪法》规定国家设置中央军事委员会。1983 年 6 月，第六届全国人大第一次会议选举邓小平为国家的中央军委主席。1989 年 11 月，中共十三届五中全会同意邓小平辞去党的中央军委主席的请求；1990 年 3 月，第七届全国人大第三次会议接受邓小平辞去国家的中央军委主席的职务。小平同志担任国家的军委主席时间不到 7 年，他身体力行地为废除干部领导职务终身制作出了表率，并形成了中央军委主席不授予军衔的惯例。这里让我想到，在党的十届三中全会上，小平同志说过："出来工作，可以有两种态度：一个是做官；一个是做点工作。我想，谁叫你当共产党人呢，既然当了，就不能有私心杂念。这是我一种交心的话。"小平同志不当元帅，这使我更加认识了他所说的"做点工作"。

1994 年 5 月 12 日，第八届全国人大常委会第七次会议通过了关于修改军官军衔条例的决定，取消了一级上将的军衔设置，并明确规定，中央军委主席不授予军衔，中央军委副主席的职务等级编制军衔为上将。这进一步完善了我国的军官军衔制度。

2016年3月15日，第十二届全国人大第四次会议主席团第四次会议决定

将慈善法草案表决稿提请全体会议表决，本书作者列席会议

（毕楠　摄）

慈善法立法的 139 天

慈善法草案从 2015 年 10 月 30 日初次审议，经过 10 月、12 月两次全国人大常委会会议连续审议，到 2016 年 3 月 16 日，第十二届全国人大第四次会议表决通过，历时 139 天。这样的立法速度，在近年来法律案提请大会审议的历史上是少见的。光明网刊文说，慈善法的立法是“超级速度”。

2016 年 3 月 9 日下午，李建国副委员长代表全国人大常委会在第十二届全国人大第四次会议上向全体代表作了关于慈善法草案的说明。3 月 11 日上午，各代表团召开全团会议审议慈善法草案，下午各代表团分组审议。正如预计的那样，从 11 日晚到 12 日早晨，我们奋战了一个通宵，12 日上午 9 时，我们第十二届全国人大第四次会议秘书处法案组终于将汇集着全体代表智慧的慈善法草案修改稿初稿提交给全国人大法律委员会。全国人大法律委员会经统一审议后，提出了关于慈善法草案审议结果的报告和草案修改稿。

这时虽然非常疲惫，但回想起与慈善法草案结缘的这 100 多天，心中感慨良多。2 月底，我已卸任全国人大常委会法制工作委员会副主任的职务，但由于慈善法草案从全国人大内务司法委员会提请审议后，在法制工作委员会是由我牵头负责相关工作，所以在 2016 年第十二届全国人大第四次会议期间，我继续带领自 2015 年 10 月组成的工作团队成员——郭林茂、刘左军、蔡人俊、母光栋、张淑宁、徐潇枫，参与完成这部具有历史意义的重要法律的立法工作。这是我职业生涯中负责的最后一项立法。

第十届全国人大期间，全国人大常委会一位领导同志讲过一句话：“每立一部法，搞明白一件事。”当时听了这句话还不太理解。当我在法制工作委员会工作4年多后，对这句话才有了深刻体会。

我和很多人一样，一开始对慈善法了解得并不太多。通过立法工作的一步一步进展，最终算是把这件事基本搞清楚了。我从自己的实际工作中体会到：“立法就是要搞明白事儿，写好字儿。”

所谓“搞明白事儿”，说到底就是搞明白客观事物和法律所调整的社会关系的本质。法律本身是一个形式，每部法律的内容都是所调整的社会关系。制定每一部法律，最重要的是先搞清楚所要调整的社会关系，要在实践中进行充分的调查研究。这样，才能“写好字儿”，也就是设计好法律框架，起草修改好法律草案条文。

每立一部法，都需要一个过程，可能是“十年磨一剑”，甚至是“二十年磨一剑”。在这个过程中，把一件一件事、一个一个社会关系搞清楚、搞明白。因此，“搞明白了事儿，写好了字儿”，制定出来的法律才会是高质量的。

在第十二届全国人大第四次会议前和会议期间，不断有人问我，慈善法草案看起来并没有立法法、刑法那么重要，为什么要由全国人民代表大会审议？每当遇到这样的疑问，我总会反问：大会审议慈善法草案，难道不是发挥全国人大代表在立法中主体作用的一个具体举措吗？

需要弄清楚的是，全国人民代表大会是最高国家权力机关，也是国家的最高立法机关，行使立法职权，是履行宪法赋予的职责。全国人大代表是最高国家权力机关的组成人员，来自人民，最了解人民群众的心声和意愿，直接参加制定慈善法的工作，有利于广泛集中民智、凝聚共识，使慈善法充分体现全国人民的共同意志，为慈善法的正确贯彻实施奠定更加坚实的基础、营造更加良好的氛围。

中华民族乐善好施、扶贫济困、守望相助的慈行善举有着深厚的文化基础。发展慈善事业，广泛动员社会力量支持慈善、参与慈善，积极支持社会成员关爱他人、保护弱者，既是对中华民族优秀美德的传承，又是对社会主义核心价值观的弘扬，有助于推动先富帮未富。

在第十二届全国人大第四次会议期间，对慈善法草案作审议发言的代表共计1231人次，提出修改意见建议近4000条，经过认真研究，充分予以吸收，共对慈善法草案作了110处修改，其中带有实质性的修改有38处。3月16日上午，大会表决慈善法草案，实到全国人大代表2859人，2636人对慈善法草案投赞成票，赞成率达到92.2%，这表明绝大多数全国人大代表对慈善法是满意的。

制定慈善法，在全社会提倡、支持和鼓励助人为乐、团结友爱、无私奉献的友善精神，能够激发社会成员在慈行善举中不断积累道德力量，将社会主义核心价值观内化于心、外化于行，为实现中华民族伟大复兴的中国梦提供持久精神动力。为善而忙碌，我乐此不疲！

2016年3月9日，第十二届全国人大第四次会议举行第二次全体会议，代表听取慈善法草案的说明

（《法制日报》记者王建军　摄）

延伸阅读

慈善法立法日志

慈善法草案从2015年10月30日初次审议到2016年3月16日表决通过经历了139天，我逐日做了工作笔记，以下是工作笔记的摘录。

2015年10月30日，由全国人大内务司法委员会起草的慈善法草案提请第十二届全国人大常委会第十七次会议初次审议。从这一天起，全国人大常委会法制工作委员会正式接手，开始根据全国人大常委会组成人员意见和各方面意见，进行调查研究、修改完善慈善法草案的工作。在法制工作委员会分工由我牵头具体负责这项工作。

10月31日，也就是向全国人大常委会作草案说明的第二天，慈善法草案即在中国人大网上全文公布，征求社会公众意见。通常情况是在全国人大常委会会议初次审议结束后公布草案征求意见。打破常规公布法律草案征求意见的目的，就是要加快立法进程。

11月3日上午，我们法制工作委员会的工作班子与内务司法委员会起草工作班子座谈，听取慈善法起草等有关情况介绍，深度介入慈善法立法工作。

11月10日上午，邀请清华大学公益慈善研究院院长王名、北京大学非营利组织法研究中心主任金锦萍、中国政法大学民商法学院教授王涌等专家学者座谈，听取意见。

11月11日上午，召开座谈会，听取慈善组织、信托机构、志愿服务机构、捐赠企业、受益人等方面的意见。

11月13日下午，我们法制工作委员会与财政部、国家税务总局、民政部等部门的相关负责人座谈，专题研究慈善捐赠的税收优惠问题。

11月16日下午，我带领法制工作委员会和民政部相关同志组成的调研组飞赴深圳；17日上午，召开座谈会，听取广东省和深圳市人大及政府有关部门负责人、相关组织代表的意见。

11月17日下午，在深圳到壹基金公益基金会实地考察；晚上，调研组召开碰头会，梳理意见至深夜。

11月18日一早，我们从深圳飞赴昆明，下午在云南第一女子监狱做反家庭暴力法立法调研;19 日上午,与云南省有关方面座谈慈善法草案。

11 月 24 日下午,法制工作委员会召开委务会,讨论慈善法草案修改稿。

11 月 26 日下午,法律委员会审议法制工作委员会提出的慈善法草案修改稿。

11 月 30 日,中国人大网公开征求意见结束,共收到 425 人提出的 1832 条意见和 16 封来信。

12 月 2 日上午,召开慈善信托问题专题座谈会,听取信托机构、信托行业协会、专家学者的意见。

12 月 7 日上午,法律委员会主任委员乔晓阳与内务司法委员会主任委员马馼交换意见,研究修改慈善法草案;下午,法制工作委员会召开委务会,要求做好慈善法草案提请 2016 年 3 月第十二届全国人大第四次会议审议的准备工作。

12 月 9 日上午,全国人大常委会委员长会议审议慈善法草案,建议将该草案提请 2016 年召开的第十二届全国人大第四次会议审议。

12 月 10 日上午,法律委员会、内务司法委员会、常委会法制工作委员会三委联合召开座谈会,听取部分全国人大代表、中央有关部门、专家学者等方面的意见。

12 月 14 日下午,全国人大常委会委员长会议审议慈善法草案二次审议稿。

12 月 15 日下午,法律委员会召开会议,审议慈善法草案修改情况的汇报稿。

12 月 21 日上午,第十二届全国人大常委会第十八次会议审议慈善法草案二次审议稿。

12 月 27 日下午,第十二届全国人大常委会第十八次会议经表决,决定将慈善法草案提请第十二届全国人大第四次会议审议。

2016 年 1 月 4 日上午,我们与内务司法委员会、民政部有关同志讨论研究慈善法草案。

1 月 5 日上午,法制工作委员会召开委务会,讨论慈善法草案二审稿修改稿。

1 月 7 日上午,法律委员会审议法制工作委员会提出的慈善法草案二审稿修改稿。

1月7日下午，法制工作委员会举办讲座，邀请清华大学公益慈善研究院院长王名、北京大学非营利组织法研究中心主任金锦萍、民政部社会福利和慈善事业促进司副司长孟志强介绍慈善法相关理论问题和目前我国慈善事业发展现状，为参加第十二届全国人大第四次会议秘书处法案组的工作人员开展工作做准备。法制工作委员会领导及法制工作委员会全体工作人员听取讲座，法律委员会的有关领导同志也听取了讲座。

1月11日，将经法律委员会审议的慈善法草案二审稿修改稿寄送所有的全国人大代表，同时，二审稿修改稿在中国人大网上再次公开征求意见。

1月12日下午，我带队再赴深圳市，13日上午，听取香港特别行政区官员介绍香港有关慈善立法及相关情况。

1月14日上午，我在珠海向香港、澳门全国人大代表解读、介绍慈善法草案二审稿修改稿。下午返回北京。

1月15日，我们法制工作委员会向31个省、自治区、直辖市的人大法制委、常委会法制工作委员会负责同志和中央军委政治工作部、全国台联有关同志解读、介绍慈善法草案二审稿修改稿，请各选举单位组织自己选出的全国人大代表集体阅读、讨论慈善法草案。

1月20日下午，我和法制工作委员会社会法室同志与民政部、国家税务总局、财政部有关同志座谈，专题研究基金会年度慈善支出和管理成本的比例问题。

1月21日上午，我们邀请民生银行、海航集团、阿里巴巴、腾讯公司有关部门负责人和中国青年报记者王亦君，了解大额捐赠税收抵扣的相关情况。

1月25日上午，法制工作委员会召开委务会，讨论慈善法草案二审稿修改稿。

1月26日上午，法律委员会审议慈善法草案二审稿修改稿。

1月29日，分两组。一组赴北京；另一组我带队赴天津，就慈善法草案中有关慈善组织开展慈善活动的年度支出和管理成本标准问题进行专题调研，实地查看和了解有关慈善组织开展慈善活动的情况。

1月31日，在中国人大网上第二次公开征求意见截止，20天里，共征集到169人提出的661条意见。

2月2日上午，我们与民政部、公安部有关部门负责人座谈，研究慈善法草案与境外非政府组织管理法草案相关规定的衔接问题。

2月3日下午，全国人大常委会党组会议听取慈善法草案修改情况的汇报。

2月15日上午，全国人大常委会委员长会议提出第十二届全国人大第四次会议的议程草案，议程包括审议慈善法草案。

2月18日上午，中央政治局常委会会议讨论研究全国人大常委会党组提出的慈善法草案；在这同一时间，我和法制工作委员会社会法室同志与民政部的有关同志再次研究慈善法草案涉及的相关问题。

2月18日下午，我向中央主要媒体有关负责人介绍慈善法草案，以便于他们做好在第十二届全国人大第四次会议报道的准备工作。

2月22日下午，我就慈善法草案接受记者的集体采访。

2月23日，我们与民政部的11位同志座谈，进一步研究慈善法草案的有关问题。

2月25日下午，法制工作委员会主要负责人与民政部主要负责人共同研究慈善法草案。

3月1日下午，第十二届全国人大第四次会议秘书处法案组举办培训会，法制工作委员会社会法室负责人郭林茂向法案组工作人员讲解慈善法草案，并就法案组有关代表意见传输整理网络信息系统的使用做培训。

3月3日，根据党中央指示精神对草案作进一步修改后，报送印制大会文件。

3月9日下午3时，慈善法草案提交第十二届全国人大第四次会议审议，李建国副委员长作说明。

3月11日，各代表团审议慈善法草案，法案组工作人员收集代表提出的修改意见并通宵整理，根据代表的意见，提出了慈善法草案修改稿初稿和草案审议结果的报告稿。

3月12日上午，慈善法草案修改稿初稿提交法律委员会，法律委员会经统一审议后，提出关于慈善法草案审议结果的报告和草案修改稿。

3月12日下午5时，第十二届全国人大第四次会议召开第一次主席团常务主席会议，听取法律委员会关于慈善法草案审议结果的报告，提出慈善法草案修改稿。

3月13日上午11时，召开主席团第二次会议，听取和审议法律委员会关于慈善法草案审议结果的报告，决定将慈善法草案修改稿提请各代表团审议。

3月13日下午，各代表团审议慈善法草案修改稿；法案组收集代表意见，根据代表的意见，提出关于慈善法草案修改意见的报告稿和慈善法草案修改稿。

3月14日上午，法律委员会审议慈善法草案修改稿，提出关于慈善法草案修改意见的报告和慈善法草案建议表决稿。

3月15日上午9时50分，召开第二次主席团常务主席会议，听取法律委员会关于慈善法草案修改意见的报告，提出慈善法草案建议表决稿。

3月15日上午10时30分，召开主席团第三次会议，听取法律委员会委员关于慈善法草案修改意见的报告，决定将慈善法草案建议表决稿提请各代表团审议。

3月15日下午，各代表团审议慈善法草案建议表决稿，法案组工作人员收集代表意见。

3月15日下午5时30分，召开第三次主席团常务主席会议，听取大会秘书处关于慈善法草案建议表决稿审议情况的汇报。

3月15日下午6时，召开主席团第四次会议，决定将慈善法草案表决稿提请全体会议表决。

3月16日上午，第十二届全国人大第四次会议举行闭幕会，表决通过《慈善法》。

阚珂详解慈善法

让想做善事的人更方便

《人民日报》记者　魏哲哲

3月16日上午，第十二届全国人大第四次会议经表决通过了《慈善法》。这部法律，从开始起草到通过，社会给予了极大关注。近日，第十二届全国人大第四次会议秘书处法案组副组长阚珂接受本报记者专访，就慈善法的相关热点问题回答了记者的提问。

审议过程中对草案作了110处修改，其中实质性修改有38处

记者：如何认识这部法律？

阚珂：这是一次依法立法、科学立法、民主立法的具体实践，构建了我国慈善领域的基本制度，实现了加强慈善制度顶层设计的要求，为我国慈善事业健康发展提供了有力法治保障。

在大会审议过程中，全国人大代表共有1231人次发言，提出近4000条修改建议。经研究，对草案作了110处修改，其中实质性的修改有38处，凝聚了全体代表的智慧，是一部比较完善的法律。

记者：怎样理解慈善法所规定的慈善活动？谁可以开展慈善活动？

阚珂：《慈善法》没有对慈善下定义。第三条规定了六个方面的公益活动都属于慈善活动。从捐赠财产和提供服务角度来看，内地居民、港澳台同胞、外国人，开展的符合本法第三条规定的活动都是慈善活动。

同时，按照该法第八条的规定，慈善组织开展慈善活动的受益对象是“面向社会”。“面向社会”这4个字是在审议过程中增加的，应给予足够重视，它有特定的含义：将学者的学术用语“不特定多数人”转化成了法律语言“面向社会”。

根据第三条、第八条，就可判断某项具体活动是不是慈善活动。

法律规定的10%管理费标准，实际上只针对少数公募基金会

记者：怎样看待第六十条关于慈善组织“年度管理费用比例”的规定？

阚珂：《慈善法》第六十条规定，具有公开募捐资格的基金会的年度管理费用不得超过当年总支出的10%。

确定慈善组织开展慈善活动的支出和管理费用的标准，既要有利于促进慈善组织规范运作，又要符合实际。根据调研及测算：募集财产能力强、规模大的基金会，能达到国务院《基金会管理条例》关于公募基金会每年管理费用不超过当年总支出10%的规定；规模小的基金会要达到10%这个标准，还有一定困难。

法律规定的10%管理费用标准，实际上只针对很少的公募基金会，对于定向募集款物的基金会没有作出规定。我们在北京调研时了解到，在北京市注册登记的基金会有378家，其中公募基金会41家，占北京市公募私募基金会总和的10%多一点。在天津市注册登记的基金会有64家，其中公募基金会20家。法律规定，慈善组织可以采取基金会、社会团体、社会服务机构等组织形式，公募基金会占基金会的总数比例是很小的。

记者：为何要对慈善组织工作人员的待遇作出相关规定？

阚珂：《慈善法》第六十条确立了两个原则：一是“充分、高效运用慈善财产”，要求慈善组织把社会公共资金及时用到需要的方面和地方去，不能沉淀得太多；二是“遵循管理费用最必要原则”，由于慈善组织的财产不是其自己创造的，要根据本慈善组织的章程、宗旨，尽量减少不必要的开支。慈善组织的工作人员，不同于营利组织，也不同于企业，其人员的工资标准不能太高，现行的规定是不超过当地平均工资水平的两倍。

个人如果为非亲非故的人筹集款物，法律是不允许的

记者：以后个人遇到困难，还能进行求助吗？

阚珂：对个人求助法律没有禁止，本人、家庭成员或者近亲属遇到困难，向社会求助，本法是不禁止的。

但是，个人募捐，本法规定得很明确，不具有公开募捐资格的组织和个人是不能开展募捐的，募捐活动要由慈善组织来做。

记者：以后个人求助和个人募捐有什么区别？

阚珂：个人求助是个人遇到困难，求助社会给予帮助，是为本人、家庭成员或近亲属进行求助，比如，发微信求助。

为自己募，不是慈善，用老百姓的话说，那叫乞讨。比如，遇到困难了，写一张纸放在马路上，让过路的好心人帮帮我。实际上意思是一样的，只不过现在可通过互联网的方式进行，实质就是为了自己。

个人募捐，如果是为非亲非故的人来筹集款物，法律上是不允许的。本法更多的是引导慈善募捐通过慈善组织来做，慈善组织是依法设立的组织，有政府管理，要求其内部治理结构健全、运作规范，要向社会公开相关的信息。个人募捐有很大风险，没有第三方的介入，不足以让人们充分信任。

记者：如果不允许个人募捐，在对接机制上有保证吗？

阚珂：弱势群体遇到困难，首先是政府的责任，我们有社会救助制度、最低生活保障制度、大病医疗保险等。有了慈善组织，并不等于政府要减轻责任。现在慈善财产太少了，一年在1000亿元左右。

遇到困难，可以找慈善组织。慈善组织按照其章程、宗旨，面向不特定的多数人提供帮助，而且不得有关联关系。有学者认为，慈善是第三次分配，有利于促进社会公正。

慈善是人人可为的。个人做好事情，最好是拿自己的钱。简单地说，就是有钱出钱，有力出力，有智慧出智慧。

在朋友圈转发由他人发起的募集款物信息时要慎重

记者：对求助信息进行转发，该如何看待？

阚珂：个人有困难向社会求助，自己可发微信朋友圈募集款物。朋友圈是特定对象，我发朋友圈了，你是我的朋友，在这个圈里，你要再转发，在另外一个圈又扩大，其实转发人是做了背书的——担保求助的人真正有困难。如果是欺诈，会给转发人带来一定麻烦。对此，在立法过程中是有所考虑的。我们希望，做这种事情的时候要慎重。现在互联网很发达，募集者是公募还是私募很难分得清楚，转发人要判断好是个人求助和还是个人募捐。

记者：在本社区、单位内的互济“抱团取暖”不被允许了吗？

阚珂：《慈善法》第一百一十条规定，城乡社区组织、单位可以在本社区、单位内部开展群众性的互助互济活动。

这和通过慈善组织做的慈善是有区别的，是“抱团取暖”。今天我有困难了大家帮助我，明天你有困难大家再帮助你。彼此帮助时会有得到他人来日帮助的回报预期。慈善有4个特点:自愿的、无偿的、捐出去的款物是不能索回的、非营利性的。慈善组织的募捐和个人募捐、"一对一"的帮助、本单位或者本社区内的互济互助活动是有区别的。

《慈善法》第八十条关于捐赠的税收优惠规定,有利于中国出现大慈善家

记者:国外一些富豪,把自己的遗产很大比例或全部捐赠给社会做公益。《慈善法》出台后,能否预见在今后一段时期,中国也会出现这样一些慈善家?

阚珂:在立法当中的一个考虑就是,要让想做善事的人更方便。

举一个简单的例子,《慈善法》第八十条关于捐赠的税收优惠规定,就是想让捐赠更方便,有利于中国出现大慈善家。

现在一些企业家要捐赠,但有不方便之处。《企业所得税法》第九条规定:企业发生的公益性捐赠支出,在年度利润总额12%以内的部分,准予在计算应纳税所得额时扣除。《慈善法》在此基础上作了进一步规定:企业捐赠超出12%的部分,允许结转以后3年内在计算应纳税所得额时扣除。这不是有利于企业家捐赠得更多吗?

《慈善法》第八十四条规定,国家对开展扶贫济困的慈善活动,实行特殊优惠政策。对此需要相关部门出台相关规定。现在的《慈善法》,只解决了一部分问题。

(原载《人民日报》2016年3月21日,第11版)

深圳“一市两法”困扰的终结

“特区是中国的特区，只是在广东办”

1980年8月26日，第五届全国人大常委会第十五次会议批准了国务院提出的《广东省经济特区条例》，决定在广东省深圳、珠海、汕头三市分别划出一定区域，设置经济特区。由此，经济特区有了法律地位和法律保障。也就是说，经济特区是从这时开始设立的。看过这个条例的人知道，这个条例是广东省人民代表大会制定的，属于地方性法规，按照相关法律规定，地方性法规只需报全国人大常委会备案，不需由全国人大常委会批准。但该条例的附则规定：本条例由广东省人民代表大会通过，并报全国人大常委会批准后施行。

为什么广东省人大制定的地方性法规要经过全国人大常委会批准呢？这里有个故事。在这个特区条例有无必要报全国人大常委会批准问题上，广东省有两种意见针锋相对。一种意见是，经济特区条例是广东省的地方性法规，由全国人大常委会批准无此先例。而另一种意见是，时任深圳市委书记的吴南生等人则主力这个条例必须由全国人大常委会批准。意见无法统一，“矛盾”上交到最高层——全国人大常委会。吴南生给第五届全国人大常委会委员长叶剑英的办公室主任打电话说：“特区是中国的特区，只是在广东办，如果没有经过全国人大通过，那我们就不肯办了。”叶剑英委员长回复了三个字：“明白了。”这样，就有了这个特区条例由国务院提请、由全国人大常委会批准这一“特例”。让许多人感到意外的是，这个条例获得批准公布几天后，那些因生活困难、藏在深圳梧桐山上准备逃往香港谋生的人群消失了，不外逃了。因为老百姓看到了生活的希望。这就是法制的力量！

深圳终获经济特区立法权

深圳经济特区设立后的10年间，取得显著成绩，改革在许多方面有所突破，经济高速发展。但没有建立起与之相适应的市场经济秩序，主要表现为缺乏完整的适应市场经济需要并符合国际惯例的法律制度和保证政府廉洁高效运转的新体制。为解决这些问题，1989年3月，国务院提请第七届全国人大第二次会议审议授予深圳市经济特区立法权的议案。

在深圳经济特区建立的最初10年，作为设区的市级意义上的深圳市人大及其常委会一直没有成立。这主要是在深圳市政权体制设置上曾有一种意见：深圳市不设立人民代表大会。几经周折，最后确定深圳市实行同一般的设区市相同的政权体制，也就是设立人大及其常委会。在这次全国人大会议审议这一议案时，代表提出了一些意见，其中的一个意见是，深圳市人大及其常委会尚未建立，没有“户口”就给“粮票”的做法不妥，建议待深圳市人大及其常委会建立后再考虑这一授权。人大代表在审议议案中提出各种不同意见，这是再正常不过的事情了，它可以使对作出的决定考虑得更周全些、更慎重些，虽然有时在效率上会有所牺牲，但这也是人大这个机构存在的必要性的一个非常重要的方面。我在全国人大机关工作时间越长，这种感受越深。1989年4月4日，在这次全国人大会议闭幕会上没有直接对深圳市作出授予立法权的决定，而是授权全国人大常委会在深圳市产生人大及其常委会后再作出相应决定。

1990年12月，深圳市第一届人大第一次会议召开，并产生了市人大常委会。这时，授予深圳市经济特区立法权的问题被提到了全国人大常委会的议事日程上。在全国人大常委会就这一问题征求意见过程中一直有不同意见，授权问题一段时间没有解决。后来提出不再征求意见，由全国人大常委会来决定。在邓小平同志视察南方重要谈话精神的有力推动下，1992年7月1日，第七届全国人大常委会第二十六次会议作出了授予深圳市经济特区立法权的决定。深圳从经济特区试办到获得立法权用时12年。

深圳“一市两法”的困扰

我体会到，赋予深圳市的制定经济特区法规规章的权力，不是通常意义上的立法权，它本义是解决经济特区发展中的立法问题，而不是解决经济特区之外行政区域发展所需要的立法问题。

但事物的关联性、问题的复杂性和情况的发展变化并不一定一开始就能完全考虑到。全国人大常委会作出授权决定时，特区外的宝安县与特区所在的福田、罗湖、南山3个城区（特区面积327.5平方公里，占深圳市总面积的1/6）不同，不适用特区法规矛盾并不突出。随着城市化进程，宝安县改为宝安、龙岗两城区，与特区内的三个城区基本上同步发展。但特区法规只能在经济特区实施，而在经济特区外的宝安、龙岗两区实施的是广东省的地方性法规，这种情况不适应深圳市经济发展和法制建设的要求。用深圳市人大同志的话说，这个时候深圳市是“一市两法”（或称“一市两制”），他们希望尽快解决这个问题。

1994年4月底，深圳市人大常委会有关负责人就如何解决深圳经济特区法规适用于包括宝安区、龙岗区在内的全市行政区域问题专程到北京，向全国人大常委会法制工作委员会请示。按照全国人大常委会法制工作委员会的意见，6月26日，深圳市人大常委会向广东省人大常委会请示，请其就深圳市宝安、龙岗两区适用经济特区法规问题作出决定。广东省人大常委会同意深圳经济特区法规适用于包括宝安、龙岗两区在内的深圳全市行政区域，但认为广东省无权擅自扩大深圳经济特区法规的适用范围，于是在7月19日，向全国人大常委会转报了深圳市的请示。第八届全国人大常委会秘书长曹志于8月2日将这个请示件批给我：“此件请阚珂同志阅存。过几天抽时请深圳人大来一下，听听汇报。”

深圳实现“一市一制”

1994年9月5日，全国人大常委会秘书长曹志召集会议，听取深圳市人大常委会副主任张余庆关于扩大深圳经济特区法规适用范围的说明。第八届全国人大常委会副秘书长王书明、刘政和全国人大常委会法制工作委员会副主任乔晓阳参加会议,我也参加了这个会议。会上,有同志提出两个方案:一是扩大经济特区范围,这不需要修改1992年的授权决定;二是广东省人大常委会可作单项决定,深圳市一事一报,广东省一事一定。会议研究认为,扩大经济特区法规适用范围问题,不宜由广东省人大常委会决定,而只能由全国人大常委会决定。会议还提出,这个问题征求一下国务院的意见,由全国人大常委会副秘书长刘政负责。

过了一段时间,刘政邀请国务院副秘书长席德华和国务院法制局局长杨景宇来到人民大会堂,就深圳市经济特区法规适用范围问题交换意见,我参加了交换意见。席德华、杨景宇说,这个问题涉及扩大深圳经济特区的范围,并提出三个解决办法:第一,将深圳经济特区扩大到宝安、龙岗两区,但当时没有扩大特区范围的考虑,而扩大特区范围问题不由全国人大决定,由国务院报请党中央后决定;第二,由全国人大作出深圳经济特区法规在其全市实施的决定,但认为不宜由全国人大作这样"二次授权"性质的决定;第三,将深圳市变为较大的市,这样,它就有了制定地方性法规的权力,但经济特区法规仍不能在宝安、龙岗两区适用,"一市两法"没有彻底解决,另外,当时国务院已暂停审批较大的市。

1年之后的1995年12月27日,全国人大常委会办公厅向广东省人大常委会发出《关于深圳市人大及其常委会制定的法规适用于该市行政区域内问题的复函》,同意深圳市人大及其常委会制定的法规适用于该市行政区域内(包括宝安、龙岗两区)。但法规有关国家赋予经济特区的特殊改革方面的规定只能适用于所属经济特区。深圳市人大及其常委会制定的法规在非经济特区的宝安、龙岗两区实施时,如果与广东省人大及其常委会制定的地方性法规发生冲突,应适用广东省人大及其常委会制定的地方性法规。复函解决了深圳市经济特区内外统一适用经济特区法规问题,但由于国家赋予经济特区的特殊改革方面的规定只能适用于所属经济特区,这样,在实质上没有扩大深圳市有关经济经济特区的立法权。

2000年3月15日,第九届全国人大第三次会议通过了立法法,明确经济特区为较大的市,享有制定地方性法规的权力,法规报所在省人大常委会批准。这对于深圳市而言,确认了1995年12月27日全国人大常委会办公厅给广东省人大常委会的复函。

2010年5月27日,国务院就广东省提出的《关于延伸深圳经济特区范围的请示》，作出了《关于扩大深圳经济特区范围的批复》。根据这个批复，从 2010 年 7 月 1 日起，深圳经济特区范围扩大到深圳全市。这样，在深圳全市既统一实施深圳经济特区法规，又统一实施深圳市地方性法规，“一市两法”问题得到了全面、彻底解决。换句话说，深圳“一市两法”问题到此终结。

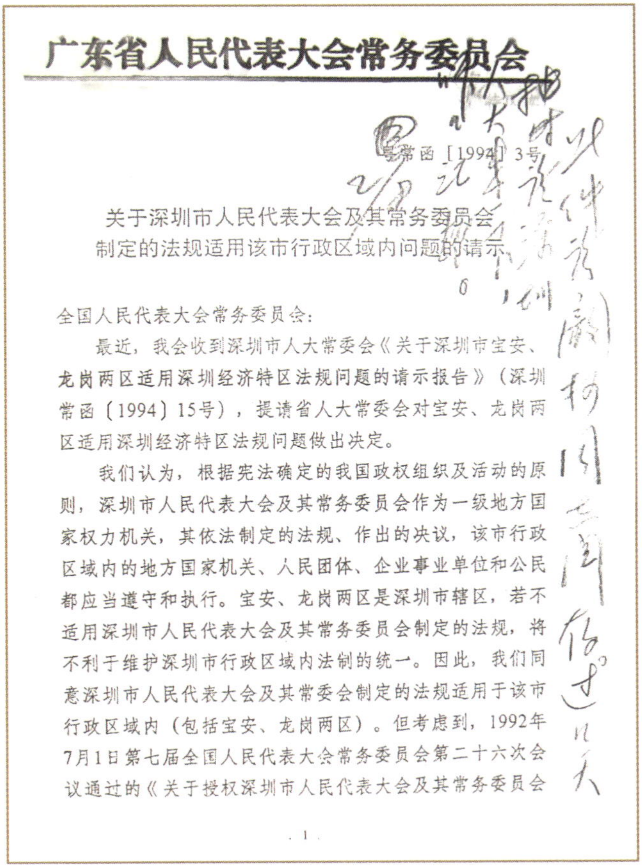

广东省人民代表大会常务委员会

粤常函［1994］3号

关于深圳市人民代表大会及其常务委员会制定的法规适用该市行政区域内问题的请示

全国人民代表大会常务委员会：

最近，我会收到深圳市人大常委会《关于深圳市宝安、龙岗两区适用深圳经济特区法规问题的请示报告》（深圳常函〔1994〕15号），提请省人大常委会对宝安、龙岗两区适用深圳经济特区法规问题做出决定。

我们认为，根据宪法确定的我国政权组织及活动的原则，深圳市人民代表大会及其常务委员会作为一级地方国家权力机关，其依法制定的法规、作出的决议，该市行政区域内的地方国家机关、人民团体、企业事业单位和公民都应当遵守和执行。宝安、龙岗两区是深圳市辖区，若不适用深圳市人民代表大会及其常务委员会制定的法规，将不利于维护深圳市行政区域内法制的统一。因此，我们同意深圳市人民代表大会及其常委会制定的法规适用于该市行政区域内（包括宝安、龙岗两区）。但考虑到，1992年7月1日第七届全国人民代表大会常务委员会第二十六次会议通过的《关于授权深圳市人民代表大会及其常务委员会

· 1 ·

广东省人大常委会转报的请示

（首页影印件）

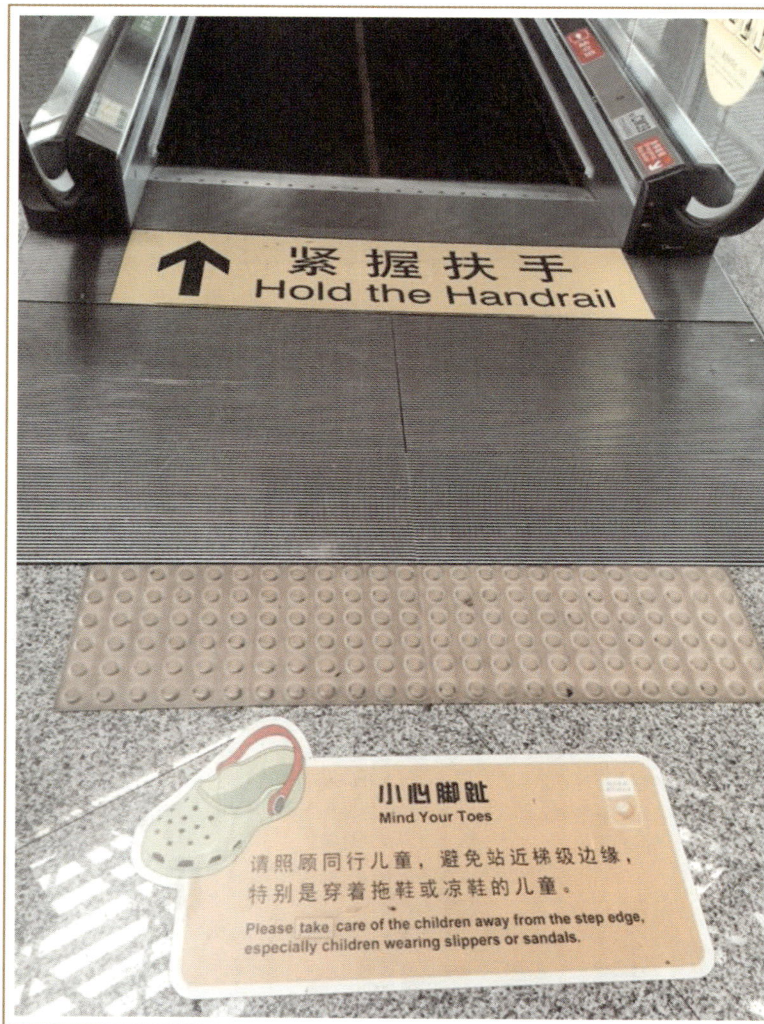

首都国际机场自动扶梯安全提示

（本书作者　摄）

乘自动扶梯你“扶”了吗

40 多年前一段刻骨铭心的记忆

40 多年前的 1975 年，我在一家工厂工作。

一天，在我们厂学工的一个中学生，在厂仓库劳动时想试一试汽油能不能点着，就将一根点燃的火柴扔到了存放在仓库门口盛满汽油的油桶上，火在瞬间着了起来。大火很快就把仓库的门封死了，人进不去，仓库随时都有燃烧爆炸的可能，情况十分危急。我的朝鲜族师傅金春万正当壮年，带着我们几个工友一起在仓库外墙上凿开一个大洞，把那些油桶迅速地搬到了安全地方，避免了工厂更大的损失。幸运的是，大火没有伤及周边的居民，但这个中学生被烧伤了，送进医院接受了植皮治疗。

2014 年，我遇到了 30 多年未见的一位工友，他现在是以前那家企业的负责人。他对我说：当年被烧伤的那个中学生已经 50 多岁了，现在提出那次他被烧伤应该算为工伤。

我在全国人大常委会法制工作委员会任职期间，曾分工负责制定《特种设备安全法》和修改《安全生产法》的具体工作。在工作的过程，我每每都会想起当年我们厂那场火灾的场面和火灾带来的长久伤害。

电梯伤人谁之过

2013 年 6 月，全国人大常委会通过了《特种设备安全法》；2014 年 12

月，全国人大常委会修改了《安全生产法》。由于参加了这两部法律的制定、修改工作，现在，每当媒体报道哪里发生了特种设备安全事故或者企业安全生产事故，我的家人就会用“训斥”的口吻问我：“为什么立了法还发生事故？你们立法有什么用？”这时，我就像是犯了错误的小学生在接受“批评”。

2015 年 7 月，我在老挝访问。同年 7 月 26 日，湖北荆州一家商场发生电梯故事，《检察日报》的记者谢文英就此发短信“质问”我：“阚局，这电梯怎么了？”因为我担任过全国人大常委会办公厅新闻局局长，与记者彼此非常熟悉，所以他们一直称呼我“阚局”。发生了这起电梯事故，好像我又犯“错误”了。

从一些电梯事故来看，发生的直接原因是维护保养不符合要求。电梯在多数时候不会出大问题，但有的电梯使用单位就心存侥幸，为了省钱，降低成本，选择费用低的维护保养单位。而维护保养单位之间为了抢生意，又竞相压价，结果必然是在电梯的维护保养上偷工减料。这样长此以往，电梯不出事故就怪了。

通过这些年参加有关生产安全方面的立法工作，我认为，在特种设备安全方面和企业安全生产方面，国家的法律规定是比较完善的。比如，《特种设备安全法》规定，电梯的安装、改造、修理，必须由电梯制造单位进行。这就是说，假如某一个单位的电梯是从国外购买的，那么国外这个电梯生产厂家要到我们国内安装它所生产的电梯。如果国外厂家委托我们国内的单位安装，这部电梯出了问题，这家国外的生产企业仍然要承担责任。再如，《安全生产法》对危险物品的生产、经营、装卸、运输、储存、使用，以及危险物品相关建设项目设计的审查和废弃危险物品的处置等问题都作了规定。为什么法律规定得这么严格还会发生特种设备安全事故和安全生产事故呢？根本的问题是法律没有得到严格执行。

修改后的《安全生产法》规定，要强化和落实企业的安全生产主体责任。这里所说的“主体责任”是什么意思呢？就是要求企业对自己的安全生产承担第一位的责任、承担全部责任。市场经济条件下的诚信，一个重要内容就是要自觉地遵守法律。要认识到，法律是保护自己的，不是限制自己的。在安全生产方面，企业一定要认真贯彻执行相关的法律、法规、标准、技术规范和操作规程。这些都是用血的教训换来的。我有一个观点：什么时候全社会都自觉遵守法律了，法治社会就建成了。

美国杜邦公司提出，所有的事故都是可以预防的。在欧美国家，许多企业的安全生产规范有这样一个细节：规定员工上下楼时必须扶着楼梯的扶手，不扶就是违反操作规程。在美国纽约超市，顾客和购物车分别使用不同的斜坡式自动扶梯。安全从细节入手这样的经验，很值得我们学习借鉴。

加快普及特种设备安全知识

在8大类特种设备中，百姓在日常工作生活中接触最多的是电梯。

2013年6月21日，在上海一家超市，有顾客不听从超市工作人员的劝阻，将一辆自带的装载15箱饮料、重达300斤的小推车推到斜坡式自动扶梯上，小推车急速从上冲下去，当场撞死一位6旬老人。按照规定，在超市购物要使用超市提供的专用的带有斜坡止位装置的购物车，如果使用普通的没有斜坡止位装置的车，包括婴儿车，上下楼要乘直升式电梯。这起事故说明，顾客没有乘斜坡式自动扶梯的常识，同时又不服从管理。由于这起事故，在8天后，也就是2013年6月29日，全国人大常委会通过的《特种设备安全法》专门作了这样的规定：公众乘坐电梯应当服从有关工作人员的管理。

从我这些年的观察来看，没有多少人知道乘自动扶梯的安全常识。在首都机场3号航站楼，当人走近台阶式自动扶梯时，就会听到普通话和英语的安全提示：“请紧握扶手，注意脚下。”在香港机场，用普通话、粤语、英语提示乘自动扶梯注意安全。在上海虹桥机场，“请紧握扶手”的提示贴在自动电梯内侧下端的挡板上。很长时间以来，我在内地的机场、商场、超市没有看到有几个人乘自动扶梯时扶电梯的扶手。正是大家这种对安全提示的熟视无睹才造成了一些原本可以避免的事故没能避免。

《特种设备安全法》规定，监管部门应当加强特种设备安全宣传教育，普及特种设备安全知识，增强社会公众的特种设备安全意识。2013年12月19日，在全国人大新闻宣传座谈会上，张德江委员长强调立法宣传要注重效果，专门提到宣传《特种设备安全法》应使用“特种设备，人命关天”这样醒目的标题，以便于引起读者的关注。在国家质检总局召开的“特种设备监察60周年暨特种设备安全法颁布两周年座谈会”上，我建议，特种设备安全监管部门要加强普及特种设备安全知识的工作。

广大公众自身也应切实增强安全和自我保护意识，了解和掌握必要的安全知识，在日常工作、生活中把安全放在第一位，自觉遵守相关规定。

延伸阅读

始终把人的生命安全放在最重要位置

——谈《安全生产法》的修改

修改过程

2014年8月31日，第十二届全国人大常委会第十次会议以165票赞成、5票弃权的结果，高票通过了关于修改《安全生产法》的决定，这表明全国人大常委会组成人员对《安全生产法》的修改达成了高度共识。《安全生产法》的修改是我国安全生产法制建设中的一件大事。我们期待修改后的《安全生产法》在安全生产工作方面起到引领、推动和保障作用。

2014年2月，国务院向全国人大常委会提请审议安全生产法修正案草案。2月27日，第十二届全国人大常委会第七次会议对修正案草案进行了初次审议。初次审议后，全国人大法律委员会、全国人大常委会法制工作委员会在半年时间里，围绕草案的修改完善主要开展了以下工作。

一是认真梳理、研究全国人大常委会组成人员的审议意见；二是将草案印发给各省、自治区、直辖市和中央有关部门、单位、高等院校和研究机构征求意见；三是在中国人大网上全文公布草案，向社会公开征求意见；四是全国人大法律委员会、全国人大财政经济委员会和常委会法制工作委员会联合召开座谈会，听取中央有关部门的意见；五是与全国人大财经委、国务院法制办、国家安全生产监管总局等部门多次沟通协商，反复研究，对草案进行修改完善；六是为了解、借鉴国外安全生产立法的有益经验，法制工作委员会组团赴德国、土耳其，对两国安全生产法律制度进行调研，并在北京召开了“安全生产法律制度国际研讨会”；七是召开法律出台前评估会，就草案主要制度规范的可行性、出台时机、实施效果及实施中可能出现的问题进行论证评估；八是全国人大法律委员会对草案进行了三次逐条审议。

深入地方、深入基层、深入企业调查研究贯穿于这部法律修改的全过程。我们先后到北京、云南、浙江、内蒙古和河北等地区在安全生产方面具有典型性、代表性的地方进行调研，与国务院监管部门、地方政府（包括乡镇政府和街道办事处）、生产经营单位负责人、安全生产管理人员及从业人员等进行座谈，了解情况，听取意见，我们还邀请多位全国人大代表参加调研工作。

我们对通过各种途径和形式了解到的情况和意见进行由此及彼、由表及里的研究分析，总结形成了三点认识：一是国务院及其有关部门、地方政府及其有关部门对安全生产工作是重视的。《安全生产法》颁布实施以来，各有关方面认真贯彻落实法律的各项规定，开展了大量卓有成效的工作。二是规模以上企业在落实安全生产主体责任方面做得比较好，但还有为数不少的中小企业特别是中小私营企业安全生产工作基础仍然很薄弱，生产安全事故易发、多发。三是近10年来我国安全生产形势总体上有很大好转，但各类事故仍时有发生，安全生产形势依然严峻。从重特大事故数量来看，道路交通和煤矿仍然是事故多发行业领域。我们也看到，最近一个时期，其他行业、领域相继发生多起重特大生产安全事故，造成重大损失，教训十分深刻，这给安全生产工作敲了警钟。通过修改完善法律规定进一步强化安全生产工作显得尤为迫切。

基于以上认识，在《安全生产法》的修改过程中，我们认真总结法律实施的经验，认真贯彻落实中央的要求，以解决突出问题为导向，不断深化认识，本着对党的事业高度负责、对人民群众的生命安全高度负责的态度，逐字逐句地对草案的规定进行推敲，努力把安全生产法修改好、完善好。

依照《全国人民代表大会常务委员会议事规则》的规定，这个草案经过了全国人大常委会2014年2月、8月两次会议审议，每次都有300多人参加审议，最后按照少数服从多数的原则，通过表决集体作出决定，这是立法的关键环节、决定性环节。

《安全生产法》的修改过程充分说明，全国人大常委会实行科学立法、民主立法、依法立法，努力立高质量的法，立符合实际的管用的法，立能解决问题的法；充分说明，立法是认真的、慎重的、严肃的，严肃立法，严肃执法才有前提和保障；充分说明，这部法律的修改，集中了立法机关、行政机关、生产经营单位、专家学者等多方面的智慧和力量。

主要特点

第一，坚持以人为本，把保障人民群众的生命安全放在首位。安全生产，人命关天。坚持以人为本，是从以往安全生产事故血的代价和教训中总结出的安全生产工作最重要的原则，是这次修改法律的重要指导思想。习近平总书记2013年在考察山东青岛“11·22”中石化东黄输油管道泄漏爆炸特别重大事故抢险工作时指出，各级党委和政府、各级领导干部要牢固树立安全发展理念，始终把人民群众生命安全放在第一位。习近平总书记的重要讲话为《安全生产法》修改工作指明了方向。坚持以人为本，就是要始终把人民群众的生命安全放在最重要的位置，要秉持人的生命至上的理念，在处理保证安全与实现生产经营活动目标的关系上，要始终把人的安全放在首要位置。要在确保安全的前提下，实现企业经营活动目标。当安全工作与其他工作发生矛盾与冲突时，其他工作要服从安全，绝不能以牺牲人的生命、健康为代价获取企业效益和经济发展。不注重安全，一味追求盈利，成就不了伟大企业。坚持以人为本、保障人的生命安全的要求贯穿在整部安全生产法中，各项具体制度的设计，都服从和服务于这个根本。

第二，立法针对问题，重点解决实践中存在的突出问题。实践是检验法律实施效果的客观标准。安全生产中暴露出来的问题，既有有法不依、执法不严、违法不究的问题，也有法律制度本身不够完善的问题，或者随着客观形势的发展，法律某些规定落后于实践发展的内容。这次修法重点解决的问题有：一是生产经营单位主体责任不落实，守法意识淡薄。二是安全生产基层监管能力不足，人员、装备、技术欠缺；政府监管手段不够硬，对一些情节严重、屡查不改的重大违法行为缺乏有效的监管的强制手段和措施。三是违法成本低，随着近年来经济的快速发展，原有的一些罚款处罚威慑力已显得不足，难以收到预期效果。四是有的条文规定过于原则，缺乏可操作性。在修改过程中，我们紧紧围绕这些突出问题开展重点研究，通过对具体制度进行修改完善，努力解决好这些问题。

第三，注重加强政府监管和发挥市场作用，多管齐下强化安全生产工作。当前，我国正在大力推进行政审批制度改革。在这一背景下，加强安全生产工作需要妥善处理政府监管与发挥市场作用的关系。从一些市场经济发展水平较高的发达国家的经验来看，这些国家政府监管的作用更多地体现为制定法律和政策，加强对安全生产工作的引导和宣传，强调发挥行业组织、社会中介机构、工会和相关保险机构等在安全生产工作中的作用；企业守法意识比较强，政府管得较少，更多地通过购买服务等方式将一些行政职能交由社会组织承担。从长远来看，我国的安全生产工作应当朝这个方向发展，今后修法的方向应该是更多地通过经济手段、通过市场的作用来解决安全生产问题。但是，当前修改《安全生产法》，必须立足于现阶段的具体国情，符合当下实际。从当前来看，我国不少企业尤其是大量中小企业守法观念淡薄，安全生产形势依然严峻，政府监管是不可或缺的，有些方面还要进一步加强。

安全生产法修改，一方面，按照政府职能转变和行政审批制度改革的要求，将一些原来由政府承担的职能改为由生产经营单位承担，例如，部分建设项目安全设施的验收，从以往的由主管部门验收，改为由建设单位组织验收。这次修法还规定，国家鼓励生产经营单位投保安全生产责任保险。这是引导商业保险在安全生产中发挥作用。要逐步解决好“企业发财、政府发丧”的问题。另一方面，为解决现有执法手段、措施不够硬的问题，《安全生产法》修改进一步强化了监管手段和措施，比如，赋予监管部门在必要情况下，对违法生产经营单位采取停止供电、停止供应民用爆炸物品等措施的权力。

第四，强化责任追究制度，加大处罚力度。最严格的监管，要有最严厉的处罚。这次《安全生产法》修改，加大了对违法行为的处罚力度。例如，对发生特别重大生产安全事故的责任单位，由安监部门处500万元以上1000万元以下的罚款；情节特别严重的，处1000万元以上2000万元以下的罚款。这是目前所有法律中，罚款固定数额上限最高的一项规定。以往最高的是500万元，这次一下子提高到2000万元，可以称得上是“史上最严的安全生产法”。

重点问题

第一，关于进一步强化生产经营单位的安全生产主体责任。在《安全生产法》修改过程中，我们深刻地意识到，安全生产工作要“防患于未然”，只有进一步强化和落实生产经营单位的主体责任，从源头上把关，才能从根本上防止和减少生产安全事故的发生。本着这一思路，修改后的《安全生产法》对生产经营单位的义务作了进一步规定，增加了不少条文。一是明确生产经营单位应当推进安全生产标准化建设，提高安全生产水平。二是明确了安全生产责任制的具体内容和要求。三是对生产经营单位设置安全生产管理机构和配备安全生产管理人员，以及注册安全工程师制度提出了新要求。

四是对安全生产管理机构和管理人员的具体职责、履职要求和保障作出了规定。五是对生产经营单位应当保障实习学生和被派遣劳动者的权利作了规定。六是对生产经营单位的事故隐患排查治理制度作了规定。

第二,关于强化乡镇人民政府及街道办事处、开发区管理机构的安全生产监管职责。乡镇一级政府在安全生产监管工作中发挥基础性作用。是否赋予乡镇政府安全生产监管职责,在全国人大常委会审议过程中有不同意见。我们在地方调研过程中,一些乡镇政府和街道办事处的同志反映,目前乡镇一级政府是“权力轻于鸿毛,责任重于泰山”,乡镇一级安监工作是“门难进、活难干、人难留”。如何认识和看待这一问题,我们反复研究,权衡利弊,根据实际情况作出规定,乡镇一级政府应当加强对生产经营单位安全生产状况的监督检查,协助上级政府有关部门依法履行安全生产监督管理职责。同时,考虑到我国各地区经济发展不平衡,乡镇辖区内的生产经营单位数量和监管工作难度差别很大,不宜在立法中对乡镇一级政府安全生产职责统一作出具体表述,因此我们提出由各地进一步明确。

调研中一些地方反映,近年来发生的一些重特大安全生产事故,反映出各类开发区安全生产监管工作存在盲区和薄弱环节,有必要进一步加强各类开发区的安全生产监管工作。通过反复研究斟酌,在法律草案提请全国人大常委会表决前,专门增加了有关开发区管理机构对生产经营单位安全生产状况进行监督检查的规定。这里的开发区,包括经济技术开发区、高新技术产业开发区、工业园、创业园、软件园、环保产业园和物流产业园等各级各类开发区和工业园区。

第三,关于明确安全生产监督管理部门的行政执法主体地位。按照《安全生产法》的规定,安监部门负责对安全生产工作实施综合监督管理,是安全生产行政执法部门,这一点应该没有疑问。在实际工作中,有关方面在处理执法保障等具体问题上,对安监部门是否属于执法部门有不同认识。我们感到,安全生产行政执法如果没有相应的条件保障,势必会给一些地方的具体执法工作带来不利影响。我们在一些地方调研过程中,地方安监部门的同志也多次反映这一问题。考虑到以上情况,这次《安全生产法》修改进一步明确了负有安全生产监督管理职责的部门的行政执法主体地位,专门增加规定,安全生产监督管理部门和其他负有安全生产监督管理职责的部门“依法开展安全生产行政执法工作”。

第四，关于尽职免责。在调研过程中，要求规定“尽职免责”，是安全生产监管部门的同志反映比较多的问题。对此，我们研究认为这个意见有一定道理。从一般道理上来讲，做好安全生产工作是生产经营单位的责任，是生产经营单位的事情。我们几十年都在讲，安全为了生产，生产必须安全；安全是生产的前提，不安全不能生产。说到底，安全生产是有利于企业发展的。发生安全生产事故一般与政府安监部门的人员没有直接关系。尽管如此，法律还是没有作出“尽职免责”的规定。这是考虑到：首先，我国目前的安全生产形势依然严峻，行政监管还是非常有效的管理手段，行政部门还必须承担这方面的职责。《安全生产法》对监管部门的履职要求有明确规定。违反这些规定，监管人员要承担相应的法律责任。这是依法行政的客观要求。其次，经济持续健康发展，仍然是我们面临的十分重要的任务，政府主导着经济工作，而在经济发展过程中伴随着安全生产问题。还要看到，近年来，有的地方政府为了招商引资，对引进的企业做了一些不适当的承诺，对企业安全生产要求不高，在项目审批方面把关不严。这样，发生严重的安全生产事故，这些地方的政府和监管部门难辞其咎。最后，这次《安全生产法》修改专门增加了一项内容，规定安全生产监督管理部门应当按照分类分级监督管理的要求，制定安全生产年度监督检查计划，并按照年度监督检查计划进行监督检查。增加这一规定的目的在于明确安全生产监督检查应当按计划进行。这考虑了“尽职免责”的意见。在追究监管人员的失职、渎职行为时，要看其是否严格按照监督检查计划的要求履行了相应的职责。事故调查处理的目的，是查明原因、吸取教训、举一反三，而不是为了处理几个人。从总体上说，监管部门及其工作人员严格执行法律规定，依法履职，尽职尽责地做了工作，在责任追究上就要考虑这个情况。对确实属于不负责任的，或者有失职、渎职、徇私枉法行为的，应当依法追究责任。

第五，关于党政同责。抓紧建立健全党政同责、一岗双责、齐抓共管的安全生产责任体系，是党中央对安全生产工作的要求。这个要求适用于这次《安全生产法》的修改。在审议草案过程中有的建议，在法律中规定“党政同责”。但法律规定既要有利于坚持党的领导、推动工作，也要符合法理，“党政同责”在法律中不好表述。因此，《安全生产法》修改对这一问题未作规定。目前，党中央和国务院有关文件对发生重特大生产安全事故、追究地方党委负责同志的责任已有相应的规定，在实践中应执行好这些规定。

把人的生命安全放在第一位（节录）

全国人大常委会法工委副主任阚珂解读《特种设备安全法》

《法制日报》记者　朱　磊

2013年6月29日，第十二届全国人大常委会第三次会议表决通过了《特种设备安全法》。该法有何特点？对保障特种设备安全运行有何作用？值此法律出台之际，《法制日报》记者采访了全国人大常委会法制工作委员会副主任阚珂。

以人为本立法为民

安全工作无小事。

阚珂介绍，说到特种设备，有些人可能比较陌生，但提到其中的电梯、客运索道、游乐设施，大家就熟悉了。按照《特种设备安全法》的界定，特种设备包括锅炉、压力容器（比如，汽车罐车、液化石油气钢瓶）、压力管道（比如，石油天然气管道）、电梯、起重机械、客运索道、大型游乐设施、场（厂）内专用机动车辆8大类。这些设备一般具有在高压、高温、高空、高速这“四高”条件下运行的特点，具有易燃、易爆、冲撞、高空坠落等危险性，一旦发生事故，极易导致人身伤亡。改革开放以来，随着我国经济快速发展、城市化进程加快以及人民群众生活水平的提高，特种设备数量迅猛增长，与此同时，特种设备安全形势也更加复杂。

“以人为本、立法为民，是我国立法工作始终坚持的一项根本原则。”阚珂表示，立法就是要解决实践中普遍存在的突出问题。面对严峻的特种设备安全形势，面对群众的呼声和实践中迫切需要通过立法加以解决的问题，全国人大常委会高度关注，本着对人民生命安全高度负责的精神，经过充分酝酿、深入调研，三次常委会会议审议，及时出台了《特种设备安全法》。

“这一立法，为当前全国上下高度重视、狠抓安全生产工作提供了进一步的法律依据。它的出台，标志着我国特种设备安全工作向科学化、法制化方向迈进了一大步。”阚珂说。

安全责任企业为先

产品质量关乎人民群众的生命，也关乎企业的生命。

“保障特种设备安全，企业要首先承担责任。”阚珂介绍，《特种设备安全法》总结我国特种设备安全管理工作的实践经验，首次从立法上确立了社会主义市场经济条件下，企业承担安全主体责任、政府履行安全监管职责和社会发挥监督作用三位一体的新的特种设备安全工作模式。三者当中，强调特种设备生产、经营、使用单位的安全责任是第一位的。

阚珂深有感触地说，确立特种设备生产、经营、使用单位的安全主体责任，是从屡屡发生的特种设备安全事故血的教训中得出的重要经验。从以往情况来看，发生特种设备安全事故，大多数是由于企业安全管理不善、安全责任不落实导致的。《特种设备安全法》就是要解决这个问题，通过强化企业主体责任，加大对违法行为的处罚力度，包括对事故发生负有责任的单位的主要负责人处以罚款，督促生产、经营、使用单位及其主要负责人真正意识到安全是企业的首要责任，也是企业的生命。没有安全，企业的长远发展也无从谈起。

那么，《特种设备安全法》从哪些方面规定了企业的责任？

阚珂介绍，强调特种设备生产、经营、使用单位的主体责任，首先要求生产单位生产出来的必须是安全的产品。为保障生产出安全的产品，《特种设备安全法》对特种设备的设计、制造、安装、改造、修理等单位规定了行政许可制度，生产单位开展生产活动前，必须具备法定条件、取得监管部门颁发的相应的许可；在经营环节上，法律禁止销售、出租未取得许可生产的特种设备或者国家明令淘汰和已经报废的特种设备；在使用环节上，法律要求所有的特种设备必须向监管部门办理使用登记方可使用，使用单位要落实岗位责任、对设备安全运行情况定期开展安全检查，进行经常性维护保养；一旦发现设备出现故障，应当立即停止运行、进行全面检查，消除事故隐患。

“加强维护保养是保障特种设备安全的重要措施。”阚珂说，近年来连续发生的多起电梯安全事故表明，维护保养是关键，也是最容易出现问题的环节。尤其是在地铁站、商场等公共场所，人员流动量大，电梯等设备长时间处于高负荷满载使用，经常性的安全检查和维护保养就显得尤为重要。针对类似问题，《特种设备安全法》作了有针对性的规定。例如，法律中明确要求电梯维护保养必须要由有资质的单位承担,承担维护保养工作的作业人员必须经过专业培训、取得作业人员资格;维护保养过程应当严格执行安全技术规范要求,并落实现场防护措施,保证施工安全。

住宅小区电梯故障也是人民群众反映较为突出的问题。阚珂介绍,针对住宅小区电梯安全管理不到位的问题,法律作了专门规定。按照规定,如果业主委托物业服务单位管理小区的电梯,物业服务单位应当依法履行安全管理义务,一旦发生事故,物业服务单位如果没有尽到安全管理义务,应当承担相应的责任。此外,对医院、旅游观光塔等一些特定场所的电梯,有关安全技术规范还要求配备专业操作人员负责操作电梯,确保乘梯人的安全。

阚珂介绍,法律要求特种设备从生产、经营、使用,直至报废的整个生命周期,都应当有完整的信息记录,也就是建立了特种设备"身份证"制度。这样规定的目的,就是要确保一旦发生事故,能够迅速查清是哪个环节的疏漏和问题,找出问题,不仅有利于追究责任,也有利于更好地改进安全工作。

政府监管尽责到位

在强调特种设备生产、经营、使用单位的安全主体责任的同时,政府部门的监管职能也要进一步加强。这在《特种设备安全法》中有所体现。

阚珂指出,政府部门对特种设备安全的监管,不应是"保姆式"越俎代庖地包揽企业的安全责任,而是要实行"警察式"的监管。总的来讲,监管部门就是要按照法律规定的职责和权限,依法督促特种设备生产、经营、使用单位和检验、检测机构认真落实法律规定的各项义务和要求,一旦发现违法行为,坚决予以查处。例如,在实施特种设备生产许可工作中,决定是否给予许可,要严格审查申请单位是否符合法定条件;根据有关方面的举报或者在主动实施监督检查过程中,发现特种设备存在严重事故隐患的,应当责令有关单位及时采取措施消除事故隐患;发现特种设备应当召回而不召回的,应当责令生产单位立即召回;发现特种设备已经达到报废条件,应当及时督促使用单位依法履行报废义务。

社会监督齐抓共管

特种设备安全是一项系统工程,需要社会各方面参与。

"在强化企业主体责任、加强政府部门监管同时,还必须动员社会各方面力量参与到特种设备安全工作中来。加强社会监督,充分发挥社会公众、新闻媒体等各方面对特种设备安全工作的监督作用,齐抓共管,往往能够达到事半功倍的效果。"阚珂说。

阚珂介绍,为加强特种设备安全工作,《特种设备安全法》对社会各方面和公民个人参与特种设备安全监督工作作了规定。在生产过程和日常生活中,任何单位和个人发现涉及特种设备安全的违法行为,有权向监管部门和有关部门举报,接到举报的部门应当及时处理。

"充分发挥社会监督作用,要保障公众的知情权。"阚珂指出,《特种设备安全法》规定,特种设备监管部门应当定期向社会公布特种设备安全状况。法律还要求监管部门对依法办理使用登记的特种设备建立完整的监督管理档案和信息查询系统,便于社会公众查询了解特种设备的安全使用状况。

安全意识常抓不懈

做好特种设备安全工作,离不开社会公众安全意识的提高和自我保护能力的增强。

"从近年来发生的一些特种设备安全事故我们可以看出,如果社会公众能够增强安全和自我防护意识,一些惨痛的事故原本完全可以避免。"阚珂表示,《特种设备安全法》对社会公众乘坐、操作特种设备有明确具体的安全要求。法律规定,公众乘坐或者操作电梯、客运索道、大型游乐设施,应当遵守安全使用说明和安全注意事项的要求,服从有关工作人员的管理和指挥;遇有运行不正常时,应当按照指引,有序撤离。公众对此应当予以足够重视。每一位公民都要切实增强安全和自我防护意识,了解掌握必要的安全知识,在日常工作、生活中践行安全第一的理念。

在采访接近尾声时,阚珂充满期待地说,徒法不足以自行。全国人大常委会立法是严肃的,而法律各项规定的落实需要全社会的共同努力。法律颁布实施后,社会各界要一体遵循。特种设备生产、经营、使用单位要自觉守法,安全工作要常抓不懈;政府部门要严格执法,督促有关方面落实安全责任、做好安全工作；新闻媒体应当大力宣传，为这部法律的贯彻实施创造良好的社会舆论氛围。要通过社会各方面的共同努力，确保特种设备安全使用，为经济社会发展作出贡献。

（原载《法制日报》2013年7月2日，第3版）

反家庭暴力立法调研在女子监狱

有人说:全世界没有任何婚姻制度可以承诺给人幸福,但应该有制度使人可以避免极端不幸。《反家庭暴力法》应该成为避免家庭发生极端不幸的法律制度——这是立法的初衷。

《反家庭暴力法》出台，妇联功不可没

我在全国人大常委会法制工作委员会分管社会领域的立法工作。2012年年初,刚接工作不久就遇到了制定反家庭暴力法问题。2月14日上午,时任全国妇联副主席甄砚和时任全国妇联权益部部长蒋月娥专程来到我们法制工作委员会商谈制定反家庭暴力法的问题。交谈中,我深切地感受到了全国妇联对制定这部法律的急迫心情。我提出,我们是制定一部宣示性的法律,表明国家反对家庭暴力的态度、立场,还是制定一部能解决家庭暴力具体问题的法律?这是我接手立法工作后考虑的一个问题。其实,在这之前的很长时间,我们法制工作委员会社会法室与全国妇联权益部已经做了大量工作。全国妇联的同志带给我厚厚一本反家庭暴力立法调研论证材料和国外有关法律规定的材料。

对反家庭暴力,全社会是有共识的。在《婚姻法》《妇女权益保障法》《未成年人保护法》《刑法》等法律中都有反家庭暴力的相关规定。但社会上认为这些规定还不够具体,在现实中还不能有效解决问题。

2013年3月7日,在全国政协第十二届第一次会议期间,我作为全国政

协委员在接受《法制晚报》记者有关制定反家庭暴力法问题的采访时说了这样一段话:“如何断定家庭暴力?极端的一些案例比较好判断,但一般的案例如何判断?有些夫妻两人今天吵得不可开交,甚至大打出手,明天又好了,这种情况法律何时介入、如何介入。这一系列问题都是立法的难点。制定出来的《反家庭暴力法》应当是一部具有可操作性的法律,而不仅仅是一些原则规定。全国人大常委会非常重视这部法律的制定工作,我们正在就制定这部法律的可行性作进一步论证,将积极推动出台。”

从 2012 年 2 月到 2015 年 11 月,与甄砚和蒋月娥初次见面 3 年多过去了。甄砚已转任全国政协委员。蒋月娥因年龄原因已经退休。2015 年 11 月 12 日下午 4 时,在反家庭暴力法草案初次审议后,全国妇联书记处书记谭琳和权益部部长高莎薇专程来我们法制工作委员会,就修改完善反家庭暴力法草案进一步提出建议。全国妇联一届一届领导同志和全国妇联相关部门为制定《反家庭暴力法》在锲而不舍地接力奋斗。我们在地方调研过程中,全国妇联、地方妇联都积极予以协助。比如,云南省妇联副主席马迎春在我们听不懂当地方言时,一句话一句话为我们翻译。

应该说,《反家庭暴力法》的出台,是与全国妇联和地方妇联长期不懈努力分不开的,是新时期我国妇女工作历史上具有里程碑意义的标志性事件。

一位服刑人员,一部真实悲剧

2015 年 10 月 27 日下午,我和我的同事来到南京女子监狱做反家庭暴力法立法调研。这是 1983 年 5 月我到长春女子监狱做社会调查 32 年后,第二次走进女子监狱。11 月 18 日下午,我们到云南省第一女子监狱做反家庭暴力法立法调研。

在这两所女子监狱,我们面对面地向 7 名服刑人员了解她们自己遭受家庭暴力的情况和自己犯罪的情况,征询了她们对制定反家庭暴力法的意见。

这 7 名服刑人员都是典型的“以暴制暴”犯罪。她们长期遭受丈夫的家庭暴力,少则忍受了 10 年,多则忍受了 20 年,在忍受到了极限,忍无可忍时,她们“以暴制暴”,用斧子、用刀、用磨刀石一举夺去了丈夫的性命。有的尽管杀死了丈夫也解除不了多年积蓄在身体上、精神上的痛苦，过去丈夫怎么对她施暴，她就怎么对丈夫的尸体施暴。

接下来的现实是残酷的：第一，丈夫死了；第二，曾是受害人的妻子成了杀人犯，被判刑 10 年、15 年、无期徒刑或者死缓；第三，有的服刑人员入狱后再也没有孩子的消息，不知道谁在照顾抚养他们，有的老人无人赡养，还有的老人因发生家庭暴力而自杀。更为残酷的现实是，有的是在父亲、弟弟帮助下共同杀害自己丈夫的，一家三口均被判重刑，家中的孩子只能由年迈的母亲照料。在江苏全省“以暴制暴”的服刑人员中，39.22% 的子女无人照顾，13.73% 的子女失学，这些孩子成长的道路完全是未知数，对孩子的影响可能会伴随他们一生，还有 13.73% 的父母无人赡养。家暴发展到“以暴制暴”，影响、伤害的是一家三代人。每位服刑人员自身都是一部真实的悲剧。

在江苏全省因家庭暴力引发犯罪的服刑人员中，有 86.28% 认为，有必要制定针对制止家庭暴力的专门法律。

走出监狱，我们的脚步是沉重的，心情是复杂的。加快立法步伐，出台一部管用的法，是我们调研组全体同志共同愿望，是我们工作的目标。同时，我真心希望这些服刑人员早日刑满出狱，回归社会，我在心里不停地召唤：“归来吧！归来哟！”我在离开监狱时对她们说的最后一句话是：希望她们走好明天的路。

保护权利，不保护“关系”

经过大量调查研究，并根据全国人大常委会组成人员和各方面的意见建议，我们提出并按照以下三个原则对国务院提请审议的反家庭暴力法草案进行修改完善：第一个原则是，既要发挥立法的引领和推动作用，态度鲜明地反对家庭暴力，又要充分考虑我国国情和实际。按照这一原则，法律规定，国家禁止任何形式的家庭暴力，反家庭暴力是国家、社会和每个家庭的共同责任，这都表明了国家反家暴的鲜明态度。同时，对立法宗旨作了调整，这部法律不仅要保护受害人的合法权益，而且要保护所有家庭成员包括加害人的合法权益，这是考虑到加害人有关探望子女、参加决定家庭事务等方面的合法权益也都是要保护的，立法是为了预防和制止家庭暴力，而不是要加剧家庭纠纷、激化家庭矛盾。法律还规定，反家庭暴力工作应当尊重受害人真实意愿，也是考虑到我国的实际和家庭文化。另外，法律规定，单位、个人发现正在发生的家庭暴力行为，有权及时劝阻。这里用的是“有权”而不是“应当”，没有把“劝阻”作为义务来规定，特别是没有规定“应当举报”，这是考虑到我国邻里关系的现实。

第二个原则是，把法律的宣示性和有效解决家庭暴力问题结合起来，把握好公权力介入家庭关系的尺度。按照这一原则，一方面，《反家庭暴力法》在继续体现以往其他法律国家宣示反对家庭暴力的同时，着力在有效解决家庭暴力的实际问题上下功夫。比如，规定了有关单位发现家庭暴力的强制报告制度、公安机关对加害人出具告诫书制度、人民法院作出人身保护令制度，而且明确规定人身保护令以裁定的形式作出，这样就与现行的民事诉讼法、刑法等法律很好地衔接了起来，增强了人身保护令的强制性和约束力。另一方面，法律规定，有关单位接到家庭暴力受害人等相关人员的投诉、反映或者求助后，给予帮助、处理，这也是“告诉的才处理”。还规定，无民事行为能力人、限制民事行为能力人因家庭暴力面临人身安全威胁等状态时，公安机关与民政部门负责安置，这规定了公权力介入的条件。

第三个原则是，坚持依法治国与以德治国相结合，正面引导家庭成员相互关爱，促进家庭和谐和社会稳定。按照这一原则，法律规定，家庭成员之间应当互相帮助、互相关爱、和睦相处，履行家庭义务；反家庭暴力工作要遵循预防为主，教育、矫治与惩处相结合原则，各方面都要开展家庭美德和反家庭暴力宣传教育，要维护平等、和睦、文明的家庭关系。

不论是在全国人大常委会对这部法律草案的审议过程中，还是在地方的调研过程中，都有意见提出扩大家庭成员的范围，比如，有人提出应把前配偶关系纳入这部法律的调整范围，还有人提出在家庭暴力的类型中增加性暴力、经济控制。考虑到家庭关系的特殊性、家庭暴力问题的复杂性和当前社会的普遍认识和接受程度，对上述问题法律没有作规定。对这些意见涉及的问题，我们将继续深入研究，根据实践的发展和实际需要，在条件成熟时，再对法律作修改补充。

《反家庭暴力法》第三十七条规定，家庭成员以外共同生活的人之间实施的暴力行为，参照本法规定执行。“家庭成员以外共同生活的人”是指具有监护、扶养、寄养、同居关系的双方。我们在福建调研时据当地人反映，在一些地方特别是农村不办理结婚登记而先组建家庭、老年人之间同居而不结婚的情况比较普遍。对《反家庭暴力法》的这一规定应当明确的是，这种没有婚姻登记的同居关系是不受法律保护的，但同居双方都有人身不受侵害的权利。

反家庭暴力是家事，也是国家和全社会的事情。徒法不足以自行。预防和制止家庭暴力，我们还有许多工作要做。

2015年11月18日，本书作者(左三)在云南第一女子监狱调研

(云南第一女子监狱 提供)

延伸阅读

消除家庭暴力缘何成为国家意志(节录)

全国人大常委会法工委原副主任阚珂披露立法过程

《法制日报》记者　蒲晓磊

“法律本身是公正的,但是立法人是有感情的。我们在制定《反家庭暴力法》过程中,是带着感情工作的。”全国人大常委会法工委原副主任阚珂近日在接受《法制日报》记者采访时,以这样一句话开头。

在制定《反家庭暴力法》过程中,阚珂曾到云南第一女子监狱调研,监狱方为了让他们全面了解监狱的工作情况,其间安排观看了服刑人员表演的一场短小的文艺表演。

“这是他们教育改造罪犯的一个措施。虽然服刑人员演得很好,但我的心情却非常沉重。如果这个演出在大墙之外,那会是什么样的感觉?现在她们犯罪了,在这里服刑,这些人的孩子又在哪里?有没有人管?如果没有人管,缺少家庭呵护的他们会不会走上犯罪道路?”回忆至此,阚珂的声音变得低沉下来。

家庭暴力发生在家庭当中,但最后的后果却是严重的社会问题——在2个小时的采访时间里,阚珂至少5次提到这句话。

家暴带来严重社会问题

“家庭暴力是旧社会的余残,是野蛮、落后的陋习,是与人类社会日益文明进步格格不入的,是对人权的侵害和践踏,它既破坏了家庭和谐、和睦、幸福,也带来了严重的社会问题。”阚珂说起这段话时,稍显几分激动。

30多年前的一次社会调查,让阚珂至今难忘。也正是那次社会调查,让他感受到了家庭暴力所带来的社会问题是多么严重。

1983年,阚珂在作社会调查时,去了长春女子监狱。当阚珂和他的大学同学来到服刑人员的宿舍后,有一名年轻的女服刑人员见到他们就往后退,他的同学也非常震惊,因为这名女服刑人员是他教过的中学生。问及入狱的原因,这名女服刑人员说是因为不堪忍受父亲的性侵,最终采取了极端手段。

“由此可见，类似这种情况的家庭暴力是长期存在的。从那时开始，我就意识到，家庭暴力不仅给家庭造成了伤害，还带来了严重的社会问题。”阚珂说。

随着工作中调研的深入，这种认识也是愈发深刻。

2015 年，阚珂和同事一起去了南京女子监狱和云南第一女子监狱调研。在和一些女服刑人员的对话中了解到，因不堪忍受长期家暴，妻子以暴制暴，将丈夫杀死；有的是孩子帮助母亲把父亲杀死，孩子也犯罪；有的是家里的老人不堪家暴，父亲出手把女婿杀死……一些家庭中多人犯罪的情况更是让他感到震惊。

然而让人更加忧虑的是，问题并不会随着这些服刑人员进入监狱而解决，她们的孩子在社会上缺少了家庭的呵护，也容易走上犯罪道路，进而导致严重的社会问题。

国家立法预防制止家暴

随着社会的发展，家庭暴力问题越来越被人们所关注。《婚姻法》《未成年人保护法》《老年人权益保障法》等法律在修订时，都将禁止家庭暴力写入其中。同时，一些地方也出台地方性法规作出相应的规定来制止家庭暴力。

然而，尽管相关法律对反家庭暴力问题作出了规定，但在实践中由于可操作性不强，使家庭暴力问题并未得到根本解决。

“我们接到有关家庭暴力方面的报警之后，到了现场也只能对加害人进行批评教育，在很多情况下起不到制止家庭暴力的作用，那些施暴者由于我们在现场不再实施家庭暴力，但我们走了之后可能又会殴打受害者，甚至打得更重，这就导致一些受害人不敢再去报警。”阚珂与同事在调研过程中，一些派出所民警向他们诉苦，感觉缺乏有效的手段来制止家暴。

2008 年，全国妇联在继续呼吁制定反家庭暴力法的同时，也加强了同全国人大常委会法制工作委员会的联系，双方共同开展了有关制定反家庭暴力法的调研论证，并在 2011 年完成了论证报告。

从 2011 年到 2013 年，制定《反家庭暴力法》连续 3 年被列入全国人大常委会年度立法工作计划。在 2013 年制定的第十二届全国人大常委会五年立法规划中，制定《反家庭暴力法》被列入了立法规划的第二类项目，该类项目是“需要抓紧工作、条件成熟时提请审议的立法项目”。

2014 年，党的十八届四中全会作出了全面推进依法治国若干重大问题的决定。按照这个决定的精神，2015 年，全国人大常委会对 2013 年制定的第十二届全国人大常委会立法规划进行了调整。这是从 1993 年第八届全国人大常委会以来，第一次在立法规划制定出来之后作出调整。在这次调整中，制定《反家庭暴力法》由原来第二类的项目调整为第一类项目。第一类项目是“条件比较成熟、任期内拟提请审议的立法项目”。

2015 年的全国人大常委会立法工作计划进一步明确，要求反家庭暴力法草案要在 8 月提请全国人大常委会会议审议。国务院 2015 年立法工作计划也列入了反家庭暴力法立法项目，确定由国务院妇女儿童工作委员会负责起草。

2015 年 8 月，第十二届全国人大常委会第十六次会议如期审议了反家庭暴力法草案。2015 年 12 月，第十二届全国人大常委会第十八次会议审议通过了《反家庭暴力法》。

“由此可以看出，制定《反家庭暴力法》的过程是提高全社会反家庭暴力意识的过程，是凝聚社会各界反家庭暴力共识的过程。《反家庭暴力法》的出台，把反家庭暴力工作由过去的依靠地方性法规、相关文件来指导，上升为由具有国家强制力的国家意志予以保障。”阚珂在梳理完《反家庭暴力法》的立法过程后认为，《反家庭暴力法》的实施，有助于促进家庭和睦、促进社会和谐、促进社会文明进步。

（原载《法制日报》2016 年 4 月 5 日，第 9 版）

《反家庭暴力法》制定没留遗憾

《法制日报》记者　蒲晓磊

《反家庭暴力法》施行已满一月，实施效果如何？如何评价《反家庭暴力法》？有哪些细节值得关注？就这些话题，《法制日报》记者近日采访了全国人大常委会法工委原副主任阚珂。

反家暴不问动机

记者：我们注意到，“国家禁止任何形式的家庭暴力”这句话，在国务院2015年8月提请审议的草案中并没有出现，后来加上去是基于什么样的考虑？

阚珂：对于家庭暴力，就是要态度鲜明地予以反对，就是要坚持“反家暴无禁区、对家暴零容忍、反家暴不问动机”的思想。

前面两句话比较容易理解，至于反家暴不问动机，就是指无论出于什么原因所进行的家暴，都是禁止的。例如，为了教育孩子而采取打骂的方式，即便真实的动机是好的也要禁止，未成年人的监护人应当以文明的方式进行家庭教育，依法履行监护和教育职责，不得实施家庭暴力。《反家庭暴力法》中的“国家禁止任何形式的家庭暴力”，就是针对类似的情况而作出的表态。

告诫书并非处罚

记者：告诫书具有什么样的性质？起到什么作用？

阚珂：告诫书是一种批评教育的形式，同时具有固定证据的作用。

《反家庭暴力法》第十六条规定，家庭暴力情节较轻，依法不给予治安管理处罚的，由公安机关对加害人给予批评教育或者出具告诫书。

告诫书是一种批评教育的形式，是对加害人行为的一个正确指引，是一种行政指导文件，不是处罚。所以，告诫书不属于行政诉讼法规定的行政诉讼受案范围，人民法院不受理就告诫书提起的行政诉讼。

但我们在调研中发现，告诫书对加害人能起到一定的教育作用。除此之外,告诫书在审理涉及家庭暴力案件中具有固定证据的作用。

公安可迅速出警

记者:怎样理解公安机关协助法院执行人身安全保护令?

阚珂:《反家庭暴力法》第三十二条规定,人民法院作出人身安全保护令后,应当送达申请人、被申请人、公安机关以及居民委员会、村民委员会等有关组织。人身安全保护令由人民法院执行,公安机关以及居民委员会、村民委员会等应当协助执行。

其中规定的公安机关的协助内容,主要是指第二十九条规定的人身安全保护令的前两个措施,即“禁止被申请人实施家庭暴力”和“禁止被申请人骚扰、跟踪、接触申请人及其相关近亲属”。

公安派出所设在城市街道和乡镇政府所在地,可以在第一时间接到报警后迅速出警,同时,公安机关也有责任保护受害人人身不受侵害。因此,法律规定这两项需要由公安机关去协助执行。

施行后反响很好

记者:您如何评价《反家庭暴力法》?

阚珂:家庭暴力有特殊性和隐蔽性,家庭成员之间有着内在的联系。现在法律规定到这种程度,已经相当不容易,我们具体参加工作的人对这部法律非常满意,在原草案的基础上又往前走了几大步。我们常常讲,立法是一个有遗憾的工作,有时在立法中,会存在对问题研究还不够深入或者有特殊情况没有完全考虑到的遗憾。但在我看来,当前情况下具备条件的、研究认识清楚的、能够作出规定的,都已写到了《反家庭暴力法》中,没有遗憾。

这部法律施行后,社会反响很好。很多地方在法律实施第一天,就发出了首个人身安全保护令。我们在立法过程中的评估会上,就从北京海淀法院等基层法院了解到,人身安全保护令的效果很好,还没有出现加害人违反保护令的情况。表明这一制度是很成功的,所以被《反家庭暴力法》肯定了下来。

(原载《法制日报》2016 年 4 月 5 日,第 9 版)

乡镇政府对村委会是“领导关系”还是“指导关系”

1990年1月12日和16日，第七届全国人大常委会副委员长兼秘书长彭冲召集会议，听取各调研组的汇报。会前各组将其调研报告报送了彭冲。汇报会一开始，彭冲说：“湖北、湖南组调研报告中写的‘人搞生了，狗搞熟了’这句话，开始我没明白是什么意思，把报告读了两遍才搞明白。”

那么，这个报告中说的“人搞生了，狗搞熟了”究竟是什么意思、是怎么一回事呢？

这还要从制定《村民委员会组织法》（以下简称村委会组织法）说起。这个法是我到全国人大机关工作后遇到的争论最大的立法之一。主要意见分歧在于：村委会的性质是基层群众自治组织，还是乡镇政府的“腿”；乡镇政府与村委会的关系是“领导关系”还是“指导关系”。这个法的制定过程一波三折。先是1987年1月，第六届全国人大常委会第十九次会议初次审议村民委员会组织条例草案，并于1987年3月，全国人大常委会第二十次会议再次审议。因有意见分歧，特别是考虑到村民委员会涉及8亿名农民的切身利益，决定将这个草案提请1987年3月25日开始举行的第六届全国人大第五次会议审议。审议中争论非常激烈，意见难以取得一致，鉴于此，大会作了一个决定：原则通过村民委员会组织法草案（名称由“条例”改为“法”），授权全国人大常委会根据宪法规定的原则，参照大会审议中代表提出的意见，进一步调查研究、总结经验，审议修改后颁布试行。1987年11月，第六届全国人大常委会第二十三次会议又一次审议，以113票赞成、1票反对、5票弃权、1 人未按表决器的表决结果，通过了村民委员会组织法（试行），自 1988 年 6 月 1 日起试行。它规定了村委会是基层群众性自治组织，乡镇政府对村委会的工作给予指导、支持和帮助，村委会协助乡镇政府开展工作。还规定了村委会教育和推动村民履行依法应尽的义务。

就在这个法刚刚试行 1 年多，而全国许多地方还没有严格执行这个法的规定时，1989 年下半年，围绕村委会组织法规定的村委会的性质、村委会与乡镇政府的关系问题，又掀起了一场争论。地方有些同志特别是县乡干部提出，村委会组织法的规定不符合当前农村的实际情况，对工作不利，建议把村委会的性质改为乡镇政府的派出机构，把“指导关系”改为“领导关系”，把“协助”改为“执行”。1989 年 12 月，根据中央的指示，全国人大机关会同中组部、民政部、人事部联合组成了四个组，分赴吉林、江苏、山东、湖北、湖南、四川等地就村委会组织法的有关问题进行调研。当时，我在全国人大常委会办公厅工作，参加了在湖北、湖南的调研。全国人大内务司法委员会副主任委员邹瑜在广西视察期间，也对村委会组织法有关问题作了调研。

调研中了解到，当时，吉林省 70%、湖北省 38%、湖南省 54% 的村建立了村委会；四川省村委会是 1983 年年末 1984 年年初建立的，自我管理、自我教育、自我服务作用发挥好的、一般的、差的比例大体上为 30%、50%、20%。江苏省、山东省在以前普遍建立了村民委员会的基础上，正处在贯彻村委会组织法的试点阶段。从各地情况来看，建立村民委员会最受群众欢迎的有三个方面：一是民主选举村民委员会成员，自己的家自己当，自己的干部自己选；二是新的村民委员会程度不同地为本村办了一些实事、好事，如修道路、修水利、办企业、办学校、建立合作医疗等；三是建立健全了工作制度，加强了对村干部的民主监督。

调研中也了解到，实施村委会组织法，乡镇干部最担心的是，村民委员会作为自治组织不听指挥、不好办事，乡镇政府布置的任务不好完成。这是一些干部对其有意见的最主要原因。当时，各地乡镇政府给各村都下达了很重的指令性任务，包括计划生育、合同定购粮、提留款、殡葬改革，一些农民把这些事叫作“要命、要粮、要钱、挖坟”，也有的把计划生育和殡葬改革叫作“杀儿子、烧老子”。这些任务与农民的切身利益有很大矛盾。村干部为完成乡镇政府下达的这些任务，有的采取强制手段，明知这样干违法，但不这样干完不成任务，显得很无奈。

1984年,粮食丰收后,粮食取消了统购统销,改成合同定购。农民历来知道"皇粮国税"都是要缴的,合同就不同了,是自愿的。但当时定购粮的合同,一是农民不自愿;二是双方不平等。湖北省武昌县流芳镇有8000多户,能自觉完成定购粮任务的占一半,还有20%的农户经过做工作可以完成,其余25%~30%的农户不交粮,要靠村干部到农民家里强行背粮。流芳镇有一个村,全村一年需完成51万斤合同定购粮任务,有些农户不交粮,有11万斤粮食是由村干部从村民家里背出来的。江苏省反映,1988年征粮,除了没动用军队外,什么都用上了。在这个过程中干群之间发生了各种不愉快甚至是极端的事情。农民不愿交粮的主要原因是粮食价格双轨制,议价粮100斤稻子60元,合同定购粮28元,两者价格相差1倍多,农民每卖合同定购粮100斤稻子,就少收入32元钱。

湖北省黄冈县上巴河镇十八坡村有200多户,每年在全村收各种费用、税收14种,12万多元,需要村干部到农户跑2230多次。全村7个干部,平均每人每年要跑农户300多次。

中国农村是熟人社会,一个村子里许多人是同宗同族,有些有姻亲关系,按常理,村里乡亲的关系会很好。在农村,狗是用来看家护院的,家里来了陌生人狗就咬叫。由于村干部经常到农户要粮、要钱,干部与村民的关系生疏了,但狗对村干部却熟悉了,干部来了也不咬不叫了。对此,有的村干部无奈地说,现在是"人搞生了,狗搞熟了",干群关系一度很紧张。这段历史告诉我们,制定政策、下达任务,一定要考虑周全,要符合实际,要维护广大群众的利益。

在湖南农村调研,我们还看到,"阶级斗争一抓就灵"之类的标语清晰地印在墙上,这显然不是"文化大革命"的遗迹,而是新刷上去的。在座谈中,我们也了解到一些"左"的东西在农村还有市场。这告诫我们在工作的指导思想上,要时时警惕"左"的东西。

在调研中,我们有意了解各村完成乡镇政府任务的实际情况。尽管法律规定村民委员会是自治组织,但它仍然承担乡镇政府布置的任务,没有发现一个村抵制乡镇政府布置的任务,或者不完成乡镇政府下达的任务。

"一切结论产生于调查情况的末尾,而不是在它的先头。"汇报会后,按照彭冲的意见,将四个调研组的报告综合为一个总报告报送中央。中央对此进行了讨论,最后的意见还是坚持村委会组织法的规定,不作修改。

近30年过去了,人们对村民自治制度的认识逐步深化,这一制度也逐步深入人心。党十八大报告明确指出,包括村民自治制度在内的基层群众自治制度是我国的基本政治制度,是中国特色社会主义制度的组成部分。2014年9月5日,习近平总书记在庆祝全国人民代表大会成立60周年大会上的讲话中指出:“我们要坚持和完善基层群众自治制度,发展基层民主,保障人民依法直接行使民主权利,切实防止出现人民形式上有权、实际上无权的现象。”我想,坚持和完善基层群众自治制度,贯彻和落实村委会组织法,还有很多工作要做。

“常回家看看”规定的出台

2013 年 10 月，我和我的同事，就加快制定社会救助法问题到内蒙古自治区呼和浩特市和鄂尔多斯市作调研。

10 月 18 日下午，在鄂尔多斯市东胜区天骄街道办事处安达社区调研时，该市民政局局长告诉我们，今年（2013 年）这里的老年节过得与往年不一样。我问她，以往每年农历九月初九也都是老年节，为什么今年（2013 年）会不一样？她说，这得益于新修改的《老年人权益保障法》，新法将重阳节定为老年节，使这一节日成为老年人的法定节日。2013 年是第一个法定的老年节，鄂尔多斯市委、市政府都非常重视，在相关工作中作了部署。在创建文明城市过程中，崇老、敬老、孝老成为重要的内容，当地民政部门搞了慰问、演出等一系列服务老年人的活动，深受老百姓的欢迎。听到她的这番解释，我们都很高兴，大家感到，法律的这一规定得到了老百姓的认可，受到了欢迎，并在实践中起了作用。

由此联想到，新的《老年人权益保障法》有关“常回家看看”的规定，在法律修改过程中和 2013 年 7 月 1 日新法实施后引起的讨论。这次修法针对的是日益凸显的社会老龄化问题。我们清楚地知道，现在绝大多数老年人有多个子女，但逐渐地独生子女家庭老年人问题将要凸显，二者将相互叠加。法律关于“常回家看看”的规定，是要让子女们无论走到哪里心里都要装着父母，要关爱自己的父母，让操劳了一辈子的父母不孤独。如果父母就此问题诉诸法律，那就由审判机关依法办理。有的人觉得“常回家看看”有困难，也正因为如此，法律更要作出规定。你可曾想过，父母抚育我们也遇到过许多困难，但他们并没有因为困难而不养育我们。另外，也考虑到了有些人“常回家看看”可能有困难，法律规定“应当经常看望或问候老年人”，这应该是可以做到的。

我们正在努力建设法治国家、法治社会，我以为，应当形成这样一种氛围：法律在制定过程中要充分讨论，立法机关要充分考虑各方面的意见；法律一旦通过，大家都要自觉维护法律的权威，自觉守法，假设法律的某一规定不那么合适，在没有修改前，也要依法办事。我想这就是法律意识、法治观念。

延伸阅读

养老服务要“雪中送炭”

2012年，我和我的同事就修改《老年人权益保障法》问题在地方调研时了解到，各地在发展养老服务业方面做了不少工作，许多社区建起了老年人活动中心，组织老年人开展唱歌跳舞、书法绘画等文体活动，丰富了老年人晚年生活，提高了他们的生活质量。但参加这些活动的多为身体健康的“低龄”老年人，而有相当数量更需要帮助的老年人仍生活得困难重重，举步维艰。因此，为老服务工作不仅要“锦上添花”，当务之急更是“雪中送炭”。

要把解决行动不便老年人的日常生活问题放在发展社区为老服务业的首位。在东北有一对90多岁的老年夫妇，居住在一栋没有电梯的老居民楼的四层，5个子女中最小的也已近60岁。2013年3月，老太太腿部骨折后，去社区医院看病做检查让他们犯了难，全家没人能将老人背下楼，即使花钱也请不到人把老人背下楼。我还了解到，在这同一座城市，有一对高龄老年夫妇也是住在没有电梯的老楼里，由于年纪大上下楼困难，他们尽量少下楼。

社区为老服务工作，应当把解决好行动不便老年人的上下楼、买菜打酱油、到医院看病、去银行取退休金等这些最基本的生存需求问题放在首位，先解决老年人“活”的问题，如果有条件再解决“活得好”的问题。

要把收养特殊困难老年人作为养老机构建设的第一目标。一些失能半失能或高龄老年人在家庭中照顾确有困难的，需要送到敬老院一类的养老机构照顾。现在这类养老机构，一是数量少，一床难求；二是不愿接受失能半失能或高龄老年人，原因是照顾这些老年人成本高，如果发生老年人走失、摔倒骨折等意外或者老年人罹患疾病，不仅养老机构要承担较大的责任和风险，还容易与老年人家属发生纠纷。

解决特殊困难老年人入住养老机构难的问题，一方面，需要加大对公办养老机构建设的投入，合理确定收费标准，优先保障失能半失能、高龄等老年人的养老服务需求，同时通过补贴、税费减免等措施鼓励民办养老机构接收失能半失能、高龄等老年人；另一方面，明确入住养老机构的老年人发生意外时的责任承担问题，引入保险机制分担养老机构的风险，切实维护养老机构的合法权益，解除养老机构接收失能半失能或高龄等老年人的后顾之忧。

2013 年 5 月 31 日，特种设备安全法草案评估会在全国人大会议中心召开

（全国人大常委会法工委吴晓华　摄）

法律草案表决前的评估工作

2013年5月31日下午，我在全国人大会议中心主持召开会议，就特种设备安全法草案主要制度规范的可行性、法律出台时机、实施效果及实施中可能出现的问题进行论证评估。对法律草案在表决前进行评估，是第十二届全国人大常委会采取的加强立法工作、提高立法质量的一个新的重要举措。

在1个半月前的4月15日上午召开的全国人大常委会委员长会议上，张德江委员长提出，要提高立法质量，要增强法律的可执行性、可操作性。立法要有正向思维，也要有逆向思维，在法律草案表决通过前要增加评估程序，邀请有关人士和专家学者对法律出台的时机、实施的社会效果和实施中可能出现的问题进行论证。他要求，立法要有100%的把握，至少要有99%的把握，出台的法律一定不能出现颠覆性错误。此后，几乎每部法律出台前，张德江都对全国人大法律委员会、常委会法制工作委员会提出这样的要求。

在这之前，从全国人大到地方人大都熟悉一项工作——立法后评估，也就是法律通过实施一段时间后，通过实施情况来评估法律。第十一届全国人大期间，曾经对《中小企业促进法》的有关制度进行了立法后评估。

第十二届全国人大常委会从任期一开始，就开展法律草案表决前的评估工作。旅游法草案是评估的第一部法律草案。

就在5月31日这同一天，张德江在广东省广日集团电梯生产车间进行立法调研。他对公司负责人说，特种设备关乎人的生命，产品质量关乎企业的生命。他强调，必须严把质量关，规范特种设备生产、使用、维护和监管，建立设备的身份管理制度、质量责任追溯制度，强化设备安全跟踪。张德江的重要指示，通过电话迅速传达到我们在北京的评估会现场，并在6月29日表决通过的《特种设备安全法》中得到贯彻。

为了达到评估会预期的效果，我们特别注重参会人员的代表性。特种设备安全法草案评估会共遴选17名代表，其中包括：全国人大代表2名，从事特种设备安全研究的专家1名，特种设备生产单位（包括制造、安装、改造、修理）及维护保养单位代表5名，使用单位代表3名，检验、检测机构代表2名，特种设备安全监管部门代表3名，行业协会代表1名。从代表组成来看，既有来自企业生产一线的职工代表，也有从事研究工作的专家代表；生产、使用单位代表中，既有来自东部沿海经济发达地区的代表，也有来自中西部省份的代表，尤其是充分考虑了特种设备生产、使用较为集中区域的代表；遴选代表既充分考虑其行业背景，也充分考虑其单位、职业背景。参加评估会的代表都没有直接参与特种设备安全法草案的起草和审议工作，这是为了让他们能够更客观地评价这部法律草案。

为了便于参会代表了解法律草案，会前，全国人大常委会法制工作委员会安排了半天时间供参会代表研读草案。社会法室副主任刘左军还就草案的起草过程、主要内容、审议和修改情况向参会代表作了详细说明，并就大家提出的问题作了解答。

与会代表对这部法律草案总的评价是：《特种设备安全法》的制定，标志着我国特种设备安全工作向科学化、法制化方向发展迈出了一大步。从内容上来看，草案针对实践中的突出问题，重点强化企业安全主体责任，规范特种设备生产、经营、使用、检验、检测等活动，确立的主要制度和行为规范较为具体、明确，符合我国的实际，总体框架、结构合理，内容充实，有较强的可执行性，现在出台是必要的、适时的。一些代表还对草案提出了具体修改意见，经过认真研究，有的意见予以采纳。这部法律顺利出台。尽管近年来取消或下放了大批行政审批项目，但到目前为止，《特种设备安全法》涉及的所有审批项目都没有变动。

经过第十二届全国人大常委会两年评估法律草案的工作实践，2015年3月，修改《立法法》将这一做法肯定了下来。修改后的《立法法》补充规定："拟提请常务委员会会议审议通过的法律案，在法律委员会提出审议结果报告前，常务委员会工作机构可以对法律草案中主要制度规范的可行性、法律出台时机、法律实施的社会效果和可能出现的问题等进行评估。评估情况由法律委员会在审议结果报告予以说明。"

延伸阅读

特种设备安全法评估:大处着眼,小处着手

《中国人大》杂志记者 于 浩

“中共中央政治局常委、全国人大常委会委员长张德江在广日集团电梯生产车间调研时告诉我们,特种设备安全关乎人的生命,产品质量关乎企业的生命。”来自电梯制造企业的代表、日立电梯(中国)有限公司副总经理曾东生在参加全国人大常委会法工委组织的特种设备安全法草案评估时,把党和国家领导人对人民生命财产安全的高度重视及时传达给每一位参会人。

曾东生说,全国人大常委会委员长的重要讲话对特种设备安全法草案的修改完善有很强的指导性。比如,建立电梯身份证制度,形成可追溯性,一旦发生问题,可以清楚追究出是设计上的问题,还是生产、安装和运行上的问题。“委员长的讲话特别强调‘安全’二字。因为,一旦出事就是两条‘生命’,所以企业必须严把质量安全关。”

大处着眼:珍视生命,保障安全

自新一届全国人大常委会成立以来,张德江委员长或在调研时,或在全国人大常委会审议时,多次强调完善立法评估,加强对各方面意见的综合分析,积极回应社会关切,更好地发挥立法在表达、平衡、调整社会利益方面的积极作用。

为了贯彻张德江委员长关于提高立法质量的重要指示精神,把握好《特种设备安全法》的出台时机,预判好实施效果以及实施中可能出现的问题,5月31日,全国人大常委会法工委召开立法评估会,听取各方代表意见。

据全国人大常委会法工委社会法室副主任刘左军介绍,为保证评估会的质量,增强参会人员的代表性,会议邀请的17名代表包括全国人大代表2名(1名为提出制定特种设备安全法立法建议的代表),从事特种设备安全研究的专家1名,特种设备生产单位及维护保养单位代表5名,使用单位代表3名,检验、检测机构代表2名,特种设备安全监管部门代表3名,行业协会代表1名。从代表组成来看,既有来自企业生产一线的职工,也有从事理论

研究的专家；既有来自东部沿海经济发达地区的代表，也有中西部省份的代表。更为重要的是，参加评估会的代表均没有直接参加特种设备安全法草案的起草工作。

“特种设备的管理从条例层面上升到法律层面，说明我国的特种设备管理由传统的管理向科学化、规范化、法制化的管理迈出了一大步。从企业使用层面来讲，燕山石化作为中国石化的下属企业，具备了按照《特种设备安全法》的要求进行安全生产的基本条件。目前，我们的组织机构比较健全，基础资料相对比较完善，在特种设备管理上，基础性管理条件基本具备。我们认为推出《特种设备安全法》时机是具备的。”中国石化北京燕山分公司副总工程师赵保成说。

赵保成说：“我的理解是特种设备的管理，不在于哪个环节更重要，或者哪个环节不重要。法律草案特别强调了特种设备的全生命周期管理，是符合特种设备管理规律的，是非常合适的。同时，对监检机构的职责也作出了进一步的明确。比如，我们企业作为特种设备的使用单位，更多的是按照操作说明书进行规范化的使用，如果说没按照说明书去操作设备，那么出了问题必然是使用单位的责任。但一台特种设备的安全，包括了制造过程中是不是按照相应的规范去设计，选用的材料、产品的质量是不是符合要求，这些都是使用单位无法控制的，需要一个第三方机构或者是政府部门去行使检测检验的职责。我看到，在草案中明确了监督、管理、检测的职责，这必然会对特种设备的安全管理起到非常有效的促进作用。”

“我感到这个法律的制定非常及时。首先从设备量来说，增加幅度高速增长。现在电梯已经达到了 200 多万台，并且每年以 2 位数速度递增。以北京市为例，使用清洁化燃料的压力管道达到了 25% 以上，并且还在不断加速提升。”作为监管部门的代表、北京市质量技术监督局李亮华处长说，“我记得北京第一台电梯是 1955 年安装于红楼，当时到那里去的人多是以参观的心态去玩电梯，而不是坐电梯。现如今，被广泛使用的特种设备，比如，电梯与人民生活密切相关，使特种设备的安全到了一个非常关键的时期。因此对这部法的整体评价，是基本上可以达到操作层面。”

“总的来说，我认为现在制定这部法很有必要，因为对特种设备的安全监察从 1982 年颁布暂行条例，到 2003 年进行了一次修改。在这个过程中，我国的特种设备万台年事故率从 2.5%，降到了 0.8%，充分说明了用制度进行管理的重要性。”合肥通用机械研究院研究员陈学东认为，实施《特种设备安全法》，可进一步降低事故率，保护人民生命财产安全。

小处着手：技术修改，从善如流

主持特种设备安全法草案评估会的全国人大常委会法工委副主任阚珂认为，法律评估的本意是在法律出台前，从制度设计是否合理、内容是否恰当、是否具有可操作性、社会效果好不好等方面进行总体评估，主要不是为了对哪一个具体条款的措辞是否恰当进行意见征集。

当然，从大处着眼并不意味着与会代表提出的技术性修法建议不被重视。“在法律草案的不同条款中出现了定期维护保养和经常性维护保养不同的字眼，它们是否有区别？我建议在用词上统一一些。”北京市特种设备检测中心检验员邱志梅说。在通过的《特种设备安全法》中，记者看到第三十九条第一款规定“特种设备使用单位应当对其使用的特种设备进行经常性维护保养和定期自行检查，并作出记录”与原来草案相比作出了文字上的调整和修改。

在评估会上，检验和检测一字之差成为参会各方争论的焦点问题。“检测实际是一种企业行为，检测不可能和生产经营脱离，它本身是生产经营的一个过程，一个行为。检验是需要公正的、公立的第三方。监督检验属于行政行为，定期检验现在还是行政化，说社会化可以，但不是市场化。”北京市质量技术监督局处长李亮华认为，现在无论是行业、企业，还是质监部门都被叫作检验检测部门，在事业单位改革时就必须分开了。

“我国提出到 2020 年‘建成完善的社会主义市场经济体制’的改革目标，现在所有的改革都应向着这样的方向发展。在这个目标下，我们要通过检验的属性来确定检验的性质。我个人认为应该分为三种：第一种是提供公共服务，不收费的公益性检验，始终把公共利益放在第一位。第二种是提供的服务是准私人物品。企业要为特种设备的检验付出成本，这个检验由中介机构来承担。第三种是市场化的，比如，我买了你的特种设备，我对质量不放心，可以找一个机构来进行检验。”江苏省质量技术监督局副巡视员周国庆说。

“出台后的法律第五十条规定的‘从事本法规定的监督检验、定期检验的特种设备检验机构’的检验并没有被定位为一种行政行为，是一种在政府部门指导下的技术监督。”阚珂说，这样的定义为今后的行政审批制度改革留下了空间。

“草案第二十五条规定对锅炉、压力容器、压力管道和起重机制造过程进行监督检验。目前，起重机有三个监检项目：一是工厂条件，制造起重机的工厂在办生产许可证的时候，需要对工厂的生产条件进行许可；二是生产过程的监检，每一台起重机产品都要发检验合格证；三是安装过程中的检验。我感到现在对起重机企业存在着过度监检，因为起重机生产过程中造成的伤亡事故是比较少的，同时按照国际惯例也是对起重机生产过程不监检。”河南卫华重型机械股份有限公司总工程师俞有飞说，近日，国家质检总局召开制造企业的行业会议征求意见时，企业普遍建议取消起重机生产环节的监检。一是因为每台机器生产之后都必须监检。二是从监检内容来看，主要是查看相关的资料是否完整。因此，建议免除起重机制造过程中的监检。在法律草案提请第十二届全国人大常委会第三次会议审议前，根据评估会上的建议，法工委在修改完善法律草案中作出了灵活的规定，删去了“起重机械”，修改为“锅炉、压力容器、压力管道元件等特种设备的制造过程”。

对于法律草案提请全国人大常委会审议通过之前召开立法评估会，全国人大常委会委员、宁夏回族自治区人大常委会副主任马瑞文说，委员们审议的关于特种设备安全法草案审议结果的报告里，不仅写明了法律出台前已经进行了评估，而且向委员们报告了评估的情况，参会代表的总体看法、意见。“过去在立法上有一个立法后评估，就是法律实施几年之后进行一次评估，现在全国人大常委会尝试法律出台前评估，更有利于开门立法、科学立法，提高立法的质量。对法律草案提交表决前进行评估的做法应该继续坚持下去，并且贯穿到今后全国人大常委会的立法工作中，这样也会对地方的立法工作起到一个很好的示范作用。”总结这次法律出台前评估会的成效，阚珂认为，评估会的会期更长些，有利于代表们更充分的表达意见。

法律出台前的立法评估作为全国人大常委会提高立法质量的新尝试，不仅展现出全国人大常委会进一步发挥好法律在表达、平衡、调整社会利益方面的积极作用，而且是中央提出的党的群众路线教育实践活动在立法工作中的生动体现，更是人民有序参与立法，使法律更好体现党的主张和人民意志相统一的具体实践。

（原载《中国人大》2013 年第 13 期）

天蓝水净问黄河

2005 年 5 月，第十届全国人大常委会在黄河沿岸深入务实的《水污染防治法》执法检查工作给我留下了深刻而长久的记忆。依我看，那次执法检查对今天改进和加强人大的监督工作是有借鉴意义、蓝本意义的。

耳目一新的执法检查启动会

经过多年的摸索实践，全国人大常委会的执法检查逐步形成了固定的工作程式，每个执法检查组第一次全体会议的召开，就标志这项执法检查工作正式启动。

2005 年 4 月 27 日上午，在北京人民大会堂天津厅，全国人大常委会《水污染防治法》执法检查组召开第一次全体会议。

在这次会前，检查组仔细查阅、分析了前两届全国人大常委会 4 次《水污染防治法》执法检查形成的报告和大量有关环境保护、水污染防治立法方面的档案，研究了国务院有关部委为该次执法检查提供的书面材料，做了比较充分的准备。

听取国家环保总局、水利部、建设部、国家发改委、财政部关于水污染防治法和水法实施情况的汇报后，第十届全国人大常委会副委员长兼秘书长盛华仁在讲话中指出，从这些汇报和相关的材料可以感到大家有四个方面的共识：第一，水污染形势依然严峻；第二，工业废水、城镇生活污水和农村面源污染“三源”同时污染，污染物排放量居高不下；第三，环保投入仍显不足，重点流域水污染防治项目进展缓慢；第四，有法不依、执法不严、违法不究的现象还相当突出。

接着，盛华仁有针对性地提出，这次执法检查，不要简单地就事论事，要从《水污染防治法》实施20多年来的实践中总结经验教训，分析、找出带有规律性的东西，回答三个问题：第一，我国的水环境没有明显改善、水质恶化的趋势没有从根本上得到遏制，造成这种状况的原因究竟是什么？第二，水污染防治法究竟能否得到有效的贯彻实施？第三，通过检查提出有针对性、有分量的建议。这样来明确执法检查的工作任务，我还是第一次听到，觉得它不落俗套、很有新意。

在讲话中，盛华仁分析了"十五"期间重点流域治理污染的投资和项目完成情况。他说，"十五"期间安排投资1580亿元，项目2130项。但截至2004年年底，5年时间过去了4年，投资只完成662亿元，占计划的42%；项目只投用851项，占计划的40%；至今尚未动工的527项，占计划的1/4。现在离"十五"计划结束只有半年多时间，投资、项目都只完成计划的40%多点，要想完成"十五"计划已不可能。"十五"期间重点流域治理污染计划的完成情况很差，看来已成定局。盛华仁的讲话一语成谶。在2006年全国人大会议闭幕后举行的总理记者会上，时任总理温家宝坦言，"十五"计划的环境指标没有完成。

盛华仁的讲话在会上引起很大反响。与会的国家环保总局同志说，第一次听到领导同志讲完成"十五"期间环保计划已不可能，讲话实事求是，不回避问题。

启动会还要求，各个检查组要深入基层、深入实际，察实情、听实话；肯定成绩要实事求是，既不能贬低、否定，也不要哗众取宠；指出问题也要实事求是，既不能一味夸大，也不要文过饰非。要把功夫下在了解实情、讲求实效上。

"打开机器迎接，关上机器欢送"

在甘肃的白银市，检查组了解到，全市的工业废水、生活污水都没有经过处理就直接排放了，一年的污水排放量达3200万吨之多。而全市工业、生活用水取水口就在排污口下游不远的地方。检查组在黄河岸边亲眼见到上游排污水、下游取饮用水。白银有色(集团)公司生产设备老化,工艺技术落后,水、大气、固体废物污染三者叠加,这个企业与周围小企业的二氧化硫年排放量达9.5万吨。检查组一进入厂区,就被呛得难以忍受。大家深深感到,当地人在这样的环境中工作、生活的艰辛与无奈。白银公司因环境污染极其严重,企业运营已经到了难以为继的地步。

宁夏贺兰县的造纸废水、生活污水也直接排进黄河,那水是又黑又臭。就在检查组到达宁夏检查几天前的4月26日,《人民日报》报道宁夏发生的一个水污染的典型例子。报道说,宁夏造纸污染难禁绝,部分企业采取“打开机器(治污设备)迎接,关上机器欢送”的办法应对检查。检查组分析认为,这与现行收缴的排污费远低于企业治理成本、不足以刺激企业治理污染有很大关系,这也反映出“守法成本高、违法成本低”的问题。

从宁夏的石嘴山市到内蒙古的乌海市,检查组看到,沿黄河近百公里的两岸,密集分布着大量小的炼焦、电石、铁合金、活性炭、碳素、金属镁等企业,这些小企业造成该河段的污染十分严重,水质都属于劣V类。

“不要过分陶醉于我们对自然界的胜利”

按照通常的知识,兴建水库,受水气蒸发的影响,水库周围空气会湿润,植被会很好。但在甘肃刘家峡水库,检查组看到的完全是另外一种景象。当地工作人员向检查组介绍,水库建在黄土高原这样特殊的地理环境,库区周围水土流失面积达600平方公里,直接造成水库每年5000万立方米泥沙的淤积,水库的设计库容是57亿立方米,2005年的库容已经减少到42亿立方米。一位随同检查的甘肃省人大常委会副主任说,他在甘肃工作多年,还是第一次听到建刘家峡水库对周边生态环境有这样严重的影响。

“我们不要过分陶醉于我们对自然界的胜利。对于每一次这样的胜利,自然界都报复了我们。”听着当地工作人员的介绍,看着眼前漫漫黄沙,我脑海里闪出了恩格斯《自然辩证法》中的这段话。人类对自然界的认识,未知远大于已知。水利部原部长钱正英在接受媒体采访时曾说过,每修一座水库就挨一次骂。今天看,对这个“骂”也不必解释。检查组认为,要解决刘家峡水库的淤积问题,就必须搞好库区周围这600平方公里的生态建设。

确保黄河水质不恶化任务紧迫

从5月8日至18日的11天里，检查组沿着黄河检查了甘肃省兰州市、临夏州、白银市，宁夏回族自治区的中卫市、银川市、石嘴山市，内蒙古的乌海市，重点检查了当地的工业企业、污水处理厂、水库、饮用水取水口、排污口、农村的水利工程和抗旱节水工程。

黄河究竟污染到了什么程度？经过实地检查和深入的研究分析，检查组认为，由于沿黄各省区的经济快速发展，城市人口迅速增加，排污总量急剧上升，黄河流域水质恶化的总体趋势没有改变，水污染的形势更为严峻。第一，污水的排放总量在迅速增加。黄河流域污水的排放量，20世纪80年代，每年平均是20亿吨出头，到2004年年排放量达到40亿吨上下，几乎增加了1倍。第二，水污染物的排放量超过水环境的容量。每年化学需氧量的排放量是140万吨左右，氨氮的排放量每年是14万吨左右，分别超过黄河水环境容量的60%和2.5倍。第三，黄河Ⅴ类、劣Ⅴ类水质所占比重居高不下，水污染事故时有发生，沿黄地区的工农业生产受到严重影响，人民群众的身体健康甚至生命安全受到严重威胁。

18日下午和19日上午，在河南省郑州市，检查组召开了黄河流域贯彻实施水污染防治法座谈会，检查组成员与沿黄各省区人大常委会有关负责人和国务院有关部门负责人一起，针对黄河流域水污染的现状，研究如何进一步推动《水污染防治法》的贯彻实施。

早在1952年10月，毛泽东就嘱咐："要把黄河的事情办好。"座谈会综合各方面的情况和意见认为，看来要把黄河的事情办好，有四大任务：第一是确保黄河不决堤；第二是确保黄河不断流；第三是确保河床不抬高；第四是确保黄河水质不恶化。鉴于此次是对《水污染防治法》的实施情况进行检查，当前最紧迫的任务，就是搞好水污染防治，努力做到确保黄河水质不恶化。

6月29日，盛华仁代表检查组向第十届全国人大常委会第十六次会议报告了检查情况。这份报告指出，水污染防治方面存在问题有客观原因，但主观原因：一是有些领导干部经济、社会与环境统筹发展意识淡薄；二是一些企业的法治观念淡薄。报告认为，水污染防治要取得成效，应当逐步做到

"四个同步"：每条河流上中下游、左右岸治污要同步；每一流域的干流与支流治污要同步；就每一个城镇来说，工业废水与生活污水治理要同步；每一企业、每一城镇对固体废物、大气污染、水污染的治理要同步。

那次检查结束后，执法检查组积极协调国务院有关部门，帮助甘肃白银公司解决困难，帮助宁夏解决缺水问题，已经见到明显效果。

10 年多的时间过去，现在回忆起来仍然觉得，那次执法检查不可谓不深入，查出的问题不可谓不准确，对原因的分析不可谓不透彻，对改进环境保护工作的建议不可谓不切实可行。

2014 年 4 月，全国人大常委会修改了《环境保护法》。有媒体评论说，新《环境保护法》规定对污染企业拒不改正的，按日连续计罚，罚款上不封顶，这是"史上最严厉"的《环境保护法》。徒法不足以自行。"让人民群众喝上干净的水、呼吸清新的空气"，还要做很多努力。

2005年6月29日，第十届全国人大常委会副委员长兼秘书长盛华仁作关于检查《水污染防治法》实施情况的报告

（新华社记者刘卫兵　摄）

代表制度篇

人民代表大会那些事

第三屆全國人民代表大會代表名額計算表

1964年3月

单位	代表名额（人）					
	代表总数	城市代表	乡村代表	少数民族代表	人民武装部队代表	华侨代表
总計	3,040	1,097	1,493	300	120	30
北京市	101	91	7	3		
上海市	140	128	11	1		
河北省	223	122	97	4		
天津市		83				
唐山市		15				
石家庄市		9				
張家口市		8				
邯鄲市		7				

第三届全国人民代表大会代表名额计算表

（首页影印件，档案资料）

全国人大代表名额的变迁

662 位政协代表协商建立新中国

说到全国人大代表名额，不能不说到 1949 年 9 月 21 日至 30 日，在北平举行的中国人民政治协商会议第一届全体会议（以下简称政协）。

这届政协共有组成单位 45 个，代表 662 人。出席这届政协全体会议的 600 多位代表经过协商，完成了“写在人类的历史上”的伟大工作——建立新中国。这就是说到全国人大代表名额时就要说到政协第一届全体会议的原因。

与 1954 年第一届全国人大的代表名额相比较，这里指出两点：第一，这届政协除 9 个组成单位的代表按地域产生外，36 个组成单位的代表都是按界别产生的；第二，军队有正式代表 60 人、候补代表 11 人，华侨有正式代表 15 人、候补代表 2 人。

1949 年年底，全国人口 5.42 亿人。按此计算，全国大体上每 81.9 万人产生 1 名政协代表。

1226 位代表组成第一届全国人民代表大会

1953 年 1 月 13 日，中央人民政府委员会通过了《关于召开全国人民代表大会及地方各级人民代表大会的决议》，决定在 1953 年，召开由人民用普选方法产生的各级人民代表大会。为了依法选举人大代表，1953 年 2 月 11

日，中央人民政府委员会通过了《全国人民代表大会及地方各级人民代表大会选举法》（以下简称选举法）。按照选举法的规定，全国人大代表，除军队代表和华侨代表外，都按行政区域产生。这与政协第一届全体会议的大部分代表按“界别”产生相比是一个重大的区别。两者另外一个区别是，人大代表由“选举”产生，而政协代表由“协商”产生。

1953 年选举法确定代表名额的原则，一是必须使各级人大是具有工作能力的国家政权机关，既便于召集会议，又便于讨论和决定问题；二是在人大中，既须有相当于社会各民主阶级地位和有相当于各民族或种族地位的代表，又须注意代表的地区性。

那么，选举法是怎样确定全国人大代表名额的呢？选举法规定，各省每 80 万人选全国人大代表 1 人，中央直辖市和人口在 50 万以上的工业市每 10 万人选全国人大代表 1 人。这就是后来所说的“农村每 1 代表所代表的人口数 8 倍于城市每 1 代表所代表的人口数”（简称 8∶1）的源头。选举法还规定，人口特少的省的全国人大代表不少于 3 人，全国人大代表的选举单位还包括中央直辖的少数民族行政单位。

从以上我们可知，1953 年选举法并没有直接规定全国人大代表的具体名额，而是规定农村代表与城市代表所代表人口的不同比例，据此在全国总人口中计算出大部分代表名额，再加上选举法具体规定的军队代表名额、华侨代表名额以及人口特少的省的代表名额等，从而计算出全部代表名额。我在《全国人民代表大会代表名额确定依据探讨》（见延伸阅读）一文中，把世界 100 多个国家议会议员名额规定的类型归纳为五种：具体名额型、上限型、上限下限型、定期增加型、推导具体名额型。我国 1953 年选举法对全国人大代表名额的规定可以归类为“推导具体名额型”。邓小平在选举法草案的说明中指出，根据选举法草案计算，全国人大代表名额为 1200 人左右，略少于苏联两院代表的总和，但比其他任何国家的国会都大得多。

1954 年，第一届全国人大有 45 个选举单位，其中包括 14 个直辖市，共产生代表 1226 人。与政协相对照，我们看到：第一，两者都有 45 个选举单位或者组成单位；第二，人大代表 1226 人接近政协代表 662 人的两倍；第三，军队人大代表 60 人与军队政协正式代表 60 人相同；第四，华侨人大代表 30 人是华侨政协正式代表 15 人的两倍。据此可以这样理解：选举法确定的第一届全国人大代表的名额是参考了政协代表的人数、按照大体上增加 1 倍的名额来考虑的。

按照1953年6月30日普查结果，全国总人口为5.83亿人。据此计算，第一届全国人大时，全国大体上每47.6万人产生1名全国人大代表。

1959年，第二届全国人大代表总数与第一届相同，也是1226人。由于行政区划的变更，第二届全国人大代表的选举单位由第一届的45个减少到31个。虽然，行政区划变更的省、自治区、直辖市的代表名额作了相应的调整，但实质上各选举单位的代表名额与第一届是相同的。

1958年年末，全国总人口为6.60亿人，全国大体每53.8万人产生1名全国人大代表。由于人口增加而代表名额不增加，第二届全国人大每1名代表所代表的人口数比第一届大体上增加了6万人。

第三届全国人大代表名额首次增加即达3040人

1964年，第三届全国人大代表名额为3040人，比第一届、第二届增加约1.5倍。这是1954年第一届全国人大以来10年中，代表名额的第一次重大变化。

当时增加代表名额的考虑，一是第一届、第二届的名额少了，不能同国家大、人口多的情况相适应。二是随着我国工业、农业、科学、文化、教育等各方面事业的跃进，以工人阶级为领导、工农联盟为基础的人民民主统一战线日益巩固和发展，为了反映这种情况，代表名额应当扩大。三是从第二届代表的情况来看，连选连任的老代表多，青壮年的代表太少，通过增加代表名额，使适当数量的新生力量被选到全国人大中来。四是增加一些少数民族劳动人民代表，以便全国人大充分地反映和集中我国各族人民的要求和意志。

这里需要提及的是，第一届、第二届全国人大代表名额的确定与当时会场（北京中南海怀仁堂）大小的限制有一定关系。1959年9月，北京人民大会堂竣工，大礼堂第一层设有座位3501个，第二层3454个，第三层2517个，主席台可设座位300～500个，总计可容纳1万多人。这样，增加代表名额后开会所需的场所问题解决了。

确定和分配第三届全国人大代表名额时规定，各省、自治区每40万人选代表1人，人口特少的省、自治区代表不少于10人，直辖市和工业人口30万以上的城市每 5 万人选代表 1 人（总体上农村与城市代表所代表的人口数比例仍为“8∶1”）。据此，计算出农村代表 1493 人、城市代表 1097 人，再加上少数民族代表 300 人（比第一届、第二届增加 1 倍）、军队代表 120 人（增加 1 倍）、华侨代表 30 人（保持不变），总名额为 3040 人。

1964 年，第二次人口普查结果表明全国人口为 6.95 亿人，据此计算，全国大体上每 22.9 万人产生 1 名第三届全国人大代表。

1975 年，第四届全国人大代表名额 2885 人，比第三届减少 155 人，这两届代表人数大体相当。需要指出的是，第四届全国人大代表不是由选举而是由协商产生的，这不符合选举法的规定。

1974 年年末，全国人口为 9.09 亿人，据此计算，全国大体上每 31.5 万人产生 1 名第四届全国人大代表。

第五届全国人大代表 3500 人为历届之最

1977 年 10 月 15 日，中共中央发出关于召开第五届全国人大的通知，确定代表名额为 3500 人。这比第三届增加了 460 人，比第四届增加 615 人，增幅较大。这是从 1954 年第一届全国人大至现在第十二届全国人大以来，代表人数最多的一届。在 1978 年 2 月第五届全国人大一次会议举行前，北京、河北、辽宁分别撤销了由本选举单位选出的 1 人的代表职务，第五届全国人大实有代表 3497 人。

1977 年年末，全国人口为 9.50 亿人，据此计算，全国大体上每 27.1 万人产生 1 名第五届全国人大代表。

1979 年修改后的选举法规定（1979 年的选举法名称改为全国人民代表大会和地方各级人民代表大会选举法），全国人大代表名额不超过 3500 人。这是在法律上把第五届全国人大代表的名额固定了下来，也是选举法第一次对全国人大代表的名额作出具体规定，按照我在《全国人民代表大会代表名额确定依据探讨》一文中对各国议员名额规定的类型的分类，这属于“上限型”。选举法还明确规定，按照农村每 1 代表所代表的人口数 8 倍于城市每 1 代表所代表的人口数（“8∶1”）的原则，分配全国人大代表的名额。这是自 1953 年选举法制定以来，第一次在法律上把这一原则明确地表述出来。

自第六届以来全国人大代表名额固定为不超过 3000 人

根据 1982 年 12 月 10 日通过的《关于第六届全国人民代表大会代表名额和选举问题的决议》计算，第六届全国人大代表名额约为 3000 人，比第五届减少约 500 人。

在此前讨论修改宪法过程中，许多人建议适当减少代表名额，胡乔木提出了减少到 1200 人的方案，这与第一届、第二届全国人大代表 1226 人大体相当。

为什么全国人大代表名额只减少到 3000 人而没有更多地减少？第五届全国人大常委会副委员长兼秘书长杨尚昆解释说，适当减少代表名额，这个意见是可取的。但我国是一个地域辽阔、人口众多的多民族的社会主义国家，全国人大代表人数也不宜太少，太少不足以体现应有的代表性。

在按照人口数分配的代表名额（每届另有一部分代表名额是由中央直接提名在相关选举单位中选举产生）中，依照农村与城市代表所代表人口数 8∶1 的比例，农村每 104 万人选代表 1 人，城市每 13 万人选代表 1 人，第六届实际分配和选出代表 2978 人。

1986 年修改后的选举法规定，全国人大代表名额不超过 3000 人。这是选举法第二次对全国人大代表名额作具体规定，实际上是以第六届的代表名额为根据，把全国人大的代表名额在法律上固定了下来。

在第七届全国人大换届前，有关方面曾考虑减少全国人大代表的名额，设想：第一步减少到 2200 人左右，第二步减少到 1500 人左右。时任中央军委副主席杨尚昆非常支持减少全国人大代表名额的意见。他说，减少军队代表名额的工作我去做。后来有位中央领导同志说，党代会的代表有 2000 多人，人大代表怎么也不能比党代会的代表少。这件事就搁置下来了。这样，第七届全国人大代表名额仍保持第六届的 2978 人。

第八届、第九届、第十届、第十一届、第十二届全国人大按照选举法关于代表名额不超过 3000 人的规定，分别在当届全国人大第一次会议召开前选出全国人大代表 2979 人、2980 人、2985 人、2987 人、2987 人。

从以上我们看出，从 1983 年第六届全国人大至第十二届全国人大，历经 31 年、7 届全国人大确定的代表名额和实际选出的代表人数每届均不超过

3000 人。

自 1983 年第六届以来,历届全国人大代表的名额总体上没有变化。但 1995 年修改选举法,将全国人大代表的分配原则——农村与城市每 1 名代表所代表的人口数的比例由 8∶1 缩小为 4∶1。2010 年修改选举法,将两者的比例修改为 1∶1,也就是每 1 代表所代表的城乡人口数相同。从此,人大代表的选举制度,全面实现了“人人平等、地区平等、民族平等”,这是我国社会主义民主制度的巨大进步。

由于 1995 年修改了选举法关于农村与城市代表所代表人口数的比例的规定和人口的增长,1998 年第九届全国人大,在按照人口数分配的代表名额中,农村每 88 万人选代表 1 人,城市每 22 万人选代表 1 人;2003 年第十届全国人大,在按照人口数分配的代表名额中,农村每 96 万人选代表 1 人,城市每 24 万人选代表 1 人。在 2013 年第十二届全国人大,有 2000 名代表是按照选举法每 1 代表所代表的城乡人口数相同的规定产生的,全国约每 67 万人选代表 1 人。按照人口数,第九届、第十届、第十二届全国人大,除台湾省外,重新分配了各省、自治区、直辖市的代表名额。

把全国人大代表名额固定为不超过 3000 人,这是否最为合适?是否还可以减少?时至今日,确定代表名额仍应考虑这样两个方面:一是有广泛性和代表性;二是便于召集会议,便于讨论和决定问题。第七届、第八届全国人大常委会副委员长王汉斌说,减少全国人大代表名额的问题,“我看也是可以研究的”。

延伸阅读

全国人民代表大会代表名额确定依据探讨

研究的意义

由于现代国家还不具备实行直接民主的条件，因此，任何一个民主国家的政治管理的一个内容，都是由代议机构代表国民行使相关的国家权力。那么，代议机构究竟应该由多少人组成呢？确定议会议员名额需要有客观依据。就进一步完善人民代表大会代表的选举制度而言，探讨确定全国人民代表大会代表名额的依据，具有重要意义。第一，有利于使人民代表大会代表名额的确定具有客观性。第二，有利于使人民代表大会代表名额的确定规范化。第三，为将来逐步扩大直接选举人大代表的层级和范围准备必要条件。探讨确定人大代表名额的客观依据，确定人大代表的最佳数量和科学地划分选区，是实行直接选举必要的准备工作。

外国的做法

分析、归纳我掌握的材料，外国议会议员名额确定的基本依据有三个。

1. 人口与代表比例原则

自 19 世纪以来，在世界绝大多数国家选举制度的演变中，出现的三种主要趋向之一是使政治上的代表权基础的平等化，即人口与代表比例的平等化，人口与代表比例原则成为一些国家确定议会议员名额的依据之一。所谓人口与代表比例原则，是指议员名额的确定以人口为基础，每位议员所代表的人口数大体相等。采用这一原则确定议会议员名额，主要有四种情况：第一种是某些两院制国家采用这一原则确定众议院全部议员名额。例如，美国众议院的 435 名众议员，由 435 个人口数大致相等的选区选出。第二种是某些两院制国家采用这一原则确定众议院部分议员名额。例如，墨西哥众议院 400 名议员中的 300 名由全国 300 个选区各选出 1 名。第三种是有的两院制国家采用这一原则确定参议院的部分议员和众议院的全部议员名额。例如，意大利参议院除少数终身参议员外，每 15 万人选出 1 名参议员；众议院的全部议员按每 8 万人中有 1 名议员的比例选出。第四种是某些一院制国家采用这一原则确定议会全部议员名额。例如，罗马尼亚大国民议会由349名代表组成,全部代表由349个有相同数量人口的选区选出。

按照人口与代表比例原则确定议员名额,如果比例不变,随着人口的增长,议员人数必然不断增多。若不加控制,则议员人数无限增加势必影响议会职能的发挥。因此,有的国家采取相应的措施,当议员人数增加到一定数量时,就把议员名额固定下来,定期调整议员名额的分配方案。美国到1913年,众议院议员增加到了435名。美国国会1929年通过了"关于重新分配国会议席"的法案,把众议院议席固定为435席,不得随人口增加而增加。但是国会根据每10年举行一次的全国人口普查数字,重新调整各州众议院议员的分配名额,减少人口增长较慢的州的议席,而增加人口增长较快的州的议席,到1980年美国大约每50万人中产生1名众议员。自1913年以来,美国众议院435个议席一直没有增加。

2. 行政区域原则

这个原则是某些两院制国家确定全部或部分参议院议员名额和某些一院制国家确定议会部分议员名额的原则。

某些两院制国家采用行政区域原则确定参议院议员名额可分两类:

第一类是不论行政区域大小,同一级别的行政区域产生同样数量的议员,理由是尽管同一级别的行政区域大小有别,但作为同一级别的行政区域表决权是平等的。这一类又可再分为两种情况:(1)参议院的全部议员都是按所有的第一级的行政区域都产生同样数量的议员的原则产生的。在美国,州不论大小,一律选举2名参议员。美国宪法禁止对两个原则进行修改,其中一个就是不得剥夺各州在参议院享有的同等表决权。瑞士议会参议院议员每州选举2名。巴西议会参议院议员每州选举3名。多米尼加共和国参议院议员每省(区)选举1名。墨西哥参议院议员每州(区)选举2名。阿根廷国民议会参议院议员每省(区)选举2名。(2)参议院的部分议员按所有的第一级的行政区域产生同样数量的议员的原则产生,其余的议员按其他原则产生。委内瑞拉国民议会参议院共有49名参议员,其中46名参议员由各州和联邦区各选举2名。马来西亚议会上议院共有68名议员,其中26名议员由各州州议会各推选2名。

第二类是同一级别的不同类型的行政区域产生不同数量的议员。澳大利亚的州和地区同属第一级别的行政区域,但是参加议会参议院的议员每个州有10名,每个地区只有2名。

某些一院制国家采取行政区域原则确定议会部分议员名额的情况是，同一级别的行政区域分配同样数量的议席。巴布亚新几内亚议会共有109席，其中20席由全国的20个省每省推举1名议员。圭亚那国民议会共有议员65名，其中10名由全国的10个行政区的地方民主议会选举产生。

采取行政区划原则确定议会议员名额，其主旨就是使各行政区都在议会中有代表本行政区利益的代表。一些国家认为，同一级别的行政区尽管有大小之别，人口有多少之分，但各行政区的事务的质是相同的，因而各同级的行政区在议会中都应享有同等的表决权。也有的国家出于另外的考虑，对同级的不同类型的行政区域规定不同的议员名额。

3. 民族原则

保证主要民族或某个民族在议会中有自己的代表，是一些国家确定议会议员名额的又一原则。一些国家采取民族原则确定议会议员名额，主要形式有两种：一种是确定主要民族的议员名额，如斐济1970年《宪法》规定，众议院52名议员中，12名斐济族议员、12名印度族议员和另外3名其他族议员在各民族中选出，另外10名斐济族议员、10名印度族议员和5名其他族议员在全国范围选出。另一种是只规定某个民族应占有的议员名额，如新西兰规定毛利族在议会中有4席。

对世界各国议会确定议员名额的依据的考察中，可以得到如下认识：

第一，上述确定议会议员名额的三个原则，是确定按照民主程序产生议会全部议员名额或者部分议员名额的主要原则，不包括有的国家按照非民主程序所产生的部分议员名额的确定，例如，意大利规定总统有权指定的5名终身参议员，英国贵族院的全部议员都不包括在内。

第二，就有的国家而言，议会全部或者部分议员名额的确定与议会全部或者部分议员名额的分配原则的确定是联系在一起的。也就是说，在一些情况下，不是先确定议员名额的分配原则，然后再确定议员名额，也不是相反，二者经常是同一个过程。

第三，在按照上述原则（其中的一个、两个或三个）确定议会议员名额时，有时竟改变了议会议员名额的规定类型。据不完全统计，大致可以把世界100多个国家议会议员名额规定类型归纳为五种：（1）具体名额型。例如，罗马尼亚《宪法》规定大国民议会由349名代表组成。（2）上限型。例如，印度规定联邦院（上院）议员总数不得超过250名，人民院（下院）议员总数不得超过547名。(3)上限下限型。例如,赤道几内亚《宪法》规定人民代表院由议员最少45名、最多60名组成。(4)定期增加型。例如,伊朗伊斯兰议会由270名议员组成,随着人口增长,议会人数每10年增加1次。(5)推导具体名额型。这种类型国家法律对议会议员的具体名额没有明文规定,但根据有关规定,可以推导出具体名额,它实际上是具体名额型。正是这第五种类型改变了议会议员名额规定的类型。这说明在某种情况下,议会议员名额规定的类型、名额确定的原则和议会议员的具体名额三者联系在一起。这告诉我们在规定议会议员名额时,要考虑采用何种类型。

第四,通过对世界145个国家(中国除外)议会进行统计,我们发现世界绝大多数国家议会议员名额都在499人以下,800人以上的仅有5个国家。西方发达国家的议会议员名额,一般不少于500人,不多于1000人(英国除外)。

研究的结论

我国的全国人民代表大会究竟应该由多少代表组成,是代表人数多好,还是代表人数少好,人们的认识并不一致。社会主义民主制度的根本特点,不在于组成权力机关的人数,而在于权力机关的组成人员是由民主选举产生的,他们代表全体人民在代议机构里按照少数服从多数的原则进行决策。

总结我国选举工作和全国人民代表大会工作的实践经验,参考外国议会议员名额确定的依据,我认为,确定全国人民代表大会代表名额应遵循如下原则。

我国《全国人民代表大会和地方各级人民代表大会选举法》规定的确定地方各级人民代表大会代表名额的一个总原则是,便于召开会议、讨论问题和决定问题。我认为这也应该是确定全国人民代表大会代表名额的一个基本原则。在这个总的原则下,还应采取以下三个原则:

第一,人口与代表比例原则。代表是由选民或选举单位选出的,代表要代表全体人民的利益,反映全体人民的意见和要求,一定数量的人口是人民代表大会代表的最基本的基础,首先要根据这个原则确定绝大部分代表与人口的恰当比例。

第二,行政区域的原则。我国幅员辽阔,内地有31个省、自治区、直辖市。这些不同的省、自治区、直辖市会有不同的利益和要求。因此，在全国人民代表大会中，各省级行政区都应有自己的代表，各不同的省级行政区之间都应有同等的表决权。特别行政区成立以后，专门规定了特区的代表名额及其产生方式。

第三，民族原则。我国除汉族外，还有55个少数民族。一些多民族的国家在国家结构形式上实行联邦制，在议会的组织结构形式上采取两院制。我国是单一制的国家，国家权力机关是人民代表大会，即实行一院制，各少数民族除了共同利益之外，还有与本民族特点有关的各自特有的特别利益，他们的特别利益应在国家权力机关中得到反映。用一院制来解决其他一些国家用两院制解决的民族问题的办法，就是在一院制的全国人民代表大会中，有一定数量的少数民族的代表。

根据上述原则，全国人民代表大会的代表应由三部分组成：相同的人口比例产生的代表、行政区域代表和少数民族代表。

历届全国人民代表大会代表构成表

项目＼届次	第一届	第二届	第三届	第四届	第五届	第六届	第七届	第八届	第九届	第十届	第十一届	第十二届
代表总数	1226 人	1226 人	3040 人	2885 人	3497 人[2]	2978 人	2970 人[3]	2977 人[4]	2979 人[5]	2984 人[6]	2987 人	2987 人[7]
中共党员	668 人占 54.48%	708 人占 57.75%	1667 人占 54.83%	2217 人占 76.3%	2545 人占 72.78%	1861 人占 62.5%	1986 人占 66.8%	2037 人占 68.40%	2130 人占 71.50%	2178 人占 72.99%	2184 人占 73.12%	2121 人占 71.01%
民主党派	274 人占 22.36%	284 人占 23.16%	565 人占 18.58%	238 人占 8.3%	495 人占 14.15%	543 人占 18.2%	540 人占 18.2%	572 人占 19.21%	460 人占 15.44%	480 人占 16.09%		
无党派	284 人占 23.16%	234 人占 19.09%	808 人占 26.57%									
工人	100 人占 8.16%	69 人占 5.6%	175 人占 5.75%	813 人占 28.2%	935 人占 26.71%	443 人占 14.9%	684 人占 23%	332 人占 11.15%	323 人占 10.84%	551 人占 18.46%	246 人占 8.24%	401 人占 13.42%
农民	63 人占 5.14%	67 人占 5.46%	209 人占 6.87%	662 人占 22.9%	720 人占 20.59%	348 人占 11.7%		280 人占 9.04%	240 人占 8.06%			
干部				322 人占 11.2%	468 人占 13.38%	636 人占 21.4%	733 人占 24.7%	842 人占 28.27%	988 人占 33.17%	968 人占 32.44%	1249 人占 41.81%	1042 人占 34.88%
解放军	60 人占[1] 4.89%	60 人占 4.89%	120 人占 3.95%	486 人占 16.85%	503 人占 14.38%	267 人占 8.97%	267 人占 8.96%	267 人占 8.97%	268 人占 9.00%	268 人占 8.98%	268 人占 8.97%	268 人占 8.97%
知识分子(专业技术人员)				346 人占 11.99%	523 人占 14.96%	701 人占 23.5%	697 人占 23.4%	649 人占 21.80%	628 人占 21.08%	631 人占 21.14%	574 人占 19.22%	610 人占 20.42%
归国华侨	30 人占 2.45%	30 人占 2.45%	30 人占 0.98%	30 人占 1.03%	35 人占 1%	40 人占 1.3%	49 人占 1.6%	36 人占 1.21%	37 人占 1.24%	38 人占 1.27%	35 人占 1.17%	35 人占 1.17%
少数民族	177 人占 14.44%	180 人占 14.68%	373 人占 12.27%	270 人占 9.4%	381 人占 10.9%	404 人占 13.6%	445 人占 15%	439 人占 14.75%	428 人占 14.37%	415 人占 13.91%	411 人占 13.76%	409 人占 13.69%
妇女	147 人占 11.99%	150 人占 12.23%	542 人占 17.82%	653 人占 22.63%	740 人占 21.16%	632 人占 21.2%	634 人占 21.34%	626 人占 21.03%	650 人占 21.82%	604 人占 20.24%	637 人占 21.33%	699 人占 23.40%

注:① 除军队选出的 60 名外,地方选出 16 名,共计 76 名。

② 第五届人大代表名额为 3500 人,第五届第一次会议前,共选出代表 3500 人,3 人由原选举单位撤销代表职务,代表资格审查委员会确认 3497 人的代表资格。

③ 第七届人大代表名额为 2978 人,第七届第一次会议前,共选出代表 2975 人,经代表资格审查委员会审查,确认了 2970 人的代表资格。

④ 第八届人大代表名额为 2979 人,第八届第一次会议前,2 人逝世。

⑤ 第九届人大代表名额为 2980 人,第九届第一次会议前,1 人逝世。

⑥ 第十届人大代表名额为 2985 人,第十届第一次会议前,1 人逝世。

⑦ 第十二届人大代表名额为 2987 人,2016 年 9 月 13 日第十二届全国人大常委会第二十三次会议确定辽宁省选出的 45 名代表因拉票贿选当选无效。

代表资格审查制度的过去和现在

2009 年 6 月 27 日上午，第十一届全国人大常委会第九次会议闭幕后，接着全国人大常委会办公厅举行例行新闻发布会。那时我担任全国人大常委会办公厅新闻发言人，主持了这场新闻发布会。会上，香港文汇报记者问：深圳市原市长许宗衡被“双规”了，他的全国人大代表资格今后会有怎样的变化？这个问题与这次新闻发布会的主题没有直接关系，但作为新闻发言人，我不可以说“无可奉告”，要正面回应。我在脑子里迅速梳理思路、组织语言，依据法律规定和实际情况作了这样的回答：“深圳市原市长是由广东省选出的第十一届全国人大代表，他的代表职务问题将由广东省人民代表大会或者广东省人大常委会作出决定。现在我们还没有收到广东省人大的有关报告，收到报告之后，全国人大常委会将会依法处理他的代表资格问题。”

这里涉及这样的问题：人大代表资格是怎么回事？60 多年来，人大代表资格审查制度经历了怎样的变化？

从一般道理上来讲，代表（外国多称为“议员”）依法被选出后，其代表资格应即告有效。在我国，代表选出后，具有了代表身份，但还需要经过代表资格审查委员会审查并经人大或人大常委会确认其代表资格并公告。在人大换届时，新一届人大代表当选后马上可以参加为出席本级人民代表大会会议作准备的调研、视察等活动，但要在人民代表大会会议上行使权利，比如，参加审议、投票、提出建议等，必须是在其代表资格确认之后。过去，有媒体不清楚代表“职务”和代表“资格”的区别，常把罢免代表“职务”说成罢免代表“资格”。就此，全国人大常委会办公厅曾专门向各省级人大常委会发函，明确代表当选后、资格审查确认前如何规范报道问题。

我们为什么要搞这样一个代表资格审查制度？

从历史上来看，早在工农兵代表苏维埃时期，就实行代表资格审查制度。新中国成立之初，从领导干部到普通群众对有严格程序规定的普选都比较陌生，同时，1953 年《全国人民代表大会及地方各级人民代表大会选举法》（以下简称选举法）规定，依法尚未改变成分的地主阶级分子、依法被剥夺政治权利的反革命分子和其他依法被剥夺政治权利的公民没有选举权和被选举权。保证当选的人大代表都是有选举权和被选举权的公民，保证每位人大代表都是依法产生的，设置一道人大代表当选后的资格审查程序是必要的。

按照法律规定，负责审查代表资格的专门机构是代表资格审查委员会。起初，这个委员会由人民代表大会设立。1954 年《全国人民代表大会组织法》（以下简称全国人大组织法）规定，全国人民代表大会设立民族委员会、法案委员会、预算委员会、代表资格审查委员会和其他需要设立的委员会。每届全国人大代表在第一次出席全国人大会议时，向全国人大提出代表当选证书，由代表资格审查委员会进行审查。全国人大根据代表资格审查委员会提出的报告，确认代表的资格或者宣布个别代表的当选无效。全国人大在第一届、第二届、第三届、第五届都设立了专门委员会性质的代表资格审查委员会（1975 年召开的第四届全国人大，代表是由协商产生不是由选举产生的，这届全国人大没有设立任何专门委员会）。1954 年《地方各级人民代表大会和地方各级人民委员会组织法》规定，地方各级人大举行会议的时候，可以设立代表资格审查委员会、议案审查委员会和其他需要设立的委员会，在主席团领导下进行工作。

人大代表资格审查制度实行 20 多年，一些问题显现出来。一是每届人民代表大会第一次会议召开，选出代表资格审查委员会后，再审查当届代表的资格。这就是说，代表资格审查委员会成员自己的代表资格还没有确认，就来行使审查包括自己在内的代表资格的职权，既自己审查自己的代表资格，又在自己的代表资格没有确认前审查别人的代表资格，不符合法理。二是当时的代表资格审查委员会只在人民代表大会开会期间活动，不能及时对在人民代表大会闭会期间补选的本级人大代表的资格进行审查。

1982年修改全国人大组织法，将代表资格审查委员会由全国人大设立改为由主持代表选举工作的全国人大常委会设立，作为常委会的常设工作机构。时任全国人大常委会副委员长兼法制委员会主任的习仲勋作说明时指出：“过去，全国人大代表资格是在全国人大开会以后，由全国人大代表资格审查委员会进行审查的。现在根据宪法有关规定，草案对此作了修改，规定由主持代表选举的全国人大常委会设立代表资格审查委员会审查代表资格，并在每届全国人大第一次会议开会以前公布代表名单。这样，在全国人民代表大会开会以前，就完成了代表资格审查工作，工作上比较便利。”从1983年3月第五届全国人大常委会第二十六次会议开始，历届全国大常委会都设立代表资格审查委员会。经过几年的实践，1986年12月，第六届全国人大常委会第十八次会议修改后的《地方各级人民代表大会和地方各级人民政府组织法》（以下简称地方组织法）规定，县级以上的地方各级人大常委会设立代表资格审查委员会，审查代表的选举是否符合法律规定。至此，县级以上地方各级人大的代表资格审查制度与全国人大一致起来。但在乡镇，代表资格审查委员会仍由每届人大第一次会议设立，行使职权到本届人大任期届满为止。

依据《宪法》、选举法、《全国人民代表大会和地方各级人民代表大会代表法》（以下简称代表法）、全国人大组织法、地方组织法的规定，县级以上人大常委会代表资格审查委员会的职责主要有：（1）审查新选出的下一届人大代表和补选的本届人大代表的资格是否有效并向本级人大常委会提出报告。按照1982年全国人大会组织法第三条和1995年修改后的地方组织法第五十一条的规定，选举单位选举或者补选代表后，由代表资格审查委员会审查是否符合法律规定，常委会根据代表资格审查委员会提出的报告，确认代表的资格或者确定个别代表的当选无效，并公布代表名单。（2）对暂时停止执行代表职务的情况向本级人大常委会报告。按照2010年10月修改后的代表法第四十八条的规定，代表因刑事案件被羁押正在受侦查、起诉、审判的，被依法判处管制、拘役或者有期徒刑而没有附加剥夺政治权利正在服刑的，暂时停止执行代表职务，由代表资格审查委员会向本级人大常委会报告。（3）对代表资格终止情况向本级人大常委会提出报告。按照代表法第四十九条、第五十条的规定，代表有下列七种情形之一的，即地方各级人大代表迁出或者调离本行政区域、辞职被接受、未经批准两次不出席本级人大会议、被罢免、丧失中国国籍、依法被剥夺政治权利、丧失行为能力的，其代表资格终止，由代表资格审查委员会报本级人大常委会，由本级人大常委会予以公告。

代表资格审查审什么？20世纪80年代，地方人大针对这方面问题多次提出法律询问。如有的询问，发现代表有违法乱纪行为，代表资格审查委员会可否不经原选区同意而取消其代表资格；有的询问，有代表严重违背计划生育政策，可否由代表资格审查委员会宣布不承认其代表资格。全国人大常委会工作机构答复，代表资格审查，主要是审查代表选举中各个环节是否符合选举法的规定。如果发现代表有违法乱纪行为不适合当代表，可由原选区或原选举单位依照法律规定的程序予以罢免。1986年12月，时任全国人大常委会秘书长兼法制工作委员会主任的王汉斌就县乡两级人大代表换届选举问题答新华社记者问时指出："代表资格审查，主要是审查选举中各个环节是否符合选举法的规定。例如，代表候选人名额是否符合法定的差额比例；选民10人以上联名提出的代表候选人是否都列入了初步候选人名单进行酝酿协商；正式代表候选人名单是否按照较多数选民的意见确定；是否有未经依法提名的人列入代表候选人名单；一个选区选出的代表是否超过了规定的应选代表名额；当选代表是否获得法定票数；是否由得票较多的当选，等等。"由此可见，代表资格审查，审查的是代表当选的合法性。

一般地说，审查代表资格，应当是依照宪法和法律规定，从实质和程序两方面对当选代表的合法性进行审查。代表当选合法性的实质审查，主要是审查当选代表是否年满18周岁、是否具有中国国籍、选举时是否享有政治权利等条件。在这方面，首先是选举委员会或者选举单位要切实把好关。代表当选合法性的程序审查，就是审查当选代表是否依照法定程序选举产生。

根据近年地方在选举中出现的新情况，2015年修改选举法在代表资格审查方面作了补充规定："代表资格审查委员会依法对当选代表是否符合宪法、法律规定的基本条件，选举是否符合法律规定的程序，以及是否存在破坏选举和其他当选无效的违法行为进行审查，提出代表当选是否有效的意见，向本级人大常委会或者乡级人民代表大会主席团报告。"

1988年3月，全国人大常委会代表资格审查委员会对各省、自治区、直辖市和人民解放军选出的2975名（应选2978名）第七届全国人大代表的资格进行了审查，认为，有 2970 名代表的选举符合法律规定，代表资格有效；宁夏回族自治区人大在选举全国人大代表中有 5 名候选人得票数不足法定票数，当选无效。这 5 人之所以得票数不足法定票数，是因为宁夏回族自治区人大把选举法适用于直接选举的规定适用于间接选举，认为得票不少于选票的 1/3 即可当选。

在历史上还有过这样的情况：1978 年 2 月，第五届全国人大时，各省、自治区、直辖市和人民解放军共选出出席第五届全国人大的代表 3500 名，但提交全国人大代表资格审查委员会审查的代表只有 3497 名。原因是北京市、河北省、辽宁省在代表选出后但代表资格尚未确认前，就分别自行撤销了本选举单位选出的 1 名代表的代表职务（当时表述为“资格”）。

过去，代表当选后，届中变动不多，代表资格审查的主要工作是集中对选举产生的新一届代表的资格进行审查。这些年来，审查补选代表的资格、代表资格终止等工作多了起来。据统计，第十一届全国人大共补选代表 40 名，有 59 名代表的资格终止，在这 59 人中，21 人因去世代表资格自然终止，18 人因涉嫌违纪违法被罢免，20 人自己辞职。代表辞职有多种原因，有的是因发现违纪违法线索被调查而辞职，有的是因工作变动而请辞，还有的是因其他个人原因而请辞。2005 年，广东省人大代表王泽华因“妻子患病需要照顾，没有时间和精力履行代表职责”，请求辞去其广东省人大代表职务。有舆论说，这既体现了他对家人的担当，又表现出对人民负责的精神。

2013 年 1 月，辽宁省第十二届人大第一次会议在选举全国人大代表过程中，有 45 名当选全国人大代表存在拉票贿选行为。这是新中国成立以来查处的第一起发生在省级层面的严重破坏人大代表选举的重大案件。2016 年 9 月 13 日，第十二届全国人大常委会第二十三次会议确定，这 45 名全国人大代表当选无效。

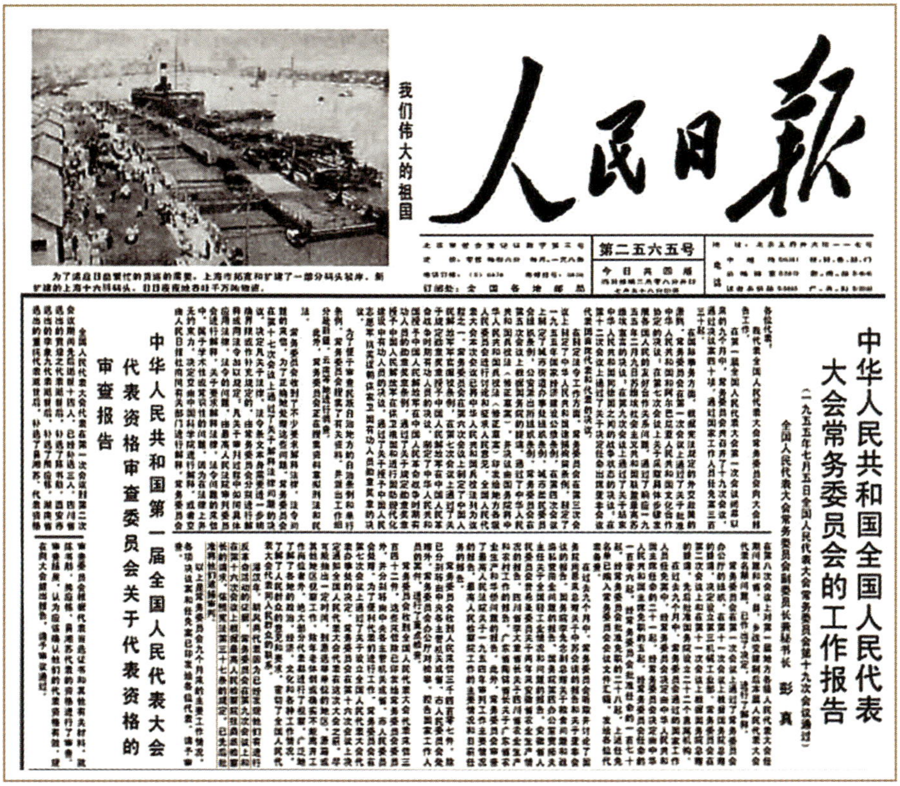

我们伟大的祖国

人民日报

第二五六五号

今日共四版

中华人民共和国全国人民代表大会常务委员会的工作报告

（一九五五年七月五日全国人民代表大会常务委员会第十九次会议通过）

全国人民代表大会常务委员会副委员长兼秘书长 彭真

中华人民共和国第一届全国人民代表大会代表资格审查委员会关于代表资格的审查报告

1955 年 7 月 18 日《人民日报》刊登的全国人大常委会工作报告指出，常委会第十六次会议依照《宪法》第三十七条的规定，批准将胡风逮捕审判

（首页影印件）

代表“免捕权”制度的历史演进

许多人知道，全国人民代表大会在历史上举行过4次秘密会议。我先讲一个全国人大常委会历史上一项秘密会议议程的故事，我相信大多数人不知道这个故事。然后再细说人大代表的人身“免捕权”制度的过去和现在。

全国人大常委会历史上的秘密会议议程

1986年7月，我一到全国人大机关工作，就开始系统地收集整理有关人大工作的文献资料，了解人大的历史。有一天，无意间看到1980年9月29日中共中央批转的公安部、最高人民检察院、最高人民法院党组《关于“胡风反革命集团”案件的复查报告》中有这样的记述：“1955年5月18日，经全国人大常委会批准将胡风逮捕。”

这一记述引起了我的注意。为了进一步了解全国人大常委会这个批准的细节，我查阅了历届全国人大常委会历次会议议程的全部资料。但是，我失望了。1955年5月18日这一天，第一届全国人大常委会召开的第十六次会议的议程中没有批准逮捕胡风的内容。《人民日报》有关这次会议的报道也没有这个内容。查不到相关资料，这件事对我产生了神秘感，那我就越要搞清楚这段历史。经过多种文献档案长时间地一一核对，相互印证，我终于还原了事实，弄清楚了这段历史。

1954年《全国人民代表大会组织法》（以下简称全国人大组织法）规定，全国人大常委会会议每月举行两次，必要的时候可以增加或者减少。全国人大常委会刚成立时，举行会议的时间不固定，会期也短，半天就是一次会议。总的看来，每次会议议程少，有时一次会议就听取一个工作报告。

1955 年 5 月 18 日这一天，第一届全国人大常委会先召开了第十六次会议，通过了关于准备召集第一届全国人大第二次会议的决议等几个文件。第十六次会议结束后，紧接着宣布召开一次全国人大常委会秘密会议，这次秘密会议根据时任最高人民检察院检察长张鼎丞的请求，依照《宪法》第三十七条的规定，作出了批准将胡风逮捕审判的决定。胡风是第一届全国人大代表，逮捕他须经过法定的特别批准程序。全国人大常委会的这个决定通过后没有立即公布。

1955 年 7 月 16 日下午，第一届全国人大第二次会议举行全体会议，全国人大常委会作工作报告，向代表报告了批准逮捕胡风一事。全国人大常委会工作报告将批准逮捕胡风的这次全国人大常委会会议作为一项议程并入了第一届全国人大常委会第十六次会议，这就是为什么在公开的材料中看不到全国人大常委会举行过秘密会议，也看不到第一届全国人大常委会第十六次会议有批准逮捕胡风的议程。7 月 18 日的《人民日报》全文刊登了全国人大常委会工作报告。这样，关于批准逮捕胡风的决定在全国人大常委会通过两个月后，向社会公开了。

1954 年制宪对代表人身“免捕权”的讨论

从逮捕胡风一事中，我们知道 1954 年《宪法》规定逮捕、审判全国人大代表要经过一个特别的程序，也就是对全国人大代表的人身自由进行特别保护，人们通俗地把这称为人大代表的人身“免捕权”。在制定 1954 年《宪法》过程中，对这一规定进行了充分的讨论。

1954 年 3 月 23 日，中共中央提出的宪法草案初稿第三十三条规定：“全国人民代表大会的代表，除现行犯外，非经全国人民代表大会或者全国人民代表大会常务委员会许可，不得逮捕或者审判。如果代表因为是现行犯被捕的时候，必须立即把逮捕理由报告全国人民代表大会或者全国人民代表大会常务委员会请求批准。”在讨论中，对这一条主要提出了以下意见：

第一，建议本条修改为“全国人民代表大会的代表，非经全国人民代表大会或全国人民代表大会常务委员会许可，任何机关不得加以逮捕或审判；

如果代表系现行犯而当场被捕时，不需此种许可，但逮捕机关必须立即把逮捕理由报告全国人民代表大会或者全国人民代表大会常务委员会请求批准”。

第二，建议将“不得逮捕或者审判”修改为“不得扣留、逮捕或者审判”。

第三，建议增加规定：全国人大或全国人大常委会不予批准的应即释放。

第四，初稿中的“全国人民代表大会的代表，除现行犯外……不得逮捕或者审判”，可以有两种解释：一是全国人大的代表不得被逮捕或者审判。二是全国人大的代表不得逮捕或者审判他人。建议作修改，避免有歧义。

第五，对“现行犯”是指哪类人提出疑问。

第六，有疑问提出：全国人大代表犯了错误而受到行政处分时，是否要向全国人大或者全国人大常委会请示批准。

第七，为什么没有对于地方各级人大代表的保障？建议补充规定本条适用于地方各级人大的代表。

第八，可以考虑不作这一规定。理由一是代表也是公民，宪法草案初稿有关公民的基本权利和义务中已经规定公民有言论自由、人身自由不受侵犯、住宅不受侵犯。二是好像对全国人大代表多一层特权和保障，似无必要。三是选代表要选好的，不会有现行犯。

第九，有疑问提出，这一规定是否与宪法草案初稿第七十八条“公民在法律上一律平等”的规定有抵触嫌疑？

1954 年 9 月 20 日，第一届全国人大第一次会议通过的《宪法》，将宪法草案初稿第三十三条调整为第三十七条，具体规定是“全国人民代表大会代表，非经全国人民代表大会许可，在全国人民代表大会闭会期间非经全国人民代表大会常务委员会许可，不受逮捕或者审判”。

在同一天，第一届全国人大第一次会议通过的全国人大组织法有关这方面的内容作了这样的规定：“全国人民代表大会代表非经全国人民代表大会许可，在全国人民代表大会闭会期间非经全国人民代表大会常务委员会许可，不受逮捕或者审判。如果代表因为是现行犯被拘留，执行拘留的机关必须立即报请全国人民代表大会或者全国人民代表大会常务委员会批准。”

9 月 21 日，第一届全国人大第一次会议通过的《地方各级人民代表大会和地方各级人民委员会组织法》，对有关地方人大代表的人身“免捕权”作了这样的规定:“地方各级人民代表大会代表在出席人民代表大会会议的期间,非经主席团同意不受逮捕或者审判,如果代表因为是现行犯被拘留,执行拘留的机关必须立即报请主席团批准。”这里对乡级人大代表与县级以上地方各级人大代表实行同等保护。

从以上我们可以看到,1954 年《宪法》、1954 年全国人大组织法、1954 年《地方各级人民代表大会和地方各级人民委员会组织法》充分考虑吸收了各方面在讨论宪法草案过程中提出的意见。

这里的“审判”是否包括“民事审判”呢? 1957 年 11 月 6 日,第一届全国人大常委会第八十三次会议通过的《关于全国人大代表毕鸣岐因民事纠纷被诉法院可否传唤问题的答复意见》予以了明确:《宪法》第三十七条的规定,旨在保护代表的人身自由不受侵犯,以便利其执行代表职务。但民事案件并不涉及限制人身自由问题,法院可以依法传唤,无须经全国人大常委会许可。这是因为民事审判并不妨碍其人身自由,他仍然可以行使其作为全国人大代表所享有的权利。

代表人身“免捕权”制度的修改和细化

1979 年 7 月,第五届全国人大第二次会议就通过的修改后的《地方各级人民代表大会和地方各级人民政府组织法》(以下简称地方组织法)规定,县级以上地方人大设立常委会,同时,将同意逮捕、审判或者批准拘留县级以上地方人大代表的机关,由代表大会主席团修改为人大常委会。另外,取消了乡级人大代表的人身“免捕权”。这是 1954 年以来地方人大代表人身“免捕权”制度的首次变化。

1982 年 12 月修改的《宪法》和通过的全国人大组织法,对 1954 年规定的全国人大代表的人身“免捕权”制度作了三个方面的修改:一是把在全国人大会议期间,逮捕或者审判代表的许可权,由代表大会行使修改为由代表大会主席团行使,这样,既便于操作,又能保障代表依法执行职务;二是把“审判”修改为“刑事审判”;三是把对代表执行拘留的“机关”明确为“公安机关”。这是 1954 年以来全国人大代表人身“免捕权”制度的第一次修改和细化。

1986 年修改地方组织法,对 1979 年通过的地方组织法有关地方人大代表的人身"免捕权"的规定作了修改,这样就使县级以上的地方各级人大代表的人身"免捕权"制度,与全国人大代表的人身"免捕权"制度完全一致了起来,具体的表述是:县级以上的地方各级人大代表,非经本级代表大会主席团许可,在本级人大闭会期间,非经本级人大常委会许可,不受逮捕或者刑事审判。如果因为是现行犯被拘留,执行拘留的公安机关应当立即向本级人民代表大会主席团或者人大常委会报告。

1992 年通过的《全国人民代表大会和地方各级人民代表大会代表法》(以下简称代表法)在上述人大代表人身"免捕权"制度的基础上作了两个方面的补充:第一,对县级以上的各级人大代表,如果被采取法律规定的其他限制人身自由的措施(如行政拘留、监视居住、司法拘留、劳动教养等),应当经该级人民代表大会主席团或者人大常委会许可。第二,乡级人大代表,如果被逮捕、受刑事审判,或者被采取法律规定的其他限制人身自由的措施,执行机关应当立即报告乡级人大。这第二个方面的补充,与 1954 年《地方各级人民代表大会和地方各级人民委员会组织法》的相关规定进行比较,有两点不同:一是代表如果被采取限制人身自由的措施,由原来的须事前"经同意"改为事后"报告";二是代表人身特别保护的范围,由原来"被逮捕、受刑事审判"扩大至"被采取法律规定的其他限制人身自由的措施"。

2010 年 10 月 28 日,修改后的代表法,在代表的人身"免捕权"制度方面,又增加规定:人民代表大会主席团或者人大常委会受理有关机关依照代表法规定提请许可的申请,应当审查是否存在对代表在人大各种会议上的发言和表决进行法律追究,或者对代表提出建议、批评和意见等其他执行职务行为打击报复的情形,并据此作出决定。这是对代表的人身自由保护许可程序的完善。

这里提一下,代表法修正案草案在 2010 年 8 月 23 日首次提请全国人大常委会审议时有这样一个规定:对县级以上各级人大代表采取限制人身自由的措施,本级人大常委会闭会期间,在紧急情况下,可以由全国人大常委会委员长会议或者地方人大常委会主任会议决定许可,报下一次人大常委会会议确认。10 月 25 日,第二次审议开始时,法律委员会在代表法修正案草案审议结果的报告中说,有的常委委员、一些地方提出,根据以往的实践,可以只规定在紧急情况下由地方各级人大常委会主任会议决定许可,报下一次人大常委会会议确认。在接下来的审议中又提出了新的意见,10 月 28

日,法律委员会在关于修改代表法的决定草案修改意见的报告中说:有的常委委员、代表和一些地方提出,代表法现行有关人大代表采取限制人身自由的措施的规定,在实践中通过做好有关工作,是可行的,决定草案可以不作此项规定。因此,删去了草案的这一规定。也就是说,现行的代表法仍然规定对人大代表采取限制人身自由的措施,由人民代表大会主席团或人大常委会决定许可。

1986 年 6 月,第六届全国人大常委会第十六次会议经表决,决定许可对 1 名由吉林省选出的全国人大代表予以逮捕。这是我到全国人大机关工作前 1 个月的事情。我记得:1986 年 6 月的这次会议后,全国人大主席团和全国人大常委会没有再作出过有关对全国人大代表采取限制人身自由的措施的许可决定。现在的做法是:全国人大代表涉嫌违纪违法的,由本人向选举单位请求辞去代表职务,或者由选举单位罢免该代表的代表职务。

人大代表应当代表谁的利益

人大代表应当代表谁的利益？这是个实践问题，也是个理论问题。

1992 年制定《全国人民代表大会和地方各级人民代表大会代表法》（以下简称代表法）的过程中，有一种意见：人大代表应当代表原选区选民或者原选举单位的利益，代表这些不同利益的意见通过讨论、表决，最终形成统一的意志。经过反复研究，最终没有采纳这一意见。代表法第二条第三款规定："全国人民代表大会和地方各级人民代表大会代表，代表人民的利益和意志，依照宪法和法律赋予本级人民代表大会的各项职权，参加行使国家权力。"代表法的这一规定，是要求各级人大代表都要代表人民的整体利益和统一意志。这从法律上解决了代表利益身份问题。那么，从理论上应当怎样说明这个规定呢？

人大代表制度的两个要点

人大代表应当代表人民的整体利益，这涉及一个人大代表与原选区选民或者原选举单位的关系问题，也就是代表与选民的关系问题。学者把有关这两者关系的论述称为"代表制"理论。在这个问题上，国外有两种观点：一种是委托说，认为代表是本选区选民的受托人，他在代议机关的一切发言和表决，都必须遵从本选区选民的意见；另一种是独立代表说，认为代表在代议机关中有权以个人的判断行事，不受本选区选民的约束。从委托说推演出来的结论是，代表有服从本选区选民意愿的义务，本选区选民有权罢免他们选出的代表。从独立代表说推演出来的结论是，代表没有服从本选区选民意愿的义务，本选区选民无权罢免他们选出的代表。

与上述代表制理论相比较，我们看到，我国的人大代表制度既不是完全的委托制，也不是独立代表制。在1954年讨论宪法草案初稿过程中，有意见提出，全国人民代表大会的代表，是代表一个地方，还是代表全国？还有意见提出，宗教界人士参加人民代表大会，是人民代表还是宗教代表？1954年《宪法》关于人大代表制度的设计有两个要点：第一个要点是，人大代表要代表人民的共同利益、整体利益。刘少奇在《关于中华人民共和国宪法草案的报告》中指出："人民的共同利益和统一意志，是人民代表大会和一切国家机关工作的出发点。"按照人大代表制度的这一要求，人大代表从人民的共同利益出发执行代表职务，在一些情况下，与原选区选民或者原选举单位的具体的、特殊的、局部的利益可能不一致。从这一点来看，我国的人大代表制度与国外的"独立代表说"有某些相似点。第二个要点是，人大代表要接受原选区选民或者原选举单位的监督。原选区选民或者原选举单位有权随时撤换自己选出的代表。从这个要点来看，我国的人大代表制度与国外的"委托说"有某些相似点。经过比较分析，我们可以得出这样的结论：我国的人大代表制度是从中国国情和实际出发，与我国社会主义国家性质相适应，以保证人民当家作主为根本，精心设计的独具特色的政治制度，是我国人民代表大会制度的重要组成部分。

代表整体利益的基本内涵

法律规定，人大代表代表人民的利益和意志，依法参加行使国家权力。这一规定明确了人大代表不仅是本选区或者本选举单位的代表，而且是全国人民或者本行政区域全体人民的代表。对人大代表为什么应当代表人民的利益和意志，可以从以下几个方面来理解：第一，在我国社会主义制度下，全国各族人民的根本利益是一致的。第二，在中央与地方的关系上，也就是在国家的结构形式上，我国采取的是单一制而不是联邦制。处理中央与地方关系总的原则是，首先要体现全局利益的统一性，在统一指导下兼顾局部利益的灵活性。当局部利益与全局利益、整体利益发生矛盾时，应当自觉服从全局利益、整体利益。第三，代表法明确规定人大代表是国家权力机关组成人员，那么，国家权力机关组成人员就应当从国家的整体利益出发，依法参与行使国家权力。第四，我国各级行政区的人口数不同，人口少的相应地人大代表的人数就少，如果人大代表各自代表本选举单位的利益，那么，从整体利益出发提出的对人口少的行政区适当照顾的议案，而这一议案又与人口多的行政区的利益有一定的冲突时，这个议案要在人民代表大会通过就比较困难，这对代表人数少的行政区不公平。第五，人大代表不应不考虑整体利益去取悦自己的选民。还需要指出的是，我国的人民民主“政权，不是一党一派一人所得而私的”，中国共产党代表最广大人民的根本利益，人大工作坚持党的领导，必然要求人大代表要代表人民的根本利益、整体利益。

在人大代表执行职务过程中，应注意把握四个关系：第一，代表人民的整体利益与同原选区选民或者原选举单位保持密切联系的关系。第二，代表人民的整体利益与听取和反映原选区选民或者原选举单位的意见和要求的关系。第三，代表人民的整体利益与根据自己的认识、判断在人大各种会议上发言和表决的关系。第四，代表人民的整体利益与接受原选区选民或者原选举单位监督的关系。

1977 年苏联《宪法》规定：“代表在自己的活动中遵照整个国家的利益，照顾本选区居民的要求，力求实现选民的委托。”苏联别祖格洛夫主编的《苏维埃建设学》一书在解释代表的“了解、反映和形成选民意志”这一职能时指出：“代表当然要力求把选民的想法和期望带给苏维埃。但认为代表应当像邮递员一样把从一个或一些选民中听来的建议和意见照转给苏维埃，这就错了。代表要深入研究所取得的材料，剔除非本质的和偶然的东西，将各种利益和意见加以对比，找到唯一正确的方案，把本选区居民的需要同市、州、共和国和全国的利益协调地结合在一起。”这些规定和看法，我们是可以参考的。我国的人大代表应当以人民的利益和意志为活动准则，同时，要反映原选区选民或者原选举单位的意见和要求。

由“撤换”代表到“罢免”代表规定的演变

1954 年宪法草案初稿中规定：“全国人民代表大会经过它的代表向它的选举单位报告工作。”在讨论宪法草案初稿过程中有人认为，一个省可能有几十位代表，如果这几十位代表都要回到他那个省向省人民代表大会报告工作，那就不得了。并且这种写法好像是要全国人大向地方人大报告工作，这也不大好。后来对此作了修改。1954 年《宪法》第三十八条规定：“全国人民代表大会代表受原选举单位的监督。原选举单位有权依照法律规定的程序随时撤换本单位选出的代表。”

对宪法草案关于“随时撤换代表”的规定，宪法起草小组解释说，人民代表大会实行民主集中制，人大代表由选民产生，并受选民监督。这与资本主义国家不同，他们的代表产生后，不受选民的监督，我们的代表受选民的监督，选民可以随时撤换他们选出的代表。

马克思在《法兰西内战》中指出，组成巴黎公社的城市代表必须由各区全民投票选出，这些城市代表对选民负责，随时可以撤换。再有，1954 年制定《宪法》时参考的 1936 年苏联《宪法》规定：“根据选民的多数决定，依照法律规定的程序可以随时撤换代表。”我想，我国 1954 年制定《宪法》作出关于“随时撤换代表”的规定，应该是注意到了上述马克思的论述和苏联《宪法》的规定。

在 1954 年《宪法》、1954 年《全国人民代表大会组织法》、1954 年《地方各级人民代表大会和地方各级人民委员会组织法》中，都有“随时撤换代表”的规定。1979 年、1982 年、1986 年三次修改《地方各级人民代表大会和地方各级人民政府组织法》，对这一规定没有修改。1982 年《宪法》、1982 年《全国人民代表大会组织法》将“随时撤换”修改为“罢免”，这里在“罢免”2 字前没有保留“随时”2 字。对宪法的这一修改，曾参与 1982 年宪法修改委员会秘书处工作的北京大学肖蔚云教授说，把“撤换”修改为“罢免”，这样更通俗一些。1992 年制定的代表法规定，选民或者选举单位有权依法罢免自己选出的代表。1995 年修改《地方各级人民代表大会和地方各级人民政府组织法》，将“随时撤换”修改为“随时罢免”，这里保留了“随时”2 字，并一直保留至今。从上述我国立法的历史来看，1954 年规定“随时撤换代表”还是有一些专门考虑的。

2005年人大代表工作上大台阶

2005年是人大历史上值得记住的一年。这一年，第十届全国人大常委会在加强全国人大代表工作方面做了许多实事。在我看来，其中的三件事，使代表工作上了一个大台阶、呈现出新面貌，这些做法，形成了工作惯例、工作制度，具有长远影响。

办理代表建议达到“四个百分之百”要求的提出

2005年4月12日，全国人大常委会办公厅召开会议，向在京的133家全国人大代表建议承办单位统一交办第十届全国人大第三次会议期间代表提出的建议、批评和意见（以下简称代表建议）。第十届全国人大常委会副委员长兼秘书长盛华仁在这次交办会上的讲话中指出，代表建议的办理决不能年年是老样子、届届是老面孔。办理代表建议要达到“四个百分之百”：全国人大常委会办公厅要将代表建议百分之百地分门别类地交给承办单位；承办单位要百分之百地将代表建议落实到责任部门；责任部门要对代表建议百分之百地经过调查研究后办理；承办单位要将办理结果百分之百地答复代表。这是全国人大常委会副委员长第一次出席代表建议交办会，并对提高代表建议办理工作的质量明确提出要达到“四个百分之百”的要求。

1982年通过的《全国人民代表大会组织法》，将过去规定的代表“提案”区分为“议案”与“建议”，并分别按各自的程序办理。在过去的20多年中，一些承办单位对代表建议的办理工作不重视，对代表建议的答复多是老三段:一是建议收悉,感谢对我们工作的关心;二是建议内容很重要,我们将认真研究并在今后工作中逐步考虑采纳;三是欢迎今后继续对我们的工作提出意见和建议。这样的答复没有实质内容,代表的建议对有关方面改进工作没有起到推动和促进作用。这就是盛华仁所说的,代表建议的办理"年年是老样子、届届是老面孔"。

2005 年的代表建议交办会,改变了以前不召开会议只是由全国人大常委会办公厅直接将建议交各承办单位办理的做法,第十届全国人大常委会副委员长兼秘书长盛华仁出席会议,并有针对性地对办理代表建议工作提出要求,目的就是要解决以往对办理代表建议不重视的问题。

在 2005 年 12 月的全国人大常委会会议上,全国人大常委会办公厅首次报告了代表建议的处理情况。这一做法延续了下来。

启动有计划的全国人大代表培训工作

1989 年,全国人大常委会办公厅研究室开始组织培训工作,地方人大的人员自愿报名参加。与此同时,不少地方人大也开展了培训工作。那时的培训对象,主要是地方人大机关的工作人员。

2003 年,第十届全国人大常委会成立之初提出,对全国人大代表要进行履职培训。按照这个要求,各选举单位分别组织开展了对自己选出的全国人大代表的培训工作。我曾到江苏和福建两省,为那里的全国人大代表讲课。

2005 年 4 月 23 日,全国人大常委会办公厅举办的全国人大代表培训班在浙江省杭州市开班,内容是学习人大工作的若干基本知识。这是有计划、系统地开展全国人大代表培训工作的开端。这次培训被认定为第一期全国人大代表培训班。第十届全国人常委会副委员长兼秘书长盛华仁在开班式上的讲话中指出,代表培训绝不是一个权宜之计,而是具有战略意义的重大举措。这样的培训全国人大开了个头,起一个示范作用。如果地方各级人大都重视代表的培训工作,使代表培训形成一个制度,长期不懈地坚持抓下去,意义将非常深远。

来自各地的 78 位全国人大代表参加了这次培训,培训时间为期 6 天,安排了丰富的学习内容。2005 年,全国人大常委会办公厅共举办了 4 期全国人大代表培训班。这一年,全国人大常委会办公厅还组织编写出版了《人大代表依法履职读本》，并作为培训的基本教材。从那时到现在，全国人大代表培训班一直办了下来，对提高代表的履职能力起到了积极作用。

全国人大代表联络处普遍设立

2005 年 12 月 5 日，全国人大常委会在北京召开 31 个省、自治区、直辖市全国人大代表联络处成立以后的第一次工作会议。

为了对全国人大代表依法履行职责、充分发挥作用提供服务和保障，早在 1955 年 2 月第一届全国人大成立不久，全国人大常委会就作出决定，在省级和一些全国人大代表人数较多的市的人民委员会设立全国人大代表办事处，办事处酌设秘书 1 人至 3 人，为住在本地的全国人大代表办理秘书工作；在代表人数较少的市、县，由当地人民委员会指定专人兼办代表的秘书工作；在有代表的部队中，由政治部指定专人兼办代表的秘书工作。并且规定，建立全国人大代表办事处可先在若干城市试办，取得经验后，再普遍推广。后来，由于种种原因，设立全国人大代表办事处的决定没有得到完全落实。

时间过去整整 50 年后，2005 年，在 31 个省、自治区、直辖市全部设立为全国人大代表履职提供服务的代表联络处。从这里，我们既看到了人大工作的曲折历程，更体会到人民代表大会制度在逐步完善。设立全国人大代表联络处，不是对 50 年前全国人大代表办事处的简单恢复，而是在新的历史条件下人大代表工作向更高层次的发展。

这次会议明确了全国人大代表联络处的主要工作职责和任务，研究了如何为全国人大代表依法履行职责、充分发挥作用提供切实保障和优质服务，努力开创全国人大代表工作的新局面。

北京市东城区人大常委会人大代表述职办法

（2000 年 4 月 29 日东城区第十二届人大常委会第九次会议通过
2004 年 6 月 28 日东城区第十三届人大常委会第三次会议修订）

第一条 根据《中华人民共和国全国人民代表大会和地方各级人民代表大会代表法》第四条“代表应与原选区选民或者原选举单位和人民群众保持密切联系”、第五条“代表受原选区选民或者原选举单位的监督”、第二十五条“代表应采取多种方式经常听取人民群众的意见，回答原选区选民或者原选举单位对代表工作和代表活动的询问”的规定，结合本区人大代表述职的实际情况，制定本办法。

第二条 代表述职是代表对选民负责和履行法定义务的行为，是代表接受选民监督的重要途径。它有助于调动代表履职的积极性，密切代表与选民的联系，加强选民对代表的监督。

第三条 任期内，每位代表至少应向选民述职一次，一般从每届第二年开始述职。

第四条 代表述职工作在区人大常委会的领导下，具体工作由人大常委会街道工作委员会（以下简称人大街工委）组织实施。

各人大街工委须制定每届代表述职工作计划，各人大街工委办公室负责落实年度述职人员；组织召开代表述职会议；负责推选选民和做好参加述职会议选民的宣传、引导工作。

区人大常委会代表联络室负责培训述职代表，汇总代表述职工作

北京市东城区人大常委会人大代表述职办法
（首页影印件，载北京东城区人大网站）

担任区委书记的代表向选民述职

2000年11月17日，初冬的北京寒气袭人。这天上午，北京市东城区朝阳门街道竹竿居委会会议室座无虚席，竹竿选区选出的东城区人大代表向选民述职活动正在进行。连廉代表向选民述职说："一些选民反映的'婚礼要在上午举行'的问题彻底解决了。"

2000年，我在全国人大常委会办公厅研究室工作时，专题研究人大代表工作问题，先后赴北京市的3区1县、吉林省的两市1州、黑龙江省的5个市调研，并利用在北戴河全国人大培训基地举办第19期人大干部培训班的机会，召集9个省的人大同志座谈，听取代表工作情况介绍，还查阅了许多材料。

11月17日，我全程旁听了北京市东城区朝阳门街道竹竿选区的人大代表述职会。连廉时任中共北京市东城区区委书记，1998年年底，在朝阳门街道竹竿选区被选为东城区人大代表。17日这天，40位竹竿选区的选民代表在现场听取他汇报履行人大代表职责的情况，并进行了评议。

老北京居民有个习俗，婚礼要在上午举行，再婚的才可以在下午举行婚礼。用一些老北京人的话说，就是"头婚在上午，再婚在下午"。在竹竿地区有个早间农贸市场，这里经常是到了中午"摆摊"还不结束，占道使在附近居住的年轻人的婚车没法正常通行，影响婚礼在上午举行，对此居民意见很大。连廉代表了解到这一情况后，多方做工作，在他的努力下，终于在1999年11月，朝阳门街道拆除了占道的竹竿农贸市场。

不久后，连廉深入竹竿选区，选民又向他反映，道路是整洁畅通了，但买菜又不方便了。他马上与朝阳街道党工委书记、办事处主任一起实地调查，在附近的一家工厂看到有一片闲置的厂房场地后，立即同这家工厂的负责人取得联系，之后，又召集有关部门一起研究商量建室内农贸市场。在他的多次督办下，只用了1个月的时间，2000年年初，新的农贸市场就建成开张营业了。

在述职会上，连廉代表还把他参加人大会议、参加人大代表活动和为选区办的其他实事的情况都作了汇报，并一一回复了以往选民提出的问题，比如，下水道堵塞、四合院内树上的虫子多、居民迁居、职工下岗再就业等问题的处理结果。

选民代表听了连廉代表的述职后，都对他认真履行代表职责的情况表示满意。住在南竹竿胡同时年62岁的选民谷克敏说，赞成连廉当代表这一票投得值。在述职会上，大家反映了一些新问题，请连廉代表协调解决，连廉代表当场作出承诺。

从我们的调研看，一个地方党委书记，以人大代表的身份向选民述职，在这之前还没听说过。

经过调研，我们对全国各地人大代表述职工作情况有了总体认识。1988年以后，一些地方人大陆续开展人大代表述职工作，但当时这项工作开展得还不普遍、不规范。1993年，河南省舞钢市人大总结实践经验，制定了《舞钢市人大代表述职办法》，比较详细地规定了代表述职的内容、形式、方法等，这项工作开始走向规范。北京市东城区人大代表的述职工作开始于1995年，1999年把它作为制度固定下来，2000年制定了《代表述职办法》，要求每位区人大代表在任期内至少述职一次。

按照民主制度的原则，任何国家机关和国家公职人员都要接受监督。这个问题我国宪法在政治体制的设计上已经解决，在实践中，人大常委会接受人民代表大会的监督，政府、法院、检察院接受同级人大和人大常委会的监督也已有一套成熟的做法。但在那时，我国有关法律对人大代表接受原选区选民或者原选举单位的监督只是作了原则规定，人大代表通过什么方式和途径接受监督还没有具体规定。在这种情况下，由直接选举产生的人大代表向原选区选民述职，探索了一条人大代表接受监督的路子。

2010年修改《全国人民代表大会和地方各级人民代表大会代表法》，作了补充规定："由选民直接选举的代表应当以多种方式向原选区选民报告履职情况。"这从法律上将许多地方人大开展的直接选举产生的人大代表向原选区选民述职的做法肯定了下来。

组织建设篇

人民代表大会那些事

定于2004年9月15日（星期三）上午10时，在人民大会堂大礼堂举行首都各界纪念全国人民代表大会成立50周年大会。

敬请出席

每柬一人，请勿转让
请按规定进门，对号入座
提前20分钟入场完毕
服从现场工作人员指挥

NO. 0471

首都各界纪念全国人民代表大会
成立50周年大会筹备组

本书作者出席首都各界纪念全国人民代表大会成立50周年大会请柬

（影印件）

把人大建成“三个机关”提法的由来

很长时间以来，在各级人大机关工作中有这样的提法：把人大及其常委会建设成为真正拥有宪法确定的地位、名副其实的国家权力机关，真正负有国家重要职责的工作机关，同人民群众保持密切联系的代表机关。我把以上表述简称为建成“三个机关”。从近30年的情况来看，这样的提法还是有针对性的，是符合实际的，对改进和加强人大工作是有积极现实意义的。

那么，这个“三个机关”提法是在什么背景下、怎么提出来的呢？

我们知道，在改革开放最初的10年和地方人大常委会设立最初的10年，人民代表大会制度建设和人大工作处在一个重要的发展关头。许多地方人大的同志提出，建议中央召开一次全国性的讨论研究人大工作的会议，总结经验并提出改进和加强人大工作的意见，研究解决新形势下人大工作遇到的问题。在这时，中央提出，人大要总结从1949年以来40年人大制度建设和人大工作的经验。

按照中央的要求，全国人大常委会认真开展总结经验工作，具体工作由全国人大常委会办公厅研究室承担。为了做好这项工作，办公厅研究室曾专门派一些工作人员到中央档案馆，用了一个星期的时间查阅有关的历史档案，为了加快工作进度，我们吃住在中央档案馆招待所。1990年10月，形成了《人民代表大会制度建设和人大工作总结（稿）》（以下简称总结稿），由时任全国人大常委会副委员长兼秘书长的彭冲同志主持，在山东济南召开各省级人大常委会秘书长、研究室主任参加的会议，征求对总结稿的意见。本文开篇所说的把人大及其常委会建设成为“三个机关”，就是这个总结稿中的重要内容。

先说说关于“权力机关”的具体考虑

在总结经验过程中，大家感到，各级人民代表大会都是国家权力机关，这是宪法明确规定的，这在法律层面没有疑问，问题是现实中宪法的这一规定落实得怎么样。

回顾 40 年的历史，大家看到，20 世纪 50 年代后期，在国家工作的指导思想上出现了“左”倾严重错误，特别是“文化大革命”的“左”倾严重错误，人民代表大会制度一度遭到严重破坏，全国人大 10 年不开会，不发挥作用；地方人大长达 12 年没有开会，无名无实。鉴于深刻的历史教训，1981 年《关于建国以来党的若干历史问题的决议》中提出，要加强各级国家机关建设，使各级人民代表大会及其常设机构成为有权威的人民权力机关。也是在那个时期，第五届全国人大常委会委员长叶剑英强调指出：“人大常委会如果不能尽快担负起制定法律、完善社会主义法制的责任，那人大常委会就是有名无实，有职无权，尸位素餐，那我这个人大常委会委员长就没有当好，我就愧对全党和全国人民。”这表达了叶剑英决心充分发挥国家权力机关作用的考虑。第六届全国人大常委会委员长彭真在谈到处理人大与政府的关系时说，方针不是“唱对台戏”，但也不是等因奉此、不问是非的“橡皮图章”。这是彭真从一个方面对人大作用的阐释。

大家认为，宪法及有关法律对人民代表大会制度这一政权体制作了非常好的设计，发挥人民代表大会的国家权力机关的作用，首要的是进一步落实宪法的相关规定。因此，总结稿提出：要把人大及其常委会建设成为真正拥有宪法确定的地位、名副其实的国家权力机关。

再说说关于“工作机关”的具体考虑

在过去的一段时间里，社会上一些人有种看法：人大是养老机关，到人大工作是退居“二线”。有顺口溜说，“年龄大了不要怕，不到政协到人大”。这种看法显然是不正确的。

从工作职责、工作方式上来看，人大不同于政府，人大不处理那些时间紧迫的行政事务，从这一点可以说，人大不是火线。但应当认识到，人大也不是二线，不是干部退休前的歇脚过渡的地方。彭真说，人大是权力机关，也是工作机关，不是"养老院"，不是"清谈清谈""建议建议"。大家认为，人大必须切实担负起宪法法律赋予的重要职责，保障整个国家机关协调高效运转，实现人民当家作主，因此说，人大是处在社会主义民主法制建设的第一线。

把人大及其常委会建设成为真正负有国家重要职责的工作机关，既要解决认识问题，更要有切实的具体举措。党的十三大报告提出，要加强全国人大特别是它的常委会的组织建设，在逐步实现委员比较年轻化的同时，逐步实现委员的专职化。那时考虑，专职化就是要有相当比例的常委会组成人员进入专门委员会，这些人把主要精力用在人大工作上，经常参加人大及其常委会闭会期间的工作。

第九届全国人大常委会期间，曾有过在全国人大代表中选一些比较年轻的专家学者来专职从事人大工作的考虑。有人建议，可按照"先议员后官员"的路子培养一批干部，也就是先担任常委会委员，参加常委会的工作，了解熟悉国家层面的宏观的全局性的工作和情况，有宽阔的视野，有较强的民主法制观念，经受历练积累经验，然后到国务院部门担任领导职务。2003年，第十届全国人大换届，将全国人大常委会组成人员的名额由155人增加到175人，有20位年富力强的、优秀的正司局级干部和专家学者当选为全国人大常委会委员，这对改善全国人大常委会组成人员的结构与保持人大工作的连续性有积极作用。

最后说说关于"代表机关"的具体考虑

把人大及其常委会建设成为同人民群众保持密切联系的人民代表机关，这主要是讲人大及其常委会、人大代表与人民群众的关系。人大及其常委会要同人民群众保持密切的联系，人大代表也要同人民群众保持密切联系，要全面、及时、准确地反映人民群众的意见和要求，代表人民的利益和实现人民的意志，自觉接受人民群众的监督，这是人民代表大会制度的根基，否则，人大就失去了存在的基础和存在的必要。各级人大机关、各级人大代表要接地气，要在群众中长根，使制定的法律法规和作出的决定符合客观实际，符合广大人民群众的根本利益。这样，才能保证民主渠道的畅通，使人大成为联系群众、反映民意、解决矛盾的重要机关。

在总结经验过程中，曾讨论过要不要使用人大是“民意机关”的提法。有意见认为，这样讲可能会把人大的地位讲低了。经深入讨论研究并查阅有关文献，大家认为，讲人大是民意机关是完全可以的，只是要区分在什么情况下以及着重强调什么问题。毛泽东、彭真以及 1939 年制定的《陕甘宁边区各级参议会组织条例》都使用过这一提法。

在总结经验过程中，还深刻认识到，代表机关依法履行职责与坚持党的领导是一致的。把代表机关依法履行职责与党委的领导对立起来的认识是完全错误的。记得 2001 年年底，有媒体报道，江苏省射阳县人大常委会没有通过对政府粮食局局长人选的任命，之后县委任命该人选为粮食局党委书记，主持粮食局的工作。就此，这位书记不无骄傲地说：“我是‘人民不要党要’”。15 年过去了，这种错误的认识在个别干部中还不时表现出来。加强党的宗旨教育、提高人民代表大会制度意识，还有很多工作要做。

2004 年 9 月 15 日，时任中共中央总书记胡锦涛在首都各界纪念全国人民代表大会成立 50 周年大会上的讲话中指出：“为了保证实现全面建设小康社会的宏伟目标，必须认真落实宪法赋予人民代表大会及其常务委员会的各项职权，充分发挥人民代表大会及其常务委员会作为国家权力机关的作用，使人民代表大会及其常务委员会成为全面担负起宪法赋予的各项职责的工作机关，成为同人民群众保持密切联系的代表机关。”依我看，“三个机关”的提法，与胡锦涛的讲话精神是一致的。

地方人大设立常委会漫漫长路

“三起三落”

1954 年 9 月 20 日，第一届全国人大第一次会议通过的《宪法》规定，全国人大设常委会，没有规定地方人大设常委会。1954 年宪法草案交由全民讨论时，有人提出，地方各级人大也应该和全国人大一样设立常委会。这是第一次提出地方人大设立常委会。

但当时认为，全国人大工作繁重，这不是地方各级人大所能够相比的。全国人大行使国家立法权，地方各级人大没有这方面的职权，而且越是下级的人大，因为地区越小，就越容易召集会议。所以地方各级人大不需要在人民委员会（政府）以外另设常务机关。地方各级人民委员会是地方各级人大的执行机关，同时也行使人大常务机关的职权。如果另外设立人大的常务机关，反而会使机构重叠，造成不便。这是 1954 年时，对是否应当设立地方人大常委会问题的认识。

由于县级以上地方人大不设常委会，经过一段实践后发现，这种地方政权体制存在一些问题不好解决：

一是地方人大在实践中没有做到每年召开 2 次或 4 次会议。由于在实践中省、直辖市人大每年召开 2 次会议的规定没有执行下去，后来，全国人大常委会专门作出决定，提出省、直辖市的人大每年可以召开 1 次会议。

二是在代表大会闭会期间，人民委员会行使权力机关常设机关和执行机关的双重职能，也就是行使人大常委会和政府的双重职能。1955 年 11 月

8 日，第一届全国人大常委会第二十三次会议通过有关决定，把闭会期间省长、自治区主席、市长、州长、县长、区长、乡长、镇长和地方各级人民法院院长缺额补充的权力交给了地方人民委员会。这样，地方人民委员会既任免自己的组成人员，还任免法院的工作人员。人民委员会任免自己的组成人员，造成权力机关与行政机关不分，自己监督自己；人民委员会任免法院的工作人员，不利于国家权力机关对司法机关进行监督，这在体制上是一个缺陷。人民委员会承担的工作过多，也不便于组织精干的地方政府机关，甚至会影响地方政府本身的工作。

三是在代表大会闭会期间，地方人大有些日常工作不是人民委员会能够承担的。比如，主持本级人大代表的选举，召集本级人大会议，保持同人大代表的经常联系，发挥代表的作用等，这都需要地方人大单设一个机构来处理。

为了解决地方政权体制存在的问题，1957 年上半年，全国人大常委会对如何进一步健全人大制度问题进行了专题研究。第一届全国人大常委会副委员长兼秘书长彭真提出，现在，省、市、自治区和县人大没有常设机关，在大会闭幕之后，没有一个对政府工作进行监督的机关。这种“议行合一”的制度，在今天就不完全适宜了。因此，在县级以上地方人大有考虑设立常委会的必要。根据中央指示，全国人大常委会党组经过反复研究，在 1957 年 5 月 8 日，提出了关于健全人大制度的方案，其中包括县级以上地方各级人大设立常委会，赋予省级人大及其常委会制定地方性法规的权力等，将原来由人民委员会行使的一部分职权划归给同级人大常委会，并向中央写了报告，还拟出了修改宪法的方案和关于县级以上地方各级人大设立常委会的决议草稿，准备提请即将召开的第一届全国人大第四次会议审议。随后发生的反右斗争扩大化，使地方人大设立常委会的方案搁置下来。这是第二次动议和搁置。

1965 年，全国人大常委会根据实际需要，又一次提出了县级以上地方各级人大设立常委会的问题。当时的考虑是，一方面，随着社会主义革命和建设事业的发展，新的工农业生产高潮正在形成，我国地方政权机关的任务十分繁重，有必要迅速提拔一批年轻力壮的干部到政府工作；另一方面，县级以上地方各级人大一年只召开一两次会议，难以发挥权力机关的作用，设立常委会，可以在人大闭会期间，开展经常性工作，对本地区一些重大问题及时讨论并作出决定，特别是加强对政府工作的监督。这时，对县级以上地方人大设立常委会的问题，已经取得了一致意见。有两个省提出了设立人大常委会的方案，报请中央批准。但不久便发生了“文化大革命”，县级以上地方人大设立常委会的方案又被搁置了。这是第三次动议和搁置。

正确决策

1978 年年底，召开了党的十一届三中全会，系统总结了历史经验特别是“文化大革命”的沉痛教训，果断地作出了把全党全国工作的重点转移到经济建设上来的战略决策，提出了加强社会主义民主法制建设的重大历史任务。适应这一要求，县级以上地方人大设立常委会的问题再一次被提了出来。1979 年 2 月，全国人大常委会法制委员会在征求对地方各级人民代表大会和地方各级人民委员会组织法(修订稿)意见时，许多地方提出，省、自治区、直辖市、设区的市、自治州、不设区的市、县和市辖区的人大应当建立常设机关。有的同志还建议把当时的革命委员会改为地方人民政府。

根据这些意见，1979 年 5 月 17 日，全国人大常委会法制委员会主任彭真专门向中央写了报告。报告中提出，关于地方政权体制，现在有三个方案：一是用立法手续把革命委员会体制固定下来。这样做，不赞成的人可能很多。二是取消革命委员会，恢复人民委员会。这样做，在名义上虽然取消了革命委员会，但对于扩大人民民主、健全社会主义法制不一定能有多大实质性的帮助和改进。三是县以上地方各级人大设立常委会，并恢复人民委员会(包括省长、市长、县长等职称)，这个方案可能比较好些。中央领导同志审阅了这个报告。邓小平批示：“我赞成第三方案。”

在第五届全国人大常委会第八次会议上，法制委员会提请审议的地方各级人民代表大会和地方各级人民政府组织法草案(以下简称地方组织法草案)中明确规定，县级以上地方各级人大设立常委会。在这次会议上，大家一致同意县级以上地方人大设立常委会的地方组织法草案和《第五届全国人大常委会关于在县级以上地方的各级人大设立常委会，取消地方各级革命委员会，设立地方各级人民政府，将县、自治县人大代表改由选民直接选举，将各级人民检察院的关系由监督改为领导的议案》(即后来的《关于修正中华人民共和国宪法若干规定的议案》)，提请第五届全国人大第二次会议审议。

第五届全国人大第二次会议于 1979 年 7 月 1 日，表决通过了《关于修正中华人民共和国宪法若干规定的决议》《全国人民代表大会和地方各级人民代表大会选举法》《地方各级人民代表大会和地方各级人民政府组织法》(以下简称地方组织法)等7部法律。这次会议通过的修宪决议和地方组织法明确规定,县级以上地方各级人大设立常委会。

1979年8月,西藏自治区人大常委会成立,这是我们国家第一个建立的省级人大常委会。当时西藏自治区成立的是第三届人大常委会,主任是阿沛·阿旺晋美。青海省和新疆维吾尔自治区人大常委会也先后在1979年8月、9月成立。

鉴于此,1979年9月13日,第五届全国人大常委会第十一次会议通过了《关于省、自治区、直辖市可以在1979年设立人民代表大会常务委员会和将革命委员会改为人民政府的决议》。河南、甘肃、北京、浙江、山东、福建、山西、黑龙江、广东、广西、四川、内蒙古、江西、湖南、上海、陕西、江苏、云南、安徽19个省、自治区、直辖市人大在1979年内成立了常委会。宁夏、湖北、贵州、辽宁、河北、吉林、天津7个省、自治区、直辖市的人大常委会在1980年上半年成立。海南省人代会常委会于1988年8月23日成立,重庆市人大常委会于1997年6月12日成立。

起步前行

1979年下半年,地方人大常委会陆续设立以后,由于它是新生事物,地方对常委会如何开展工作没有任何经验。一些省级人大常委会工作人员到全国人大常委会办公厅来请教,有的在北京停留多日,与全国人大常委会工作人员多次座谈,详细了解常委会如何开展工作。1980年4月,省级人大常委会负责人列席了第五届全国人大常委会第十四次会议。1980年4月18日,全国人大常委会召开了省、自治区、直辖市人大常委会负责人第一次座谈会。在这次座谈会上,彭真发表了《关于地方人大常委会的工作》的重要讲话。该讲话指出,过去地方人大一开过代表大会就没有事情了,这次规定县级以上地方人大设立常委会,在大会闭会期间,人民通过人大常委会和人民政府来管理国家。在这里,彭真第一次把地方人大及其常委会的主要职权划分为立法权、重大事项决定权、人事任免权、监督权。关于各级人大常委会之间如何联系,彭真说,根据法律规定,各级人大常委会直接对本级人大负责并向它报告工作,上一级人大常委会与下一级人大常委会要加强联系，但是，它们之间没有领导关系。彭真还讲了坚持党的领导和发挥国家权力机关作用的问题，讲了地方人大常委会的机构、编制问题，他说，人大常委会是权力机关，也是工作机关，不是“养老院”，不是“清谈清谈”“建议建议”，而要依法行使权力，进行工作。

在1981年3月7日召开的省级人大常委会负责人座谈会上，彭真主要讲了三个问题：全国人大和省级人大常委会的关系问题，党的领导问题，民主集中制问题。

中共中央印发文件批转了彭真的这两个讲话。中央在通知中指出：第一，县以上地方各级党委要把加强对地方人大常委会的领导作为自己的一项重要任务，定期研究人大常委会的工作，凡是按照法律规定，应当提交人大常委会审议的事项，都要提交人大常委会讨论。党委研究人大常委会的工作时，可以通知人大常委会负责实际工作的党员领导干部列席会议。第二，各级党委要根据人大常委会工作开展的需要，本着精干节约、逐步充实的原则，及时解决人大常委会办事机构的设置、人员编制和经费问题；对人大常委会的办公地址和办公用房，也要根据工作需要，适当安排。

在这之后，彭真又多次在省级人大常委会负责人座谈会上发表讲话，这对刚刚成立的地方人大常委会正确履行职责、开展好工作，起到了重要的指导作用。

县级以上地方各级人大设立常委会，是政治体制的一项重大改革，由于这项改革，在全国县级以上地方范围内，人民经过自己的代表、代表大会和其常委会，将大大加强对县级以上地方各级人民政府的管理和监督，大大加强自己行使管理国家的权利。

县级以上的地方各级人大设立常委会，是完善我国人大制度、健全地方政权体制、加强地方政权建设、进一步发挥地方人大作用的重大举措，是我国人民代表大会制度的一个重大发展。对于发展社会主义民主、加强和健全社会主义法治、推进经济社会事业的发展，起着重要作用。

县级以上地方人大设立常委会这种制度的设计和实施，使我们国家的政治制度和民主生活更加健全。将地方国家权力机关同地方国家行政机关分开，在县级以上的地方各级人大设立常委会，这样在本级人大闭会期间，常委会可以讨论、决定本地区的政治、经济、文化工作的重大事项；可以决定政府正职负责人的代理人选，任免政府个别副职负责人；可以任免审判人员和检察人员，更便于人民法院和人民检察院依法行使职权；可以补选上一级人大出缺的代表和撤换个别代表；可以经常保持同本级人大代表的联系，发挥代表应有的作用；可以经常保持同人民群众的联系；有利于督促政府和司法机关改进工作；有利于组织精干的政府机关，加强政府工作；可以按期召开人大会议，在各级人大任期届满时，主持人大代表的选举；县级人大常委会还要领导县乡两级选举委员会。

各省级人大常委会设立日期一览表

省、自治区、直辖市	人大常委会设立日期	省、自治区、直辖市	人大常委会设立日期
西　藏	1979.08.14	湖　南	1979.12.28
青　海	1979.08.29	上　海	1979.12.29
新　疆	1979.09.05	陕　西	1979.12.29
河　南	1979.09.19	江　苏	1979.12.30
甘　肃	1979.12.05	云　南	1979.12.31
北　京	1979.12.13	安　徽	1979.12.31
浙　江	1979.12.18	宁　夏	1980.01.15
山　东	1979.12.22	湖　北	1980.01.17
福　建	1979.12.23	贵　州	1980.01.19
山　西	1979.12.25	辽　宁	1980.01.29
黑龙江	1979.12.26	河　北	1980.02.27
广　东	1979.12.26	吉　林	1980.04.04
广　西	1979.12.26	天　津	1980.06.30
四　川	1979.12.26	海　南	1988.08.23
内蒙古	1979.12.27	重　庆	1997.06.12
江　西	1979.12.27		

地方各级人民代表大会和地方各级人民政府组织法修改增加"工作机构"4个字

1995年2月,修改后的《地方各级人民代表大会和地方各级人民政府组织法》(以下简称地方组织法)第五十三条规定:"常务委员会根据工作需要,设立办事机构和其他工作机构"。这里的"工作机构"4个字是这次新增加的。为什么要增加呢?这背后有什么故事呢?

1993年7月,由上到下开始新一轮的机构改革。有关文件规定:在省一级,人大、政协机关的人员编制占总编制的4%左右;在设区的市级和县级,党委、政府、其他机关(包括人大、政协、民主党派和工、青、妇等社会团体)的编制分配比例为15∶78∶7。对此,地方人大的一些同志提出,人大是国家权力机关,与民主党派、社会团体摆在一起不合适,容易把人大误解为社会团体。再有,4%、7%的人员编制,是否合适?具体分配也很难办。他们建议,文件已经印发不好改了,但地方机构改革的定编问题不要再提涉及人大机关的4%、7%这两个比例,地方人大机关的人员编制应该在本地的总编制内,由地方根据自己的实际情况来确定。

我国的县级以上地方人大依据法律规定在1979年下半年开始陆续设立了常委会,经过10多年的探索,根据工作需要,各地人大常委会设立了数量不等的工作委员会。受人员编制少的限制,不少地方每个工作委员会只有一位在编人员,其他为兼职人员,不占编制,这样逐步形成了"一人一委"的状况。需要说明的是,"一人一委"的状况,不是因为机构多而是因为人员编制少。到1995年,地方人大常委会设立十五六年了,从实践来看,设立工作委员会很必要，特别是县级人大，由于当时它不设专门委员会，代表大会和常委会行使职权，许多事前的准备工作和代表大会、常委会决定的落实工作，都是由工作委员会承担的。比如，代表大会和常委会审议计划、预算的准备工作，检查督促常委会决定的贯彻落实和开展执法检查工作等。

1994 年上半年，有关部门提出了地方人大机构改革的思路。其中的一项内容是，地方人大常委会不设工作委员会，主要理由是地方人大常委会设工作委员会没有法律依据。这个部门提出，按照地方组织法的规定，地方人大常委会可以设办公室，这是办事机构，但不能设工作委员会，因为它不是办事机构。就这个问题，全国人大机关与这个部门进行了 1 年多的沟通协商，对地方人大常委会设立工作委员会的法律依据问题作出明确的解释说明：工作委员会就属于地方组织法规定的办事机构，地方组织法关于常委会根据工作需要设立办事机构的规定，就是地方人大常委会设立工作委员会的法律依据。时任全国人大常委会副秘书长王书明说，在人大机关，办事机构与工作机构没什么区别，难道办事机构不工作、工作机构不办事吗？为了进一步了解情况，全国人大机关召开了有 11 个省、自治区、直辖市人大机关负责同志参加的座谈会，听取地方人大对有关部门提出的"关于地方人大机构改革思路"的意见。地方人大的同志对这个方案意见很大，认为它不符合宪法、法律关于人大性质的规定，会影响人大依法行使职权，与各地的实际也不相符。

这里顺便提一下，1982 年修改的《全国人民代表大会组织法》规定，全国人大常委会设立办公厅，并可以根据需要设立工作委员会，这与地方组织法关于常委会"设立办事机构"的规定相比更加具体、明确一些，不太容易产生歧义。过去也有这样一种议论：全国人大常委会办公厅是办事机构、全国人大常委会工作委员会是工作机构。这种议论与后来的把办事机构与工作机构相区别的看法有一定关系。全国人大机关的办事机构、工作机构不同于国务院的组成部门、直属机构、办事机构、直属事业单位的划分。从有关法律规定来看，全国人大机关的办事机构和工作机构除了具体的工作任务不同外，在性质、地位等方面没有区别，它们与专门委员会有区别：办公厅和工作委员会从负责人到一般工作人员都可以是全国人大代表，也可以不是全国人大代表（常委会秘书长须是全国人大代表），而专门委员会成员必须是全国人大代表；办公厅和工作委员会都没有提案权，但可以受委员长会议委托起草议案草案,并向常委会会议作出说明,而专门委员会有提案权;办公厅和工作委员会都没有议案审议权,而专门委员会有议案审议权等。

鉴于有关部门提出地方人大常委会设立工作委员会没有法律依据这一情况,1995 年 2 月修改的地方组织法增加了本文开篇提到的设立“工作机构”的规定,以进一步明确设立工作委员会的法律依据。

1995 年 3 月,地方人大机构改革方案印发前,送全国人大机关核稿。鉴于方案已经通过,全国人大机关没有再提出实质性修改意见的余地,时任全国人大常委会副秘书长王书明把我叫到他办公室商量后,建议删去方案设“议事小组”表述中的“小”字。正式印发的改革方案规定:县级人大常委会的工作委员会改为议事组,其人员不占编制。

方案印发后,各地反映强烈。有的说,在国家权力机关设议事组不伦不类;也有的说,工作委员会改为议事组、人员不占编制,这在实际上既撤销了工作委员会,也没法设议事组,对人大工作是很大程度的削弱。第八届全国人大常委会委员长乔石在多个地方考察工作后了解到地方人大的意见,于当年的 6 月 24 日,在全国人大常委会办公厅起草的一份文件稿上作出明确批示:“关于机构问题,各地反映是比较强烈的。我在陕西和湖南时均明确,已发文件就这样了,有什么具体问题请省委按实际情况定。陕西的张勃兴同志和湖南的王茂林同志均很同意。”

1996 年 8 月,我们就地方人大机构改革方案实施情况作了调查。北京市规定,县级人大常委会设立的工作委员会和综合办事机构原则上分别不超过 3 个,总数不超过 6 个。湖南省规定,县级人大常委会设 1 个办公室,4 ~ 5 个工作委员会,不设议事组。江西省规定,县级人大常委会一般设 2 ~ 4 个科级综合办事机构和其他工作机构。调查的结论是各地人大的机构改革方案,由省委根据本地实际情况确定的办法是可行的。因此,1996 年 8 月 26 日,全国人大常委会办公厅在回复浙江省人大常委会办公厅《关于县级人大常委会工作机构设置问题的请示》时说:“建议由省人大常委会根据你省县级人大常委会工作需要,报请省委按照法律决定。”

这就是那一轮地方人大机构改革的大体情况。据了解,到目前为止,全国各地人大常委会都没有设议事组。从这里想到,“实事求是、一切从实际出发”这一党的思想路线,不应该只是讲在嘴上,而一定要在工作中自觉贯彻。还想到,2013 年 12 月 26 日毛泽东诞辰 120 周年那一天在中央党校课堂上，教员对我们说，你们作为党的高级领导干部应当牢记毛泽东这样的告诫："只有蠢人，才是他一个人，或者邀集一堆人，不作调查，而只是冥思苦索地'想办法'、'打主意'，须知这是一定不能想出什么好办法、打出什么好主意的。"

在同一时期的第八届全国人大机关提出的全国人大机构改革的原则是，人员编制和机构该精简的精简、该加强的加强，各机构之间的工作关系该理顺的理顺。现在看来，这样的工作思路是符合法律对人大机关的定位和人大履行职责的实际需要的。

今天，翻阅当时的工作笔记，有一段记录仍然对我们准确把握和认识人大及其常委会的工作有帮助。这是曾经担任国务院人事部部长后转任全国人大教育科学文化卫生委员会主任委员赵东宛在研究人大机构改革问题时发表的意见，他说："这次机构改革的重点是政府机构。人大的机构改革与政府的机构改革有重大原则区别。建立社会主义市场经济体制，必须加强法制建设，人大担负繁重的任务。过去，我们对人大机构的调研很不够，没有像政府那样，一个一个部门、一个一个关系地去研究。人大机构改革，要从有利于社会主义民主法制建设、有利于加强监督工作、有利于建立社会主义市场经济体制出发，不能就人大的机构编制研究人大的机构改革。人大常委会组成人员和专门委员会成员有相当数量是兼职的，大量具体的工作要靠人大机关工作人员来做。如果人大工作机构削弱了，那么，人大工作就失去了基础，人大就成了空中楼阁。现在到了解决地方人大机构编制问题的时候了，这个问题解决不好，会影响人大工作，影响民主法制建设，影响人大干部队伍稳定。"

20 多年过去了，加强地方人大的工作和人大建设仍然在路上。

四川乡镇人大建设的新思路

2014年，我在四川省的一些地方做调研，他们加强乡镇人大工作和人大建设的新做法、新思路、新认识，给人以启发，是很好的工作借鉴。

让工作有“规”：加强规范化建设

宜宾市从全局上谋划乡镇人大建设，统一部署、统一推进。2013年8月，召开市委人大工作会议，出台《关于进一步加强和改进人大工作的意见》，积极推进乡镇人大和人大主席团规范化建设工作。2013年11月，召开乡镇人大和人大主席团规范化建设现场会，通过典型示范带动，提高全市乡镇人大工作制度化、规范化水平。

珙县在乡镇人大和人大主席团规范化建设上走在宜宾市的前列。县委把乡镇人大工作列入乡镇党委的目标考核内容，强化督促检查，每年对履职成绩突出的予以通报表扬，对履职不力的进行问责。

珙县人大常委会在乡镇人大和主席团规范化建设上的责任明确，工作落实不缺位；注重联系指导，上下联动不错位。制定了《珙县乡镇人大主席团规范化建设暂行办法》，明确规范化建设的主要内容、基本标准和具体要求，突出规范；实行人大常委会组成人员联系乡镇人大主席团工作制度，挂点指导；组织召开全县和片区乡镇人大主席团规范化建设现场会，典型示范。编写了《珙县乡镇人大及主席团工作手册》，明确规范乡镇人民代表大会会议工作，对新一届乡镇人大第一次会议的议程及工作内容，从会前准备、会议议程确定、会议程序、大会选举到会后工作的每个环节都作出详细规范，对会议每个阶段所用文件，都制作了统一的模版式样，使人一目了然，即学即会即用，有效地指导了乡镇人大依法行使职权。

珙县各乡镇在人大和人大主席团规范化建设上，一是注重规范阵地建设，切实做到“六个有”，即有人大主席或副主席办公室、人大办公室、人大会议室、代表小组活动室、办公设施和统一标牌，努力实现办公阵地标志明显、设施齐全、整洁美观；二是注重规范工作运转，紧紧围绕主席团在人大闭会期间的工作，建立完善主席团议事规则、工作评议办法、代表约见国家机关负责人暂行办法、主席团成员守则、代表述职制度等“一项规则、两个办法和十四项工作制度”，切实做到责任明确、规则细化、程序规范；三是注重规范自身建设，配全配齐乡镇人大主席、副主席，将代表活动经费和学习培训经费以及人大主席团工作经费列入县财政预算，专款专用，予以保障，2014 年，每名县人大代表活动经费已达到 1400 元，乡镇人大代表活动经费 600 元，有效保障了代表活动的扎实开展，提升了人大工作水平。

宜宾市 172 个乡镇人大主席团均设有一个办公室，配备了工作人员。珙泉镇人大主席团的工作人员是因年龄原因而退出主席岗位的行政在编人员，这既发挥了这部分同志的作用，又解决了这部分同志退休前长期占用行政人员编制和职数而又不在岗的问题。

让代表有“为”：带领群众发展致富

乡镇人大作为基层国家权力机关，工作既具有人民当家作主“高大上”的一般特征，又具有与百姓日常生产、生活直接相关的“接地气”特点。而乡镇人大代表与本选区选民比邻而居，与人民群众每天零距离接触。乡镇人大工作和人大代表的特点，使乡镇人大代表发挥作用的方式更具独特性、内容更丰富。

针对乡镇人大工作与群众日常生产、生活直接相关的特点，四川省一些地方提出，基层人大代表选举要注重代表的广泛性、代表性和先进性有机结合，代表结构构成要与时俱进，要与当地的生产产业相联系；代表活动方式要与时俱进，要能够与选民进行有效沟通和交流，切实发挥代表团结选民、服务选民、带领选民致富的作用。

成都市郫县安德镇人大主席团在全镇设立了人大代表之家5个,将全镇60多名镇人大代表按照产业相近分组,引导镇人大代表收集意见、发挥作用;结合当地产业发展实际,对代表进行差异化培训,使人大代表根据个人的生产经营项目,带动选民共同致富;组织代表围绕镇中心工作及群众关心的热点难点问题进行视察评议,比如,围绕全镇实施的“进户入组”道路建设民生工程和农村道路光亮工程;组织代表积极参与到项目实施的“民意征求、项目评定、工程招投标、质量监督、竣工验收、满意度测评”的全过程,对这样的做法群众普遍表示满意。

成都市郫县友爱镇是中国农家乐旅游的“发源地”,也是一个花卉苗木的培育基地。该镇人大主席团紧紧围绕“景镇一体”的发展思路,以推行全国乡村度假旅游休闲目的地和成都市示范镇为目标,组织开展代表活动,培训提高代表花卉苗木的培育技能,提升代表带动群众发展致富的能力。

宜宾市珙县珙泉镇积极开展问需于民、问计于民、问效于民的“三问”活动,针对坝底、下坝两村群众亟须修建产业路的问题,组织人大代表开展专题视察,形成视察报告交由镇政府办理,并督促镇政府以“一事一议”的方式成功为两村村民修建了产业路。

让干部有“位”:激发人大干部的潜力

调研中,普遍反映,从党和国家事业发展大局考虑,应当将人大干部队伍建设统一纳入党的干部队伍整体规划,统筹考虑、统一安排、统一使用,党委、人大、政府的领导干部要同等年龄、同等条件、同等安排。对长期在人大工作的优秀干部,特别是实绩突出的乡镇人大主席,可以提拔为县级领导干部,或者转任乡镇党委书记、乡镇长。

宜宾市委主要领导同志提出,党委、人大、政府负责同志应当按照同一个任职年龄、条件配备,达到退休年龄都退出,干部在党委、政府工作年龄到限后不再到人大过渡,以免使人产生人大事实上是“二线”的错觉。珙县县委主要领导同志提出,工作没有“二线”,不论何种岗位,只要在岗、不到退休年龄都是一线,只要具备条件都可以同样安排。

在人大干部的交流使用上,四川省做了积极探索。乡镇人大主席的年龄结构总体趋于年轻化,30岁至40岁的居多,这些乡镇人大主席经过工作实践锻炼，有机会交流到其他重要岗位。自贡市沿滩区党委重视乡镇人大主席的选配和交流，2011 年，在全市率先设置专职乡镇人大主席，选拔一批年轻、精干的干部走上人大主席岗位，经过人大主席岗位锻炼，13 个乡镇中已有 6 名乡镇人大主席转任乡镇长，转变了长期以来人大主席由年龄较大的乡镇党委书记或乡镇长转任直至离职的做法，有效激发了乡镇人大工作的活力和人大干部的工作热情，这是探索干部先到人大任职工作再到党政部门任职的干部使用制度的有益尝试，对切实提高广大干部的民主法治意识和运用法治思维法治方式处理事务的能力提供了有益经验。

本书作者（前排左二）在四川省宜宾市调研乡镇人大工作

（四川省宜宾市人大常委会办公室　提供）

第六届全国人大常委会组成人员是怎么选出的

1983年6月18日下午，第六届全国人大第一次会议新闻发言人曾涛在向中外记者介绍大会选举国家领导人的过程和结果时说，代表们用5天时间对大会主席团提出的各项候选人名单草案进行了认真而深入的讨论，原来的名单作了一定变动。

那么，第六届全国人大常委会组成人员候选人名单有哪些变动呢？

按照《宪法》和《全国人民代表大会组织法》的规定，全国人大常委会组成人员，包括委员长、副委员长若干人、秘书长、委员若干人。这些人选，由大会主席团在全国人大代表中提名，经各代表团酝酿协商后，再由大会主席团根据多数代表的意见确定正式候选人名单。

第六届全国人大第一次会议酝酿讨论第六届全国人大常委会组成人员人选的一些细节，曾涛在新闻发布会上向中外记者作了介绍。

在这次全国人大会议开幕前的5月31日和6月1日，时任中共中央总书记胡耀邦受中共中央委托，就国家主席、副主席和第六届全国人大常委会委员长、副委员长等国家领导人的人选问题，同各方面人士进行了充分的民主协商。

6月9日上午，第六届全国人大第一次会议召开主席团扩大会议，印发了第六届全国人大常委会组成人员候选人名单草案，主席团常务主席彭真对这个名单草案作了说明。

6月10日早晨，第五届全国人大常委会副委员长廖承志同志因病不幸逝世。曾涛对中外记者说：廖承志同志是我国杰出的社会活动家、党和国家的优秀领导人。他曾被建议为国家副主席的候选人,如果健在,是很可能被选为中华人民共和国副主席的。

廖承志的逝世,引起了一个问题,就是要另外考虑国家副主席的人选。廖承志逝世当天,中央召开会议,将原建议担任第一副委员长的乌兰夫同志调整为国家副主席人选。曾涛是这样向中外记者介绍乌兰夫同志的:他是一位少数民族代表,是中国共产党的老党员,曾在中央和地方长期担任重要领导工作,是一位很孚众望的老革命家。

6 月 11 日上午,第六届全国人大第一次会议主席团举行第二次会议,会议的一项议程是讨论第六届全国人大常委会组成人员候选人名单草案。彭真对这个名单草案再作说明。在第六届全国人大第一次会议开始以来酝酿讨论国家领导人人选的过程中,一些代表提出,在全国人大常委会中应有一位科技界的副委员长。这个建议在第六届全国人大第一次会议前中共中央同各方面人士民主协商过程中就有人提出过。6 月 11 日上午的主席团会议同意代表的这一建议,决定增加著名物理学家、中国科学院主席团执行主席严济慈为副委员长候选人。这次主席团会议以举手表决的方式,通过了 153 人的第六届全国人大常委会组成人员候选人名单草案,作为主席团的提名,交各代表团酝酿讨论。

在大会接下来酝酿讨论人事选举任命事项过程中,一些代表还建议在全国人大常委会委员候选人中增加蒙古族和壮族代表。6 月 13 日上午,第六届全国人大第一次会议召开主席团扩大会议,彭真就一些代表对全国人大常委会组成人员候选人提出的问题作了说明。6 月 17 日上午举行的主席团第三次会议同意代表的建议,决定增加蒙古族代表、内蒙古大学副校长清格尔泰和壮族代表、广西民族学院数学系副主任江家福为第六届全国人大常委会委员候选人。这样,第六届全国人大常委会组成人员候选人由 153 人增加到 155 人。

6 月 18 日下午,第六届全国人大第一次会议举行全体会议,经无记名投票,将主席团提名的 155 名候选人等额选举为第六届全国人大常委会组成人员,彭真为委员长,严济慈等 20 人为副委员长,王汉斌为秘书长,清格尔泰、江家福等 133 人为委员。

这就是第六届全国人大第一次会议从酝酿讨论到最后选出第六届全国人大常委会组成人员的全过程。

1983年6月6日至21日召开的第六届全国人大第一次会议，是1982年《宪法》施行后召开的第一次全国人大会议。这次会议严格按照1982年《宪法》和1982年《全国人民代表大会组织法》的规定进行，在我国的政治生活中有着重要的意义和长远的影响。

第一，一些做法逐步成为全国人大会议的制度惯例。比如，执行宪法关于委员长、副委员长连续任职不得超过两届的规定从第六届开始计算，阿沛·阿旺晋美和赛福鼎·艾则孜担任第六届和第七届副委员长、帕巴拉·格列朗杰担任第八届和第九届副委员长届满后转任全国政协副主席；每届第一次会议选出的常委会组成人员的人数，从第六届到第九届连续4届都是155人，第十届由于增加了20位年轻委员，这样，到目前的第十二届这3届常委会组成人员人数都是175人；在每届第一次会议的闭幕会上，当选国家主席和委员长都发表讲话；代表提出的"提案"改为"议案"和"建议、批评和意见"，由有关方面分别办理；从第六届开始至今，全国人大会议设立新闻发言人，发言人由全国人大外事委员会主任委员或副主任委员担任（第十一届第一次会议例外）；从第六届第一次会议开始，邀请境外记者前来采访。

第二，中央国家机构按照1982年《宪法》的规定设立和有序运转。比如，恢复设立国家主席和副主席，新设立中央军事委员会，规范设立全国人大专门委员会；第六届以来，每次换届时选出的新一届全国人大代表的代表资格都由上届全国人大常委会代表资格审查委员会审查，代表名单在新一届全国人大第一次会议召开前公布；每年全国人大会议按期举行，每5年任期届满后按时换届。

另外，1982年《宪法》规定，全国人大常委会的组成人员不得担任国家行政机关、审判机关和检察机关的职务。第六届全国人大常委会委员江家福由于被任命为国家民族事务委员会副主任，常委会于1986年6月25日决定接受江家福辞去常委会委员职务的请求。江家福是第一位按照1982年《宪法》的规定，由于担任了国家行政机关的职务而辞去常委会委员职务的。

1983年6月18日，新闻发言人曾涛举行记者会，向中外记者介绍第六届全国人大第一次会议选举国家领导人情况

（新华社记者崔宝林　摄）

新闻故事篇

人 民 代 表 大 会 那 些 事

本书作者在总理记者会上邀请记者提问

（本书作者　提供）

第十届全国人大第五次会议总理记者会请柬

（影印件）

“抗议”的台湾记者问总理

有位多年报道全国“两会”中央媒体的资深记者曾对我说，对媒体而言，每年的全国“两会”都是一场饕餮的新闻盛宴，而总理记者会则是这场饕餮新闻盛宴的“压轴大戏”。由于总理要对外界进一步阐释我国政府的重要政策和重要工作部署，再加上究竟哪些媒体会接到邀请、哪几位记者能获得提问机会、记者都提出了什么问题等神秘元素，都使总理记者会令人瞩目。

我在担任全国人大常委会办公厅新闻局局长期间，从 2006 年起，曾 5 次与外交部新闻司司长共同协助记者会主持人在现场邀请记者提问，记者给我们的“职称”叫“点名新闻官”。2006 年，我与孔泉合作；2007 年，与刘建超合作；2008 年我在北京奥组委筹办奥运会，没有参加总理记者会工作；2009 年至 2011 年连续 3 年，我与马朝旭合作。每年的总理记者会上都有许多故事，这里，我回放 2006 年那场记者会的一个片断。

2006 年 3 月 14 日上午 10 时，第十届全国人大第四次会议新闻发言人姜恩柱邀请时任国务院总理温家宝会见中外记者。根据预定的记者会时长，我们估计有 10 个提问机会，其中，外国媒体 5 个，港台媒体 2 个，3 个机会给内地媒体。我负责点名内地记者和港澳台记者提问，外国媒体提问的记者则由孔泉负责点名。

在温家宝回答完美国全国广播公司记者的提问后，按照事先的约定，接下来还是请外国媒体记者提问。就在孔泉准备确定提问记者时，现场南区一位年长的记者突然站起来大声说：“为什么提问机会都给了坐在中间的记者，为什么不给我们这边的记者提问机会。”马上，现场记者们的注意力都集中到了南区那位记者的身上。

经验丰富的孔泉不受影响，确定由日本共同社记者提问。可是，这位日本共同社记者的注意力完全在那位年长的记者身上，没有站起来提问，而那位年长的记者又不肯坐下。“请日本共同社记者提问”，孔泉平静地再次发出邀请，这时日本共同社记者才起身提问。而就在此时，时任全国人大常委会办公厅新闻局副局长何绍仁悄悄走到“抗议”记者身边，劝他坐了下来，建议他继续举手争取提问机会。记者会恢复正常。

让在场的人没有想到的是，温家宝回答完日本共同社记者的提问后接着说：“那位记者先生的情绪很激烈，请他提个问题吧。”于是，我邀请他提出问题。

那位年长记者站起身说：“总理先生，我为我刚才的粗鲁行为道歉。”他提出的是中国有关环境污染治理问题。这位记者来自台湾人权新闻通讯社，名叫周自立。

“谢谢您对‘两会’的关心，您用极大的勇气得到了一次提问机会。而且您问的问题十分重要。”这时现场发出一阵轻松的笑声，气氛舒缓下来。温家宝接着说：“确实环境污染已经成为当前中国发展中的一个重大问题。这个问题至今没有得到很好的解决。如果说‘十五’计划我们大多数的指标都基本完成了，但是坦白地告诉大家，环境指标没有完成。”这次记者会正值“十五”计划结束，第十届全国人大第四次会议刚刚通过“十一五”规划纲要。温家宝坦率作答，没有回避问题。

记者会进行中，台湾东森电视台对这件事作了客观报道，对温家宝的宽容和幽默予以积极评价。

当天下午，周自立专门打电话给新闻报道组说：“总理很有风度地给了我提问机会，总理的答问也非常好，体现了大陆对环保事业的重视。”

2007年“三八”妇女节那天的大会

2015年3月8日是“三八”国际妇女节。这一天，第十二届全国人大第三次会议举行第二次全体会议，张德江委员长作常委会工作报告。这是连续第10年由中央人民广播电台、中央电视台、中国国际广播电台现场直播这一会议议程，目的是让广大人民群众同现场的人大代表同步及时了解全国人大常委会的工作情况。李建国副委员长在会上作了《关于〈中华人民共和国立法法修正案（草案）〉的说明》。这天的会议由主席团常务主席、本次会议的执行主席沈跃跃主持，她在会议开始时，以大会主席团的名义，向参加会议的女代表、女委员、女工作人员，向全国各族各界妇女，向世界各国妇女，致以节日的祝贺和美好的祝福。

8年前的2007年3月8日上午，第十届全国人大第五次会议举行第二次全体会议。在头一天晚上大会秘书处各组负责人碰头会上我得知，3月8日上午的会议有这样三个安排：第一，大会执行主席、会议主持人许嘉璐将代表主席团向妇女祝贺节日；第二，会议将审议的第十一届全国人大代表名额和选举问题的决定草案规定，在第十一届全国人大代表中，妇女代表比例不低于22%，这是第一次对妇女代表比例作明确规定，有利于切实保障我国妇女的政治权利；第三，应中联部的邀请，正在我国访问的韩国女议员代表团将观摩这次全体会议。

3月8日上午大会开始后，我们几位大会秘书处新闻报道组的负责人来到位于主席台后北侧的现场工作间。这时，我意识到这三件事具有的新闻性，立即同新华社副社长何平谈起了这个情况。何平非常敏感，立即给社里打电话。这样，新华社安排记者孟娜到人民大会堂大礼堂二楼去采访观摩大会的韩国女议员。我也将这个情况通报给了《人民日报》。《人民日报》国内政治部副主任傅旭接到我的电话后，也立即安排本部门记者杜文娟前去采访。

由于事先没有沟通，现场管理人员不同意记者进入韩国女议员所在的区域，采访遇到了困难。记者是不惧困难的。不让接近，她们就远距离观察这些女议员的“举动”。女议员退场时，她们“争分夺秒”进行采访。

报道全国人大新闻的记者们具有反应迅速、工作高效的专业素养，当晚，新华社就播发了该社记者孟娜、郝亚琳、李宝杰采写的报道：《韩国女议员旁听两会谈感受——“我们看到中国人大代表中有很多女性”》。第二天的《人民日报》刊发该报记者杜文娟、曹鹏程采写的报道：《韩国女性国会议员旁听人大会议感受多——“规模宏大，印象深刻”》。

报道全国人大工作的记者的本事是不可估量的。

2007年3月8日，第十届全国人大第五次会议举行第二次全体会议，大会执行主席许嘉璐主持

（新华社记者饶爱民　摄）

不说“无可奉告”

假话不能说

面对媒体、面对记者要做到“假话不能说，真话不全说，空话不总说，对媒体不说无可奉告”。我从2005年9月担任全国人大常委会办公厅新闻发言人、新闻局局长以来，一直努力这样来要求自己。

为什么“假话不能说”呢？因为，一个机关、一个单位的发言人，他代表的是一个组织，他的作用是保障人民群众的知情权，他的每句话都将对这个组织产生很大影响。全国人大常委会这样机关的发言人，他发布的新闻、他的表态、他对问题的解释说明，都必须符合宪法和法律、符合客观实际。古罗马历史学家塔西陀有一个理论，叫“塔西陀陷阱”，指的是当政府部门失去公信力时，无论说真话还是假话、做好事还是坏事，都会被认为是说假话、做坏事。2012年“王立军事件”发生后，薄熙来主政下的重庆官方称王立军正接受“休假式治疗”，就是一个说假话的实例。发言人说假话对他所代表的机构伤害太大。作为人民行使国家权力的人民代表大会绝不能对人民群众说假话。

那为什么又“真话不全说”呢？因为，有时记者向我们求证的的确是将要发生的有关人大的事实，但还没有进入法律程序，发言人无权说。我遇到过这样一件事：2009年，第十一届全国人大第二次会议召开前，全国政协方面公布赵启正为大会发言人，《新京报》记者问我，李肇星是不是这次全国人大会议的发言人，虽然已经内部确定李肇星为发言人的人选，但全国人大有严格的法律程序，在大会主席团没有作出李肇星为发言人的决定之前，谁说了都不算数。所以，这是不能说、不该说的。

“空话不总说”是因为，我们所面对的媒体都不是我们的下属单位，记者参加我们的新闻发布会、记者会是为了新闻，如果我们讲的都是老生常谈的空话，没有新的信息，记者发不了稿，那么他就会离场去寻找其他方面的新闻。长此以往，新闻发布会、记者会就办不下去了。

李肇星说过，发言人必须掌握两条原则：说自己知道的；说可以说和应该说的。

不说“无可奉告”

2007年3月4日上午11时，第十届全国人大第五次会议首场新闻发布会在人民大会堂新闻发布厅举行。发布会开始前1个多小时，我到现场查看准备工作情况。这时，中央电视台记者柴静迎了上来，让我谈谈这次全国人大会议秘书处在服务记者方面有哪些新举措。

这次采访，事前没有任何沟通、没打招呼，完全是“突然袭击”。

我说了这样一段话：“人民群众对人民代表大会的要求，一部分要通过媒体反映给我们人民代表大会，我们有义务让人民群众知道人民代表大会的工作，让人民群众有知情权。我们在面对记者的时候，实际上是在面对人民群众的提问，因此不论记者问什么问题，我们都会正面地回答，我们不会对记者说无可奉告。”

这一句不经意说出的“不说无可奉告”，引起了媒体不小的反响。俄罗斯国际文传电讯社北京分社社长柯舍夫说，“不说无可奉告”，从世界方面来讲，就意味着中国在继续发展民主。

当天晚上，中央电视台以《两会告别无可奉告》（见延伸阅读）为题作了报道。我介绍的会议新闻中心网页公布各代表团驻地路线图、给各代表团新闻联络员配备北京手机电话卡并公布新闻联络员联系电话号码等方便记者采访的新举措，柴静特意到我们会议新闻中心逐一作了核实，还随机抽取试拨了西藏代表团新闻联络员马涛同志的电话。这些都通过电视呈现给了观众，证明我说的话都是真话。其实，过去全国人大会议也没有对记者说过“无可奉告”。第二天，全国人大常委会一位副委员长表扬了我。

“无可奉告”背后的故事

我讲出“不对记者说无可奉告”这句话,还真不是临场发挥。

2006 年 4 月 18 日,在中国人大制度新闻协会举办的地方人大新闻干部培训班上,我谈到了“无可奉告”的问题。当时在场的《新京报》记者廖卫华第二天作了这样的报道:“全国人大常委会办公厅新闻局局长向地方人大官员传经”,“在新闻发言人这个位置上,会经常遇到不同媒体记者的提问,特别是一些不够友好的媒体的提问,他们的问题往往非常敏感和尖锐,确实不好回答。”“但是,我们需要正面回应,表明我们的态度,不要回避,更不要说无可奉告。”“对一些尖锐问题可以原则地回答,但回答不要使记者产生误解。”“阚珂会后接受本报采访时还强调了他的一个观点:‘公开’是法律和人大制度本身对人大工作的要求,人大工作要进一步提高透明度。”

2007 年全国人大会议期间,我对柴静讲出“不说无可奉告”这句话的底气,源于全国人大常委会办公厅新闻局成立之初,时任第七届全国人大常委会副委员长兼秘书长彭冲的明确要求。那时,在每次全国人大常委会会议前都召开新闻发布会。彭冲对新闻局提出明确要求:“不要对记者说无可奉告,要如实地向记者提供信息。”多少年过去了,彭冲的要求我还牢牢记得。

2009 年至 2011 年全国人大会议期间,我与见多识广的资深外交家李肇星共事,学到了不少东西。有一次他告诉我,在刚刚粉碎“四人帮”时,有个消息灵通的外国驻华记者向外交部求证粉碎“四人帮”这件事,并表示要发消息。由于这件事当时在党内还没有通报、更没有向社会公布,在这种情况下,外交部的回答是“无可奉告”。这句“无可奉告”的内涵是丰富的,这个回答是机智的。从李肇星讲述的这个故事中,我更感觉到真不能轻易回答记者“无可奉告”。

2007 年 3 月 4 日，本书作者在第十届全国人大第五次会议新闻发布会前接受记者采访

（《法制日报》记者王建军　摄）

延伸阅读

两会告别无可奉告

中央电视台记者　柴　静　水均益

主持人水均益:观众朋友们,大家好!欢迎您继续在周末收看我们的360°节目,我是水均益。首先,我们还是来关注两会方面的消息。有人说,一个国家对于媒体的开放程度,可以反映出这个国家的民主进步的程度。改革开放以来,我们国家在经济建设和社会各方面取得了巨大进步,同时,对于媒体的开放和公众的知情权也是越来越重视。在这次两会上我们的记者柴静也观察到今年(2007年)两会对于媒体的采访是更加开放了。

记者柴静:两会对于媒体的开放度,实际上就意味着对公众的透明度。那么今年(2007年)两会的透明度又会有多大呢?在今天的人大首场发布会上,新闻发言人向中外记者公布了方便记者报道两会的新措施。而且,人大新闻局局长向记者透露:今年(2007年)的两会,人大将告别无可奉告。

全国人大常委会办公厅新闻局局长阚珂:人民群众对人民代表大会的要求,一部分要通过媒体反映给我们人民代表大会,我们有义务让人民群众知道人民代表大会的工作,让人民群众有知情权。所以我们在面对记者的时候,不论记者问什么问题,我们都会正面地回答,我们不会对记者说无可奉告。

俄罗斯国际文传电讯社记者:不说无可奉告从世界方面来讲,就意味着中国在继续发展民主。以前跟代表联系都要通过新闻中心,从今年(2007年)以来,外国记者也好,中国记者也好,可以直接联系代表。这就是发展民主的一个突出表现。

日本NHK电视台记者:比以前我们采访方便了,开放度扩大了。

柴静:这儿是两会的新闻中心,每年都是记者出入最频繁的地方。来到这儿你会感觉到不仅仅是要拒绝无可奉告,而且是有话要说。从很小的细节上我们可以感觉到这一点。这是人大的新闻中心网。假如我要去采访任何一个代表团,比如说是天津团,我只需要点击开这个网址,就能看到它的住地地址和电话全部公示在这。如果我是一个外地记者,不太熟悉北京的地形怎么办呢?这有附属的电子地图。你看,京西宾馆,那么它就是在木樨地桥附近。这样,记者就可以在第一时间赶去现场了。而所有的这些努力,都是为了在两会当中让代表的声音在第一时间传达给民众。

《中国人口报》记者王一兵:以前光是公布新闻联络员房间的电话号码,没有手机号码,这样可能如果人要是不在房间,你就找不着他。如果24小时开机,你什么时候找他联系都可以找到,非常方便了。

阚珂:我们一定要有一个对媒体认识的新意识,要有一个善待媒体的新态度。过去,我们的全国人大常委会都是邀请人民日报、新华社、中央电视台等媒体来采访报道,那么现在我们已经邀请新型新兴媒体来采访报道,比如,《新京报》《京华时报》《南方周末》等,从各个不同的角度把我们的人民代表大会、把我们的人大常委会的工作情况全方位地展示给人民群众,更好地保证人民群众的知情权。

柴静:告别无可奉告让记者离禁忌越来越远,而有话要说让代表和民众越来越近。今年(2007年)的这些变化体现的是两会对公众知情权的进一步尊重,是中国更民主、更自信的体现。

水均益:看了柴静的《两会观察》之后,我们接下来现场连线一下柴静。柴静,你好!

柴静:水均益,你好!

水均益:在这个片子里,我们还是观察到了几个新的点。今天,我们知道是人大的首场新闻发布会。刚才,我注意到人大新闻局的官员提到一个概念:他们邀请新型新兴媒体来采访报道。据你观察,他们这样做的目的是什么?

柴静:人大新闻局的阚局长说,人大制度本身要求公开透明,这是民主的重要体现。关键就是怎么公开?怎么透明?他说,以前为什么会有无可奉告这样的事情出现,这种恐惧是基于不了解媒体。今年(2007年)我们再看,人大是在研究媒体。他给我举例说,我们为什么要邀请《新京报》《南方周末》《京华时报》,因为它们分别代表3类不同的受众。他会仔细研究市场媒体的一个区分,然后,把它的属性通过不同的媒体反映给不同阶层的群众来保障这种知情权。所以,我觉得在这种研究的背后,就是阚局长所说的对媒体的充分认识。

水均益:现在随着社会的进一步发展,媒体也在进一步进行重新分化整合,线索更加清晰了。像你刚才所说的这些新型新兴媒体介入后,对于两会的报道会起到什么样的推动作用呢?

柴静:这一点是我今天在新闻发布会的现场特别关心的。今年(2007年)它们3家媒体首次受邀来采访两会。因为以前两会更多邀请的是比如像《人民日报》、新华社、中央电视台这样一些北京的媒体。《南方周末》原来是不采访“两会”的。为什么?它的住地在广州,如果它要来“两会”,它就必须跟着广东团一块来,但来了以后,它只能在住地这个范围内活动,那它就干脆不做这个报道了。但今年(2007年)它们实际上享受的是中央级媒体的采访规格,也就是说,它们享有更大范围的自由采访权。我们可以注意一下,从3月2日开始,《南方周末》就以3版的篇幅推出了“两会”的专题报道,而且会一直持续到3月15日。它们今年(2007年)特别派了6个记者在北京的前方来完成报道,而且你会看到市场媒体关注点可能会跟以往的关注点不太一样的地方,它们希望能突破以往两会报道政治属性过强、而新闻属性偏弱的这样一个状况。比如,它们可能会特别把篇幅放在“两会”的现场追踪上。我们从它们的常规选择上,可以看到它们的这种趣味。他们会研究他们的观众感兴趣的是什么。其实,没有媒体会放弃“两会”,因为它是最好的新闻资源。这是决定国家命运和前途未来的一个盛事,而且,所有的焦点问题、敏感问题都会在这样的一个场合很开放地展示。

水均益:而且还有那么多代表在同一时间都集聚在北京一座城市里边,搜寻目标也比较集中。

柴静:这是一场饕餮的盛宴。

水均益:我结合你刚才短片里报道的一个情况,我反问一个问题。现在记者采访代表团、代表、委员非常方便,一点击就知道他们住哪,甚至知道手机号码,那么,这样代表、委员会不会有点应接不暇?他们是一种什么样的态度?

柴静:我今天专门找了他们在网上登出的所有代表团新闻联络员名单。你看,这是今年(2007年)人大新闻局专门给他们配备的北京神州行的号码,而且要求每一个新闻联络员必须是24小时开机,不能关机。我刚才随机抽了一个叫马涛的新闻联络员,一看是西藏代表团的,我就给他打了一个电话,电话通了他接了,他说是昨天晚上8点钟领到了神州行的卡,10点半装上,12点钟第一个电话打进来,1点半接的最后一个电话是网易打进来的。到目前为止,他一共接了30多个电话。我问他,你今年(2007年)的负荷跟去年相比怎么样。他说，我先给你举一个细节，我去年(2006年)的手机费是多少你知道吗？因为他去年(2006年)来的时候没有这个神州行的号码，他用的是西藏的手机，他自己是长途加漫游，别人打进来也是长途加漫游，好多不熟悉的记者电话号码打进来他不敢接，到最后一数，15天话费是1500多元钱。但今年(2007年)不一样了，他说他的手机就彻夜开着，他做好了这样一个工作。

水均益：非常感谢柴静，又是一个非常精彩的柴静观察，而且观察的点非常细致入微。我们期待你明天带来新的一期柴静观察。

(2007年3月4日，中央电视台新闻频道360°节目《柴静两会观察》)

反垄断法草案初审前的"节外生枝"

2006年6月20日，新华社发了这样一条消息："近日，有媒体报道称，全国人大常委会推迟审议反垄断法草案。记者就此采访了全国人大常委会办公厅新闻发言人阚珂。他表示，根据6月16日全国人大常委会第四十七次委员长会议的建议，于6月24日召开的第十届全国人大常委会第二十二次会议将如期对国务院提请审议的反垄断法草案进行初次审议。"

这是怎么回事呢？

6月7日，国务院常务会议原则通过了反垄断法草案，决定经进一步修改后，提请全国人大常委会审议。但在此后有关6月16日第四十七次委员长会议的新闻报道中，建议常委会第二十二次会议的议程中没有审议反垄断法草案的安排。这让有的媒体确信反垄断法草案不能如期审议。因为在这之前有媒体报道说，6月13日，从全国人大相关人士处获悉，审议反垄断法草案从常委会第二十二次会议议程中拿下了，不上会审议，"主要的原因是这次常委会上要审议的法律太多，排不过来，当然反垄断法争议大也是原因之一"。

其实，第四十七次委员长会议听取了反垄断法草案有关情况的汇报，经过讨论研究，建议常委会第二十二次会议审议这部法律草案。会下，国务院办公厅与我们全国人大常委会办公厅沟通，温家宝总理正在非洲访问，在24日常委会第二十二次会议召开前，能否签批修改后的反垄断法草案还不能完全确定。经商量，为了稳妥起见，委员长会议的新闻报道中没有关于建议审议反垄断法草案的内容，而是在新闻稿中特别写了一个"等"字，将委员长会议关于审议反垄断法草案的建议包括在这个“等”字中。也就是说,不是因为“反垄断法争议大”而推迟审议。

人大工作讲究程序、依法办事、不怕“麻烦”。全国人大常委会委员长会议的一项工作是决定常委会每次会议的会期,拟定会议议程草案。这就是说,提到常委会会议上审议的议案,事先要由委员长会议提出建议,这是必经的程序。

第十届全国人大常委会第四十七次委员长会议结束两天后,国务院办公厅将温家宝签发的反垄断法草案提交给了全国人大常委会办公厅,这样,常委会第二十二次会议如期审议反垄断法草案已成定局。我们曾考虑等到22 日,这次常委会会议一召开,“推迟审议反垄断法草案”这一不确切的消息就“不攻自破”了。但这时关于推迟审议反垄断法草案的消息在媒体上还持续发酵,这是将不准确的消息传递给社会,也容易影响对反垄断法草案的审议。鉴于此,授权我发布了本文开篇的这条信息。

事后,与我很熟悉的几位记者半开玩笑地对我说:“阚局长你把我们逗了。”我说:“你们一定要仔细阅读我们的新闻稿,这其中的每个字都有它的涵义,不要去猜测,不是随便一个全国人大机关工作人员说的话就能作为报道的依据。”

这就是2006 年,从一次委员长会议的报道中,节外生枝“生”出的一则“新闻”的来龙去脉。

1982 年《宪法》规定,委员长、副委员长、秘书长组成委员长会议,处理全国人大常委会的重要日常工作。在第六届全国人大期间,对于在全国人大常委会会议召开前为其作准备所召开的全国人大常委会委员长会议一般不作公开报道。全国人大常委会办公厅新闻局成立后,从 1988 年 6 月第七届全国人大常委会第二次会议开始,在委员长会议召开后,由新闻局局长通过新闻发布会发布委员长会议关于召开常委会会议的有关决定。有关这个内容的新闻发布会每次大致安排在常委会会议召开的 3 天前。

从一段实践情况来看,这种新闻发布会内容比较单一,只是发布委员长会议关于召开下次常委会会议的决定,效果不理想。鉴于此,1994 年 8 月 16日,全国人大常委会秘书长办公会议决定,今后一般不再召开这个内容的新闻发布会,改由中央主要新闻媒体直接报道委员长会议,将会议情况向社会公布。这个做法一直延续到今天。

委员长会议由开始一般不作报道,到通过新闻局局长发布消息,再到通过媒体直接报道,这是人大新闻报道工作的一个改进,更重要的是,这便于社会及时了解委员长会议的情况,是人大工作公开化、保障人民群众知情权的一个具体举措。

第十届全国人大第四次会议新闻发布会现场

（新华社记者黄敬文　摄）

2009 年 3 月 13 日，在总理记者会上，本书作者（左）与李肇星（右）交换意见

（《法制日报》记者王建军　摄）

我眼中的发言人姜恩柱与李肇星

2016年3月4日上午11时，第十二届全国人大第四次会议首场新闻发布会在北京人民大会堂一楼新闻发布厅召开，大会发言人傅莹发布了这次大会的议程、日程安排等方面的情况，并就人大工作的相关问题回答了中外记者的提问。

多么熟悉的场景啊！与往年一样，新闻发布会还是在3月4日上午举行，还是在大会堂的新闻发布厅，会标的字体、字号和背景板的颜色多年未变，主席台的摆设依然如故……这说明大会的新闻发布会已经步入制度化、规范化。此时此景，勾起了我对与大会发言人姜恩柱和李肇星一起工作往事的回忆。

2006年3月4日和2007年3月4日，我曾两次在这个新闻发布厅担任新闻官，为大会新闻发言人姜恩柱点名邀请记者提问。姜恩柱严谨细致的工作作风，给我留下了深刻印象。第十届全国人大期间，每年都是在大会召开的两个月前，大会发言人办公室分别召集由媒体记者、国务院有关部门、“两高”、全国人大各有关负责部门等参加的10场座谈会，了解媒体关心哪些问题、对哪些问题感兴趣，听取有关部门介绍一年来的主要工作情况，研究做好会议期间记者采访报道的服务工作。每场座谈会，姜恩柱都参加并亲自主持。

在每年全国人大会议召开前，发言人办公室还要对过去一年各方面工作的重要情况和遇到的主要问题，逐一进行梳理形成文字材料。许多时候，为尽快得到有关部门对发言人办公室询问情况的反馈，姜恩柱亲自给相关部门主要负责人打电话,催促他们按时回复,这比起由一般工作人员去联系,大大提高了效率。不少时候,为了修改发布词的一个提法、一个措辞,或者核对一个情况,姜恩柱都要把我们大会新闻报道组的几位负责人召集到一起认真商量研究,真是一丝不苟。每年大会的首场新闻发布会,姜恩柱都做了充分准备。参加过第十届全国人大会议期间发言人办公室工作的同志都感受到了姜恩柱的那股认真"劲"。

2006年3月14日接近中午12时,第十届全国人大第四次会议总理记者会已经到了预定的结束时间,这时,时任总理温家宝拿起手表看了一下,然后对现场的记者说:"大家见我一面也很不容易,如果大家不饿的话,我就再增加两个问题:一个给外国记者,一个给中国记者。"总理话音一落,经验丰富的外交部新闻司司长孔泉就邀请印度报业托拉斯记者提问。作为总理记者会的"点名官",我是个新手,究竟邀请中国哪家媒体的记者提问让我犯了难。会前,我们考虑,全国人大会议是面向全国的,总理记者会的提问机会要尽量给中央媒体的记者。还要注意,由于提问机会很有限,不可以在同一场记者会上,把两个提问机会给同一家媒体。就在温家宝回答印度报业托拉斯记者的提问时,我和姜恩柱在主席台上"交头接耳",商定把最后一个提问机会给了中央电视台的记者。2005年,人民币对美元小幅升值,媒体认为这是中美贸易摩擦的缓冲器,但是美方要求人民币升值的压力依然存在。就此,中央电视台的记者问:"今年(2006年)人民币还会不会继续大幅升值?"这在当时,是国内外都关心的问题。温家宝从容回答。

2009年至2011年的全国人大会议期间,我与大会发言人李肇星共事。李肇星机智、幽默、风趣。有一次,我们陪同他到中央电视台看望慰问报道全国人大会议的记者,遇到了中央电视台的新闻联络员张勤,她是我吉林大学的校友。李肇星一听说她是吉林大学的,故意问她:"吉林大学在哪里?"张勤知道他问话的真实意思,马上回答道:"长春市在吉林大学。"当然,双方都是在开玩笑。每年全国人大会议期间中外记者都希望能采访到李肇星,每当这时,他都友好地对记者说,我给你们推荐一位年轻人。其实,我早已不年轻。

在2009年3月13日的总理记者会上,台湾"中央社"的记者问温家宝总理:"如果您有机会到台湾走一走,不知道您会想去哪儿看一看?"总理客气地与李肇星在台上小声地交谈了几句。在总理回答提问时,李肇星递给我一张纸条,上面写着“阿里山、日月潭”。至今我还珍藏着李肇星的这一“墨宝”。

过去,在全国人大会议期间,李肇星担任的这一角色都被称作“大会新闻发言人”。根据李肇星的意见,从2009年改为了“大会发言人。”一个考虑是,发言人回答的问题,有些是“旧闻”不是新闻。李肇星还提出一个看法:“发言人是一种工作机制,但发言人不是机器,是活生生的个人。”这里其中的一个意思是,对发言人要有一定授权,不然现场遇到的一些提问就不便回答。

左为菲德尔·卡斯特罗，右为本书作者

（本书作者 提供）

与菲德尔·卡斯特罗握手

20 世纪 60 年代初,我上小学唱过一首歌《哈瓦那的孩子》,歌中唱道:“美丽的哈瓦那,那里有我的家……爸爸去闹革命拿枪去打天下,跟着那英雄卡斯特罗,打回了哈瓦那……”当时我这个小学生不会想到 40 年后的 2001 年 11 月 3 日,我随第九届全国人大常委会委员长李鹏访问北非拉美 5 国,踏上了古巴的国土,来到了歌中唱到的“美丽的哈瓦那”。

李鹏委员长是应古巴国务委员会主席菲德尔·卡斯特罗和古巴全国人民政权代表大会的邀请,2001 年 11 月 2 日结束对阿尔及利亚的访问后,乘波音 747 - 400 型专机,向西飞越大西洋前往古巴访问的。

一些事情真是事先没法预料。从阿尔及利亚到古巴原计划飞行 11 小时 15 分钟,在古巴当地时间 3 日下午 2 时 45 分抵达哈瓦那,但实际飞行了 10 小时。这是因为接到地面报告:50 年不遇的“米歇尔”特大飓风将登陆古巴哈瓦那。专机加快了飞行速度。当专机降落在哈瓦那何塞·马蒂国际机场,我们一走出舱门,立即领教了“山雨欲来风满楼”是什么感觉。大家迅速下机后,专机随即飞往古巴的圣地亚哥躲避飓风。

我们下榻的古巴首都哈瓦那国家饭店,面临浩瀚的大海。凭窗外望,巨浪轰然拍岸,暴雨倾泻大地。天黑后,一阵猛似一阵的狂风怒吼,惊心动魄。当地的抗灾工作紧张有序进行:转移居民、游客,砍倒树木,用被子把饭店房间里的电视机包起来,饭店室外成摞的塑料椅放到满水的游泳池中,饭店大厅临海一面的门窗用木板和木杠封死……古巴应对自然灾害的能力,给中国代表团留下了深刻的印象。

2001年11月4日，李鹏与古巴全国人民政权代表大会主席里卡多·阿拉尔孔举行工作会谈。宾主在亲切友好的气氛中，就双边关系、加强两国人大合作以及其他共同关心的议题深入交换意见，达成广泛共识。

当晚，李鹏与菲德尔·卡斯特罗亲切会见。李鹏说，我们支持古巴维护独立、主权和反对外来干涉、威胁的正义斗争。我们愿与古方共同努力，进一步加强两国在各方面的互利合作。菲德尔·卡斯特罗强调，古巴党和政府高度重视对华关系，希望与中国开展各个领域的合作。他对中国给予古巴的帮助表示感谢。

会见后，菲德尔·卡斯特罗立即赶赴受灾最严重的巴拉德罗市，与那里的群众见面，指导救灾。他具有人格魅力，受到古巴人民的拥护。当地媒体报道，菲德尔·卡斯特罗视察巴拉德罗市，对正在抗灾的古巴群众是极大鼓舞。

对古巴遭受飓风灾害，我方迅速作出反应。时任国家主席江泽民发了慰问电，李鹏又代表江泽民主席、全国人大、国务院并以他个人的名义，当面向菲德尔·卡斯特罗表示慰问，并就我国政府向古巴提供紧急救灾援助向古巴领导人作了通报。古方表示，中国总是在古巴遇到困难时及时伸出援助之手，此次又是第一个向古巴表示慰问并提供紧急救灾援助的国家，这充分证明中国是古巴真正可以信赖的朋友。

按照日程，5日下午6时在国家饭店，菲德尔·卡斯特罗将与李鹏举行会谈。由于时差的原因，在会谈前几个小时的我人还挺精神，就在会谈快开始的时候，我在饭店的房间里打起了瞌睡，幸亏同行的全国人大常委会办公厅秘书局副局长马夏打电话叫醒了我，我急忙穿上西装、打好领带，赶往一楼的会谈地点。这时电梯已由安保人员控制、等候委员长。我们住在饭店的高层，李鹏住在我们上面一层。这时，我慌忙地由步行梯爬上一层楼，用磕磕巴巴的英语加上用手比划，请安保人员先送我到一楼。古巴人讲西班牙语。安保人员好不容易明白了我的意思。当我乘电梯到达一楼时，全国人大常委会办公厅外事局负责礼宾的同志估计我赶不上会谈已经撤下了我的座签，调整了我方参加会谈人员的座次。这时，我看了一下手表，离会谈开始的时间还有5分钟，太悬了。

会谈前，菲德尔·卡斯特罗与中方参加会谈的人员一一握手。他身材高大，额头很宽，络腮胡须，脸上长有老年斑。在我们访问古巴的5个月前，菲德尔·卡斯特罗在群众集会上因疲劳过度晕倒。此时,他虽然年龄已过75岁,但依然思维敏捷,精力充沛,而一身绿色戎装,更衬托出他的军人气质。

小时候,大人告诉过我菲德尔·卡斯特罗的形象是什么样。我20多岁在地方政府工作时,我们吉林省延吉市委宣传部部长也是络腮胡须,身材高大,同事们说他的形象与菲德尔·卡斯特罗很像。菲德尔·卡斯特罗的形象中国人民是熟悉的,中国人民对他是尊敬的。

会谈时,李鹏对菲德尔·卡斯特罗身先士卒、连夜兼程、亲赴灾区指导救灾工作表示问候。菲德尔·卡斯特罗说,中国人民的支援是对古巴人民的巨大鼓舞,古巴人民完全有信心克服暂时的困难,战胜灾害,重建家园。双方还就国际及地区形势等问题进行了深入交谈,并详细通报了各自国家的政治、经济情况和治党治国经验。

在菲德尔·卡斯特罗领导下,古巴于1959年建立革命政府,1961年宣布开始社会主义革命。古巴距离美国佛罗里达半岛仅210公里,是在美国的大门口出现的一个社会主义国家,至今仍是西半球唯一的社会主义国家。

为什么拉丁美洲革命首先取得胜利的,不是拉丁美洲人口最多的国家,而是离美国比较近的古巴?为什么不是在离美国比较远也像古巴这样的小国?对此,邓小平说,革命成功光靠客观形势是不够的,很重要的是要有正确的革命领导和正确的斗争路线这样的主观条件。

几十年来,古巴顶住了美国及其盟友长期封锁的巨大压力,不畏强权,克服一个又一个困难,坚持走社会主义道路,为捍卫国家独立、主权和安全,进行了艰苦卓绝的斗争。置身哈瓦那,深深感到,古巴社会稳定,经济恢复,外交活跃,赢得国际社会的广泛同情和支持。

时光荏苒,与菲德尔·卡斯特罗同时代的风云人物都已作古,但2014年7月,国家主席习近平在古巴探望88岁的菲德尔·卡斯特罗时,他依然精神矍铄。

回望世界,东欧剧变、苏联解体早已成为旧闻,柏林墙倒塌也已20多年,但社会主义古巴今天依旧故我。

菲德尔·卡斯特罗是个传奇人物。

2016 年 12 月 26 日，本书作者在法制日报社与阿里巴巴集团共同主办的
2016 网络新枫桥经验高峰研讨会上作主旨发言
（《法制日报》记者王建军　摄）

我与《法制日报》

《法制日报》是中央级法制类综合性日报。由于我在全国人大机关工作，特别是在全国人大常委会办公厅新闻局担任了6年的局长，与《法制日报》经常打交道，建立了工作上的密切合作关系，结下了不解之缘。虽然2011年年底，我离开新闻局的工作岗位，转到全国人大常委会法制工作委员会任职，但我仍然是《法制日报》忠实的读者，也是《法制日报》热心的撰稿人。

初识《法制日报》

我对《法制日报》的认识，是从接触《法制日报》的人开始的。1986年夏天，我刚到全国人大机关，承担的第一项工作，是在全国人大常委会会议上记录发言、整理会议简报。那时，全国人大常委会会议期间的联组会在人民大会堂南段二楼圆厅举行，我们会议工作人员与《法制日报》报道全国人大常委会会议的记者阎军以及中国新闻社记者王晓晖等各家媒体的记者并排而坐。阎军是我最早认识的《法制日报》的记者，她对报道人大工作的热情和敬业精神给我留下了深刻而长久的记忆。

1986年8月27日至9月5日，第六届全国人大常委会举行第十七次会议，在审议企业破产法草案的联组会上，委员们不同意见争论异常激烈。辽宁籍的全国人大常委会委员杨克冰站起来发言，声音浑厚。“光靠那黄牌不好使，黄牌能解决具体问题吗？什么黄牌绿牌的，你搞个黄牌他就服输了？”杨克冰说。她的这段发言，通过当年9月26日中央电视台的特别节目生动地呈现给了广大观众。这个节目全景式地展示了全国人大常委会审议法律草案时委员们畅所欲言、不同意见针锋相对的真实场面。这在我国新闻报道中是开创性的,可以说是破冰之旅。节目播出后,在社会上引起了非常大的反响,受到一致好评。这个节目是由中央电视台、中央人民广播电台几位记者联合拍摄、采访、制作的。阎军与全国人大常委会的领导和全国人大常委会机关相关部门及相关工作人员都很熟识,她在打通各个关节、保证顺利采访彭真委员长和耿飚、彭冲副委员长起了关键性的作用。这个特别节目的播出,阎军功不可没。

我阅读《法制日报》就是从那时开始的。在认识阎军之后,我又认识了李群、吴坤、陈丽平、郭晓宇、朱磊、席锋宇、王建军、李想等《法制日报》负责时政新闻报道的记者。这是个优秀的时政记者群体。

《法制日报》原名为《中国法制报》,1988 年 1 月 1 日起改为现名。当时,我就报纸的改名一事还向阎军发了一通议论。我开始不习惯,很长时间才"接受"了《法制日报》这个名称。

报道地方人大常委会设立 30 周年

1999 年四五月间的一天,阎军和另外 6 位《法制日报》记者来到我的办公室,就他们计划在地方人大常委会设立 20 周年之际进行系列报道宣传一事咨询我的意见。那时,我担任全国人大常委会办公厅研究室副主任。

地方人大常委会是 1979 年 7 月 1 日,第五届全国人大第二次会议决定设立的,这是我国加强社会主义民主法治建设具有里程碑意义的重大事件。我建议《法制日报》以"第一个设立的省级人大常委会""第一部地方性法规的制定""地方人大常委会的第一次执法检查"等若干个地方人大常委会的"第一"为切入点,展开报道宣传。几位记者都认同我的建议,感觉是个好主意。同时,他们向我索要这方面的资料。当时,我还没做这方面资料的系统收集和统计,《法制日报》这个报道计划最终没能实现。说实话,仅仅靠他们自己的力量做不到在短时间内完成这方面资料的搜集整理工作。

时光荏苒,转眼到了 2009 年,10 年过去了。这 10 年间,《法制日报》没有实现系统报道宣传地方人大设立常委会计划这件事一直搁在我心上,是我的一块心病,我愧疚没有帮上他们。我想《法制日报》的记者们一定和我一样,因没能做这个报道而深深地遗憾。这时,阎军已经离开了政文部,升任报社领导。

历史给了我机会。在2009年地方人大常委会设立30周年时，我已经在全国人大常委会办公厅新闻局局长的岗位上工作了3年，我有条件组织好这个报道宣传。这年的全国人代会一结束，我们就紧锣密鼓地筹划地方人大常委会设立30周年的报道工作。我安排新闻局同事刘昕、张倩系统地收集整理了省级人大设立常委会时间表、地方人大常委会制定地方性法规的情况、开展执法检查的情况和实行会议旁听制度的情况等有关材料，为各家媒体的报道提供充分、准确的材料。5月25日，在报道开始前，我以《县级以上地方人大常委会设立的前前后后》为题，向中央主要媒体和部分市场化运作媒体的记者详细介绍了有关情况。

《法制日报》动作很快，6月20日推出了一个整版的专题报道，6月28日、7月4日两天又各用一个整版再做专题报道，7月24日刊发了对第七届、第八届全国人大常委会副委员长王汉斌的专访：《王汉斌回顾五届全国人大二次会议——新时期的立法工作从这里开始》，12月21日刊发了《地方人大常委会决策幕后：邓小平批示后获通过》的报道。报道持续了半年时间。这次《法制日报》的报道，大部分稿件是陈丽平撰写的，她给我的一个突出的印象是：人很有灵气，是个快手。

可以这样说，2009年对地方人大设立常委会30周年作系统集中地报道宣传，我和《法制日报》共同准备了10年。

记忆中的4次“首发”

在我的记忆中，《法制日报》的人大工作报道中，有过这样4次先于其他媒体发稿或者是独家报道。

第一次是标题经李群修改后首发的我撰写的文章。2002年8月23日至29日，第九届全国人大常委会举行第二十九次会议第一次审议全国人民代表大会和地方各级人民代表大会监督法草案。为解读这一会议议程，我事先撰写了一篇文章——《监督法草案出台的前前后后》。标题是中性的，内容是陈述事实、介绍起草过程，不作评论。文章投给了《法制日报》。时任政文部主任的李群将标题修改为《监督法草案：17年风雨历程》，于8月27日在《法制日报》头版刊发。我事先并不知道对文章标题作了修改。

看到报纸后，把我吓了一跳，让我的心一下揪了起来。本来起草、制定监督法这件事就很敏感，又来了个“17 年风雨历程”，容易让人产生联想，搞不好会给自己带来不必要的麻烦。当时我后悔发表这篇文章。在这次常委会会议期间，《检察日报》等几家媒体的记者见到这篇文章后都提出采访我，我对他们说：我不接受采访，但你们可以自由采用、编发我在《法制日报》上发表的这篇文章的内容。

4 年之后的 2006 年 8 月 27 日，第十届全国人大常委会第二十三次通过了《各级人民代表大会常务委员会监督法》。我们策划推出了监督法的诞生记，其中大量使用了当年我在《法制日报》发表的这篇文章的内容。

第二次是吴坤首次解读全国人大常委会年度立法工作计划。2005 年 12 月 16 日，第十届全国人大常委会第四十次委员长会议通过了全国人大常委会 2006 年立法工作计划。在这个月举行的常委会第十九次会议期间，我作为新闻局局长向参加会议报道的记者介绍了这个立法工作计划，希望他们给予报道。这次报道做得最充分的是《法制日报》，稿件是由当时的政文部副主任吴坤撰写的，2005 年 12 月 29 日刊发。从此之后，《法制日报》对每次公布的全国人大常委会年度立法工作计划都作解读性报道。

第三次是郭晓宇独家报道全国人大常委会立法规划工作的历史。2007 年 2 月 28 日，郭晓宇在《全国人大机关对立法工作体制作出重要调整》的报道中，详细回顾了全国人大常委会立法规划从无到有、日臻完善的过程。这是媒体首次独家披露全国人大常委会的这一段历史。

第四次是首次独家在报道中采用“精细化立法”的提法。从 2012 年起，《法制日报》每年都用一个整版摘登由我们法制工作委员会主办的全国地方立法研讨会上的发言，大力度报道宣传这个会议。2012 年，《法制日报》独家报道了第十八次全国地方立法研讨会闭会的消息，标题是《完善立法权限划分实行精细化立法》，这是媒体最早在报道中提到“精细化立法”。2014 年全国人代会期间，《法制日报》又一次捕捉到了我在记者会上透出的“实行精细化立法”的信息。这体现出《法制日报》记者所具有的新闻敏感性。

《法制日报》成立以来，为宣传我国人民代表大会制度、报道宣传人大及其常委会的工作，做出了重要贡献。我与《法制日报》30 年的合作非常愉快。回想起来，我们新闻局每次提出的报道安排他们都给予保证。有《法制日报》的大力支持和配合，我这个新闻局局长好当了。

延伸阅读

认识媒体的发展趋势　担当媒体的社会责任

中国人民大学2009级在职新闻传播研修班的同学编著了《新闻传播新视点》一书，作者要我作序，我便写了如下文字。

当前，在传统媒体适应新形势不断调整变革、谋求发展的同时，在与世界媒体发展趋势的相互影响下，我认为，我国媒体发展出现了以下四个趋势：

一是新型（市场化运作）媒体异军突起。近10多年来，一批新型媒体相继问世。它由传媒集团、国有企业等主体投资，按照市场化的方式运作。它在版面设计、新闻选择、内容取舍等方面有很大的自主权。与传统媒体形成了激烈的竞争。

二是网络媒体日趋成熟。随着信息技术快速发展，网络媒体已经成为继报刊、广播、电视之后的第四媒体。手机媒体稳步发展。网络媒体、手机媒体的发展，使全球传播新格局正在形成。网络媒体、手机媒体的优势越来越显现出来。

三是媒体向综合性的跨媒体、全媒体发展。现在有些媒体同时办有广播、电视、期刊、报纸、网络。原来的一些单一媒体也在向跨媒体发展。

四是出现媒体分众化、对象化的新趋势。传统媒体是"大众媒体"，信息传播的路径是"一对多"，而现在一些媒体的传播路径，除"一对多"外，还有"一对一""多对一"和"多对多"，一些媒体的报道和服务越来越指向特定的对象。

当今，跨越发展的媒体，社会影响力越来越大、作用越来越大。这对媒体自身提出了新的更高的要求。就时政类媒体而言，至少应在以下三方面更好地承担起责任：

第一，广泛传播、正确解读党和国家的政策。"一个国家的力量在于群众的觉悟。只有当群众知道一切，能判断一切，并自觉地从事一切的时候，国家才有力量。"媒体要充分发挥自身独特的优势，努力宣传党的路线方针政策，宣传宪法和法律，宣传国家的大政方针，以达成社会共识，凝聚全面推进中国特色社会主义伟大事业的力量。要按照高举旗帜、围绕大局、服务人民、改革创新的总要求，解放思想、实事求是、与时俱进，坚持正面宣传为主的方针，自觉把对党负责和对人民负责统一起来，正确引导舆论，理性看待问题，为我国的经济社会发展营造良好的舆论环境。

第二，客观、真实反映民情、传达民意。为了人民，诚心诚意为人民谋利益、谋幸福，是党和国家一切工作的根本目的。而深入了解人民群众的意愿、人民群众的要求、人民群众的冷暖，是党和国家作决策、处理问题的重要依据。媒体应是党和国家的“眼睛”和“耳朵”，悉心观察人民群众的喜、怒、哀、乐、爱、恶、欲。媒体应是人民群众的嘴巴，把人民群众的所思所想，不同群体的不同诉求、生存状况，客观、真实地传达给党和国家，忧人民群众之所忧，乐人民群众之所乐，做到通达社情民意。媒体应成为党和国家同人民群众保持密切联系的重要渠道，媒体的报道应成为党和国家听取人民群众意见的便捷形式。人民群众通过媒体参加有关国家重大事情的讨论，发表意见，提出建议，媒体应成为实现公民有序政治参与的重要渠道。

第三，发挥舆论监督的作用。舆论监督不能缺位。舆论监督是党纪监督、法律监督、行政监督、司法监督等之外的一种社会监督。媒体有着通达四方的灵敏触角，善于发现问题，与监督对象之间没有直接的利害关系，因此，媒体的舆论监督在揭露不端行为、针砭时弊、督促改进工作、维护群众利益等方面有着特殊的重要作用，不可或缺，不可小觑。它为有关方面依法处理有关问题提供了线索，通过道德、道义的力量净化社会环境。

舆论监督不能错位。媒体的舆论监督不同于法律监督等具有国家强制力的监督。媒体舆论监督的一般做法是，报道事实，反映问题，指出错误，分析原因，进行批评。它本身没有“罢官权”，也不应影响司法机关依法独立审判。

舆论监督不要越位。媒体的舆论监督表现为“动口”，而不能“动手”，不能处理问题。

后　记

本书以现在的样子呈现在读者面前，源于 2010 年我的一个讲座。那时，我作为全国人大常委会办公厅新闻局局长，就人民代表大会制度和人大工作问题，拟了 20 个题目，分几次陆续向报道全国人大工作的记者作介绍。在第一次我讲了几个题目后，记者们就很感兴趣，认为这些内容应该让更多人知道，他们建议我把它们整理成一个个小故事，以“人大记忆碎片”的形式公开发表。

转眼到了 2014 年，《法制日报》提出：为我开辟一个专栏《人大人说人大》，连续刊发我的文章。在《法制日报》记者郭晓宇的催促下，从 2014 年 3 月开始，我每月在这个专栏发表两篇文章，到现在已发表 50 多篇。

2015 年以来，我的一些同事和几位省级人大常委会的领导同志，建议我把这些文章编纂成书。自 2016 年 3 月第十二届全国人大第四次会议后，我不再承担全国人大的工作，在参加全国政协工作之余，编纂了本书。

本书内容从时间上划分，有两个部分：一部分是从解放战争后期特别是 1949 年中国人民政治协商会议第一届全体会议召开到 1986 年 6 月我到全国人大机关工作前，这一部分主要是经过对全国人大的历史档案资料梳理写成的；另一部分是从 1986 年 7 月到 2016 年 9 月，我在全国人大机关工作的 30 年，对亲身经历的人民代表大会一些工作和事件的记录。

在本书写作和编纂过程中，孟庆瑜、母光栋、郭晓宇、霍小光、邹声文、王建军、李想、谢文英、杜海洋、毕楠给予了很大帮助。对这些朋友，我表示深深的谢意。

我还要感谢法律出版社社长黄闽、副总编刘晔、财经分社社长沈小英和策划编辑陈妮，他们把这本书作为重点出版的图书来安排，对书中的内容进行了细致核对，对书稿的文字提出了中肯的修改建议，以做到史料准确、文字表达更易于理解。

最后，要感谢我的妻子孙铁英和女儿萧寒。妻子是每篇文章的第一读者，在我写作过程中提出不少修改建议。在我 60 周岁生日时，女儿在国外汇编了我已在报刊上发表的文章，作为生日礼物送给我。她们一直鼓励我：功力必不唐捐。

作者

2016 年 12 月 26 日于北京

图书在版编目(CIP)数据

人民代表大会那些事 / 阚珂著. -- 北京 : 法律出版社, 2017.1(2019.6 重印)
(国家治理法治化研究文丛 / 孟庆瑜主编)
ISBN 978-7-5197-0394-3

Ⅰ.①人… Ⅱ.①阚… Ⅲ.①人民代表大会制-研究-中国 Ⅳ.①D621

中国版本图书馆 CIP 数据核字(2016)第313967号

人民代表大会那些事
RENMIN DAIBIAO DAHUI NAXIESHI

阚 珂 著

策划编辑 陈 妮
责任编辑 陈 妮
装帧设计 马 帅

出版 法律出版社
总发行 中国法律图书有限公司
经销 新华书店
印刷 天津嘉恒印务有限公司
责任印制 吕亚莉
编辑统筹 法治与经济出版分社
开本 710毫米×1000毫米 1/16
印张 22.25 **字数** 350千
版本 2017年2月第1版
印次 2019年6月第2次印刷

法律出版社/北京市丰台区莲花池西里7号(100073)
网址/www.lawpress.com.cn
投稿邮箱/info@lawpress.com.cn
举报维权邮箱/jbwq@lawpress.com.cn
销售热线/010-83938336
咨询电话/010-63939796

中国法律图书有限公司/北京市丰台区莲花池西里7号(100073)
全国各地中法图分、子公司销售电话:
统一销售客服/400-660-6393
第一法律书店/010-83938334/8335
西安分公司/029-85330678
重庆分公司/023-67453036
上海分公司/021-62071639/1636
深圳分公司/0755-83072995

书号:ISBN 978-7-5197-0394-3
定价:88.00元